Heinrich von der Haar - Kinderarbeit in Deutschland

Dritte Auflage
März 2020

Kulturmaschinen Verlag
Ein Imprint der Kulturmaschinen Verlag UG (haftungsbeschränkt)
20251 Hamburg

Die Kulturmaschinen Verlag UG (haftungsbeschränkt)
gehört allein dem Kulturmaschinen Autoren-Verlag e. V.
Der Kulturmaschinen Autoren-Verlag e. V. gehört den AutorInnen.
Und dieses Buch gehört der Phantasie, dem Wissen und der Literatur.

Hinterlegt in BoD (Libri)

978-3-96763-035-0 (Kart.)
978-3--96763-039-8 (Geb.)
978-3-96763-044-2 (ePUB)

www.kulturmaschinen.com

Heinrich von der Haar

Kinderarbeit in Deutschland

Dokumentation und Analyse

Kulturmaschinen

Vorwort

Ziel des Buches ist, Art und Ausmaß der Kinderarbeit in ihrem historischen Verlauf zu dokumentieren und die Auswirkungen hinsichtlich der Persönlichkeitsentwicklung aufzuzeigen. Dargelegt werden auch die Rechtslage und ihre Umsetzung sowie die gesellschaftlichen Interessen hinter Pro und Contra der Kinderarbeit. Das Buch geht von der Haltung aus, dass Kinderarbeit – so wie sie stattfindet – überwiegend die Persönlichkeitsentwicklung der Kinder hemmt bzw. schädigt.

Um eine öffentliche Diskussion auch in gewerkschaftlichen und politischen Kinder- und Jugendorganisationen und im Unterricht zu ermöglichen, wurde das erstmals 1980 erschienene Werk stark überarbeitet und die Dokumentation verstärkt. Das historische Wissen über die Kinderarbeit in Deutschland kann (mit den Unterrichtsmaterialien im Anhang) helfen, Kinder frühzeitig für den Arbeitsschutz zu sensibilisieren.

Summiert auf etwa 90.000 Vollarbeitsstellen zeigt sich die Bedeutung der Kinderarbeit für die Kinder, die Familien und die Gesellschaft, aber auch für die davon profitierenden Unternehmer. Auffallend ist eine teils latent, teils offen feindliche Haltung gegenüber der nun nicht mehr zu leugnenden Kinderarbeit bezüglich einer Konsumorientierung der arbeitenden Kinder. Die familiären Notlagen, aus der Kinderarbeit heraus stattfindet, sind weitgehend unsichtbar geblieben und scheinen unerheblich. Die Scham der aus Not arbeitenden Kinder und ihrer Familien verstärkt das Tabu und den Eindruck geldgieriger Kinder, so dass die Schutzbedürftigkeit unwesentlich zu sein scheint.

> Elend schwer wiegt die Not arbeitender Kinder in Deutschland heute. Was wissen wir schon über die Lage dieser Kinder? Wer sieht schon oder will sehen, in welcher Anzahl und wie viel Stunden lang täglich Kinder oft wie Erwachsene

> monotone und schwere Arbeiten verrichten müssen? Wer berichtet über lebenslange Skelettschäden, über die folgenschwere Vernachlässigung der Schule? Sind es „geldhungrige" Kinder, die selbst diese Not verursachen? Über die Not arbeitender Kinder in Deutschland hat sich ein oft erstickender Mantel des Schweigens, Verschweigens und Leugnens ausgebreitet.

So hieß es im Vorwort 1980 der längst vergriffenen Erstauflage. Diese für die Bundesrepublik erste umfangreiche Bestandsaufnahme über Ausmaß und Folgen der Beschäftigung von Kindern in Deutschland führte trotz Diffamierung der Autoren als Nestbeschmutzer, trotz versuchten Totschweigens der Kinderarbeit („Kinderarbeit gibt es bei uns nicht, denn sie ist verboten" – so z. B. der zuständige Ministerialrat für Arbeitsrecht und Arbeitsschutz im Bundesarbeitsministerium, Dr. Zmarzlik (Die Welt, 7.11.1980)) und trotz großer Passivität der zuständigen Gewerbeaufsicht in den 80er Jahren dazu, dass mehr Fälle verbotener Kinderarbeit in den Medien berichtet wurden. Und es gelang dem Verfasser, 1987 eine erste große Untersuchung im Aufsichtsbereich des Gewerbeaufsichtsamtes im Münsterland zu initiieren (vgl. Dok. 1988). Diese Befragung (und dafür gebührt dem Vorsitzenden des Ausschusses für Jugendarbeitsschutz beim Staatlichen Gewerbeaufsichtsamt Münster Heiner Schäffer Dank) bewies erstmals, dass mehr als ein Drittel der Kinder arbeiten, etwa die Hälfte davon illegal, was die Öffentlichkeit schockierte, so dass auch andere Bundesländer Befragungen mit vergleichbaren Ergebnissen vornahmen: Berlin 1995, Mecklenburg-Vorpommern 1995, Hessen 1993, Thüringen 1996 und 1999), Bayern (der Philologenverband) 1999 und dass die Bundesregierung veranlasst wurde, 2000 einen „Bericht über Kinderarbeit" zu erstellen. Mit der Folge, dass massenhafte Kinderarbeit in Deutschland nicht länger geleugnet und tabuisiert werden konnte. Dies wiederum war die Geburtsstunde neoliberaler Kräfte, die den positiven Wert der Kinderarbeit herausarbeiten und – parallel zum Abbau der Arbeitsschutzrechte, des Tariflohns, des Kündigungsschutzes, der Mitbestimmung für Erwachsene (immer mehr prekäre Arbeit) – eine Lockerung des Kinderarbeitsverbots in Deutschland fordern mit dem Argument, Lohnarbeit fördere die Entwicklung der Kinder und die Ablösung vom Elternhaus. Dieses Argument (neben dem Argument, ohne Kinderarbeit seien die Unternehmen bedroht) führen Unternehmer und konservative Politiker schon seit dem ersten Verbot der Fabrikarbeit unter 9jähriger Kinder 1839 an. Die gesellschaftliche Bewertung des Kinderarbeitsverbots bleibt also nach wie vor gegensätzlich und in der Tat ist eine neue Diskussion über den Wert der Einbeziehung von Kindern in die Produktion nötig. Kinderarbeit ist aus Unternehmersicht ein Kalkül mit billigen und flexiblen Arbeitskräften ohne sozialrechtliche Absicherung. Je mehr allerdings im Rahmen der neoliberalen Deregulierung für viele Millionen Erwachsene Arbeitsschutz-,

Kündigungsschutz- und Mitbestimmungsrechte abgebaut werden und Tariflöhne nicht mehr gelten, umso bedrohter sind die Jüngsten in der Arbeitswelt. Mehrere Novellierungen und Verordnungen haben bereits seit Anfang der 80er Jahre unter konservativ-liberaler Regie das JArbSchG aufgeweicht. Je prekärer die Beschäftigungsverhältnisse, je größer der Druck der Arbeitslosigkeit, desto höher ist auch die Gefahr weiteren Abbaus und Missachtung geltender Arbeitsschutzrechte.

Dieses Buch bietet eine Bestandsaufnahme der Kinderarbeit in Deutschland in der historischen Entwicklung. Die Kinderarbeit in der Kaiserzeit wird nur in Grundzügen skizziert. Es sei auf die ausführliche Dokumentation z. B. bei Kuczynski verwiesen. Für die Nachkriegszeit bis 1980 werden in Ermangelung ausreichender amtlicher oder wissenschaftlicher Erhebungen Einzelergebnisse und -fälle dokumentiert und analysiert und der Gesamtumfang der Kinderarbeit in den verschiedenen Zeitperioden geschätzt. In der DDR war gewerbliche Kinderlohnarbeit kein Massenphänomen, gleichwohl arbeiteten Kinder bei Kleinunternehmern mit, bei der landwirtschaftlichen Ernte, für Altstoffsammlungen usw. Leider liegt über diese Kinderarbeit, die Arbeitszeit, Arbeitsarten, Auswirkungen auf schulische Leistungen usw. keine Untersuchung vor. Der Autor plant eine Übersicht für die nächste Auflage dieses Werkes und ist für Hinweise dankbar.

„Kinderarbeit" wird hier im engen Sinne als Erwerbstätigkeit von Kindern (für Unternehmer mit dem Zweck der Gewinnerzielung) verstanden – unabhängig davon, ob sie verboten ist oder nicht, also gewerbliche, abhängige Kinderlohnarbeit i. S. des JArbSchGes. Dazu zählen folglich weder Arbeiten im elterlichen Haushalt wie Abwaschen und Einkaufen, gelegentliches Arbeiten wie Gartenhilfe für Nachbarn, noch Berufspraktika, polytechnischer Unterricht und Arbeitslehre.

I. Kinderarbeit im Deutschen Reich 1800 – 1945

Mit dem aufsteigenden Kapitalismus zu Beginn des 19. Jahrhunderts wird es erstmals möglich, Kinder massenhaft in der Fabrikarbeit zu nutzen. Das war nicht immer so. In der Periode vorher arbeiten Kinder in der weitgehend agrarisch und handwerklich produzierenden Gesellschaft im Rahmen der familiären Hauswirtschaft und Produktion mit und erhalten noch unter Anleitung und Aufsicht der Eltern erste Elementarkenntnisse der Produktion, ohne als Lohnabhängige zu arbeiten.

Anders als das Handwerk verwenden Manufakturen, die sich im 17. Jahrhundert entwickeln, schon Kinder als Arbeitskräfte, wenn auch im 17. und 18. Jahrhundert noch geringfügig, weil die meisten Arbeitsprozesse noch handwerkliches Können erfordern und ihre Anwendung auch durch den Widerstand erwachsener Arbeiter verhindert wird, die auf die Aufrechterhaltung einer längeren Ausbildungszeit achten. Erst infolge der in den Manufakturen entwickelten Arbeitsteilung können mit der Einführung der Maschinerie Kinder sich wiederholende Teilvorgänge erledigen. Zu Beginn des 19. Jahrhunderts nehmen solche Manufakturen zu und viele Kinder arbeiten außerhalb der Familie. Charakteristisch sind lange Arbeitstage und Wegfall jeglicher Erziehung und Unterrichtung.

> **Kinderarbeit in Preußen 1815:** „Kinder von 6 Jahren werden bereits hinter die Maschinen gestellt, um dort selber zur Maschine zu werden. Sechs Tage lang in jeder Woche, wenn nicht ein eintretender Feiertag eine Ausnahme macht, und auch wohl bei dringender Arbeit – sieben Tage, und jeden Tag von früh morgens bis spät abends bewegt der Knabe in derselben Stellung dieselben Maschinen unaufhörlich zu demselben Geschäft… Doch kann die Sache nicht bleiben wie sie ist…“
>
> (Zitiert nach Adolphs 1979, S. 20 aus dem ersten amtlichen Dokument über die Kinderarbeit auf deutschem Boden, dem Reiseberich des Direktors für öffentlichen Unterricht in der preußischen Provinz Niederrhein Karl Grashoff.)

1. 1800 bis 1850: Langer Arbeitstag

1849 arbeiten nach offiziellen Angaben in Preußen 32.000 9- bis 14jährige Kinder in Fabriken (vgl. Duncker 1910, 12). Gegenüber dem Anteil von 2 Millionen Kindern an der Bevölkerung erscheint dies wenig. Die Zahl belegt jedoch die Bedeutung der Kinderarbeit für den Industrieaufbau, denn von den 17 Millionen preußischen Untertanen arbeiten nur 500.000 in Fabriken; 1,6% der Kinder aus der Bevölkerung stellen 6,4% der Fabrikarbeiter. Kinder, die im Handwerk, in der Landwirtschaft oder als Dienstboten arbeiten, sind hier nicht erfasst. Nach Schätzungen ist die Anzahl arbeitender Kinder in kleinen Gewerbebetrieben um ein Vielfaches höher.

Die extensive Ausdehnung der Produktion ist typisch von ca. 1816 bis 1840/50: Viele werden in frühem Alter und für lange Zeit je Tag und Woche in die Produktion einbezogen. Kinder arbeiten vom 6. Lebensjahr an 10, 12 Stunden und länger, manche in Tag- und Nachtschicht. Die neuen Maschinen ermöglichen einen verlängerten Arbeitstag auch der Kinder.

> Bericht über die Kinderarbeit in der Krefelder Seidenindustrie, der Glattbacher Baumwollweberei und der Aachener Tuchfabrikation:
> „Kinder von 5 Jahren an sitzen in der unbequemsten Lage, mit zusammengezogenen Beinen und gebücktem Rücken in überfülltem Raume am Spulrand ... Schwächlinge, übermüdet, der Kopf grindig, die Augen triefend, die Brust schwindsüchtig, der Magen leidend; zum Militärdienst taugten sie nicht, in die Schule kamen sie nicht, und verirrte solch ein Geschöpf sich einmal dahin, so fand es wenigstens auf einige Augenblicke den Schlaf und die Ruhe, welche ihm sonst die schreckliche Stimme des Werkmeisters raubten."
>
> *(Thun, Die Industrie am Niederrhein und ihre Arbeiter, 1. Teil. Zitiert nach: Duncker 1910, 12f.).*

Altersmäßig ist die Kinderarbeit gesetzlich nicht beschränkt. Eine Schulpflicht stellt auch kein Hindernis dar; sie ist noch nicht durchgesetzt. Die kindliche Ausbeutung geht bis zur physischen und psychischen Zerstörung.

Dok. 1818/1827: Endloser Arbeitstag der Kinder

Schriftsteller Mehring schreibt zur Lage in Deutschland 1818:
„Der... Fabrikant besaß zwei Spinnereien, in denen sowohl zur Tages- wie zur Nachtzeit Kinder vom sechsten Jahre an ausgebeutet wurden. In der einen arbeiteten am Tage 96, bei Nacht 65, in der anderen bei Tage 95, bei Nacht 80 Kinder. Die Arbeitszeit währte am Tage dreizehn, bei Nacht elf Stunden. Dazu kam häufig Sonntagsarbeit. In allen Zweigen der Textilindustrie, dann aber auch in Nadel-, Bronze-, Schnallen-, Panzer-, Tapeten-, Papier , Porzellan- und anderen

Fabriken wurden viele Tausende von Kindern im zartesten Alter, schon vom vierten Lebensjahr, massenhaft abgerackert und nach unmäßiger zehn-, zwölf-, selbst vierzehnstündiger Arbeitszeit gegen einen Tageslohn von ein paar Groschen... einer kurzen Erholung an Branntwein, Tabak, Unzucht und Spiel zugeschleudert" (IG Metall 1968, 10f.).

Diesterweg beschreibt 1827 den kindlichen Arbeitstag:

„Im Sommer um 5 oder 6 Uhr, im Winter um 6 oder 7 Uhr oder sobald es Tag ist, ruft die Glocke das Kind in die Fabrik. An den meisten Fabrikaten kann das Kind vom 8. oder 9. Jahre an gebraucht werden. Sobald es in dem Fabrikhause angekommen ist, geht es an die Maschine und verrichtet sein Geschäft. Meist ist seine Arbeit einfach und leicht, immer eine und dieselbe, vom Morgen bis zum Mittage. Wo noch eine kleine Abwechslung stattfindet, da ist sie doch so unbedeutend, daß sie nach wenigen Tagen zum einförmigsten Mechanismus wird. Nur im Anfang bedarf es zur genügenden Verrichtung seiner Geschäfte der Aufmerksamkeit; nach kurzer Zeit spinnt und spult, klopft und hämmert es maschinenmäßig fort, von Minute zu Minute, von Stunde zu Stunde, bis die Mittagglocke die Arbeiter eine Stunde entläßt. Das Kind eilt nach Hause, verzehrt sein mageres Mittagbrot, wandert um 1 Uhr wieder seinem Kerker zu, beginnt da und damit, wo es eine Stunde vorher aufhörte, und setzt seine Tätigkeit von Minute zu Minute und von Stunde zu Stunde, bis 7 oder 8 Uhr am Abend fort. Die meisten Arbeiten fordern entweder ein beständiges Sitzen oder ein beständiges Stehen; zuweilen, im bessern Falle, wechselt Sitzen mit Stehen ab. Das ist der Beruf der Kinder am Montag, Dienstag, Mittwoch, Donnerstag, Freitag und Samstag, täglich ungefähr nicht weniger als 12 bis 14 Stunden, also den ganzen Tag, die ganze Woche, das ganze Jahr hindurch, mit der kurzen Unterbrechung einer Stunde des Tages und eines Tages in der Woche". Damit ist noch nicht Feierabend. Das Kind muss noch in die vielfach entfernt liegende Abendschule: „So verlebt das Kind nur noch im Dunste der Kerzen und sich plagend mit … der Lese-, Schreib- und Rechenkunst und mit dem Behalten des Katechismus 1 1/2 oder 2 Stunden, bis die Zehn-Uhr-Glocke endlich zur Heimat geleitet. Halb schlafend schleppt das Kind sich heim und wirft sich auf sein Strohlager." (Diesterweg 1956)

Die Arbeitszeit wechselt von Stadt zu Stadt. Um 1825 beträgt sie für Kinder etwa 10 bis 11 Stunden durchschnittlich, in Frankfurt a.d.O. bis zu 16 Stunden (vgl. Tab. 1825).

Tab. 1825: Arbeitszeiten für Kinder in dt. Bezirken um 1825 (in Std.)

Ort	Std.	Ort	Std.	Ort	Std.
Iserlohn	14	Koblenz	11-14	Liegnitz	bis zu 15
Dortmund	10-15	Eslohe	11-13	Erfurt	10-14
Hagen	10-12	Köln	11½-14	Merseburg	6-12
Bochum	bis zu 14½	Trier	8-14	Magdeburg	9-10
Düsseldorf	6 ½-13	Breslau	10-14	Potsdam	13-14
Aachen	8-11	Frankfurt/O	7-16	Berlin	7-12

(Kuczynski 1947, 70).

Monoton einseitige Arbeit zerstört das Kind körperlich und geistig. Es wird apathisch und stumpfsinnig. Krankheiten, Verkrüppelungen, Arbeitsunfälle und Wachstumsschäden sind die Regel. Ungesunde Arbeitsbedingungen, Schlaflosigkeit und Hunger bewirken eine hohe Kindersterblichkeit. Die Lebenserwartung sinkt auf etwa 35 Jahre. Bleiben Kinder der Arbeit fern, werden sie entlassen und auch von anderen Unternehmern nicht mehr eingestellt, was oft die familiäre Not noch vergrößert.

Fabrikinspektoren berichten über gesundheitliche Folgen: Kinder arbeiten in Metallschleifereien 10 Stunden und länger in gebückter Haltung. Der Metallstaub zerstört die Atmungsorgane und zieht starken Durst nach sich, so dass die Kinder – gleich den Erwachsenen – nach Alkohol greifen. Kinder werden in Zündholzfabriken eingesetzt. Sie arbeiten mit Schwefel und Phosphor, die Brechreiz und Vergiftungen verursachen. Etliche Kinder fallen hier auch Explosionen zum Opfer. Kinder arbeiten in Spinnsälen unter Hitze, Staub und Lärm. Viele von ihnen sterben an der Schwindsucht – als Folge dieser Arbeitsbedingungen. Kinder werden in Bergwerken als Anschläger und Karrenschieber eingesetzt. Diese Arbeit führt zur Verkrümmung der Beine, der Füße und des Rückgrats. (Adolphs 1972, 56 ff.)
Nach einem **Bericht der Rintelner (Kurhessen) Schulbehörde** in der zweiten Hälfte der 50er Jahre sind Fabrikkinder von anderen Kindern durch ihr blasses und krankhaftes Aussehen zu erkennen. Im Erzbergbau treten bei Kindern Vergiftungserscheinungen auf durch den giftigen Kobaltstaub (vgl. Friderici 1962, 220).

Kinder als Lohndrücker

Mehr Kinderlohnarbeit vergrößert das Arbeitskraftangebot und je mehr Familienmitglieder mitarbeiten, desto geringer kann der Lohn Einzelner sein. Infolge sinkenden Lohns wiederum müssen mehr Arbeiterkinder, auf Kosten ihrer

Qualifikation, früh für die Familie mitsorgen. Da die Familien auf den Kinderlohn angewiesen sind, werden Arbeitereltern (wie oft in der Geschichte der Kinderarbeit) Sklavenhändler ihrer Kinder für die Unternehmer, die die Erwachsenenlöhne gering halten. Zudem verringert der Einsatz von Kindern und Frauen als Ungelernte den Widerstand, den erwachsene qualifizierte männliche Arbeiter in der Manufaktur Unternehmern noch entgegensetzten: Die scheinbar leichte Maschinenarbeit und die aufgrund der großen Konkurrenz um die Arbeitsplätze anpassungsbereiteren Frauen und Kinder bedeuten für den Unternehmer genügend „leistungsbereite" Lohnabhängige.

Diese Kinderarbeit verändert das Generationsverhältnis: Indem Kinder und auch Arbeiterfrauen außerhäuslich arbeiten, wachsen die Kinder mit weniger elterlicher Erziehung heran und werden als Lohnarbeiter nun primär vom Aufsichtspersonal der Unternehmer und durch die Fabrikverhältnisse „erzogen", um es optimal an Unterordnung und vorgegebene Arbeitsschritte anzupassen.

Erster Kinderarbeitsschutz 1839

Schon zu Beginn des 19. Jahrhunderts wird vehement die zeitliche Begrenzung der Kinderarbeit gefordert. 1837 wird die öffentliche Debatte verstärkt durch einen misslungenen Selbstmordversuch eines zwölfjährigen Mädchens. Es hat sich in die Wupper gestürzt, weil es durch Unachtsamkeit bei der Fabrikarbeit einen Lohnabzug erhielt und sich deswegen vor der Strafe der Eltern fürchtete.

Unternehmer jedoch kämpfen in der ersten Kinderschutzdebatte in Preußen gegen eine Arbeitszeit-Beschränkung für Kinder überhaupt – mit einer auch heute üblichen Begründung:

- Das Gesetz dürfe „keine so große Beschränkung erhalten, wie hier vorgeschlagen wird – z. B. Arbeitsstunden täglich -, daß dadurch der Bestand unserer Industrieanlagen wegen der Konkurrenz des Auslandes unmöglich gemacht wird" *(Abgeordneter von Baur in der Sitzung des 5. Provinziallandtages vom 6.7.1837; Zitiert nach: Köllmann o. J., 31f.).*

Dem widersprechen rheinische Unternehmer – aus Sorge um die Erhaltung der Ersatz-Arbeitskräfte in der Produktion. Bereits 1817 beklagen einige Oberpräsidenten den körperlichen und geistigen Zustand der Fabrikarbeiterkinder; die militärische Tauglichkeit spiele dabei (!) eine besondere Rolle. Generalleutnant von Hörn klagt 1828 dem König, das Rekrutenkontingent in den Fabrikgegenden nicht mehr stellen zu können (vgl. Kuczynski 1968, 88f.).

Wegen mangelnder Militärtauglichkeit der geschwächten und verkrüppelten kindlichen Arbeitskräfte erlässt der Staat zur Erhaltung der Gesellschaft

Kinderschutzgesetze (vgl. Übersicht 1), in Preußen erstmals 1839 (vgl. Dok. 1839). Regelmäßige Fabrikarbeit unter 9-jähriger Kinder wird verboten. Für 9- bis unter 16jährige wird Nacht- und Sonntagsarbeit verboten und die tägliche Arbeit auf 10 Stunden (zwischen 5 und 21 Uhr) beschränkt, nicht auf 8, wie in England (Mottek 1969, 240). Der Kampf für die zeitliche Einschränkung der Kinderarbeit wird hier zum Vorreiter für den Kampf um den Normalarbeitstag auch für Erwachsene.

Das 1. Schutzgesetz ist auch ein Zugeständnis an die Arbeiterbewegung, die weitgehende Schutzrechte für Kinder fordert, obgleich die Einbeziehung der Kinder in die Produktion als progressiv gesehen wird, wie Karl Marx (vgl. Dok. 1879) es begründet, „obgleich die Art und Weise, auf welche diese Tendenz unter der Kapitalherrschaft verwirklicht wird, eine abscheuliche ist“ (Marx 1971, 193).

Das Regulativ begrenzt 1839 nur Kinderarbeit in Fabriken, Berg-, Hütten- und Pochwerken, nicht in kleineren Gewerbebetrieben, Heimarbeit und Landwirtschaft etc. Ferner wird als Schlupfloch mit § 4 eine Ausnahmeregelung eingeführt: „Sollte durch die Ausführung dieser Bestimmung bereits bestehenden Anstalten die nötige Arbeitskraft entzogen werden, so ist der Minister für Handel, Gewerbe und öffentliche Arbeiten ermächtigt, im Einvernehmen mit dem Minister der Unterrichtsangelegenheiten auf bestimmte Zeit Ausnahmevorschriften zu erlassen“ (Hoppe 1969, 79). Gleichzeitig gibt es noch Staaten (z. B. Kurhessen) ohne Kinderschutzgesetz für die Fabrikarbeit (vgl. Friderici 1962, 228).

In Preußen werden jedoch keine Kontrollmaßnahmen – im Unterschied zu England – eingeführt und weil die Familien wegen des geringen Lohnes auf den der Kinderarbeiter angewiesen sind, bleiben die Paragraphen bedrucktes Papier: „Die Kinderausbeutung durch Fabrikarbeit blieb bestehen, und mit ihr blieben ihre unheilvollen Folgen“ (Duncker 1910, 12). Und die Lage der Kinder bleibt bis zur Jahrhundertmitte unverändert. Auch die amtliche Berichterstattung ändert sich nicht. „Über die faktische Zahl der in Fabriken beschäftigten Kinder finden wir keine zuverlässigen Angaben für größere Gebiete, da die Erhebungen schlecht durchgeführt wurden und die Unternehmer wegen der wachsenden Stimmung gegen die Beschäftigung von Kindern und der gesetzlichen Regelung von 1839 und 1853 immer offener zur Fälschung der Angaben übergingen“ (Kuczynski 1968, 104)

Dok. 1839: Regulativ vom 9. März 1839
über die Beschäftigung jugendlicher Arbeiter in Fabriken

§ 1. Vor zurückgelegtem neunten Lebensjahre darf niemand in einer Fabrik oder bei Berg-, Hütten- und Pochwerken zu einer regelmäßigen Beschäftigung angenommen werden.

§ 2. Wer noch nicht einen dreijährigen regelmäßigen Schulunterricht genossen hat, oder durch ein Zeugnis des Schulvorstandes nachweist, daß er seine Mutter spräche geläufig lesen kann und einen Anfang im Schreiben gemacht hat, darf vor zurückgelegtem sechzehnten Jahre zu einer solchen Beschäftigung in den genannten Anstalten nicht angenommen werden. Eine Ausnahme hiervon ist nur da gestattet, wo die Fabrikherren durch Errichtung und Unterhaltung von Fabrikschulen den Unterricht der jungen Arbeiter sichern.

§ 3. Junge Leute, welche das sechzehnte Lebensjahr noch nicht zurückgelegt haben, dürfen in diesen Anstalten nicht über zehn Stunden täglich beschäftigt werden...

§ 5. Die Beschäftigung solcher jungen Leute vor 5 Uhr morgens und nach 9 Uhr abends sowie an den Sonn- und Feiertagen ist gänzlich untersagt.

(Gesetz-Sammlung für die königlichen preußischen Staaten, Berlin 1839. Nr. 12, S. 156 ff.)

2. Schutzgesetze 1853, 1878 und 1891

Erst als (nach der bürgerlichen Revolution von 1848) die Produktion extensiv kaum weiter zu steigern ist, wird die Arbeit mithilfe entwickelter Maschinen stärker intensiviert. Diese beanspruchen Geist und Körper stärker für die kompliziertere Bedienung und Wartung, selbständige Kontrolle und Reparatur, was zu kürzerer Arbeitszeit und höherer Entlohnung führt, so dass sich die Ernährung des Arbeiters verbessern und er seinen Kindern eine höhere Allgemeinbildung zukommen lassen kann. Maschinen verringern die Einsatzmöglichkeit der kindlichen Arbeitskraft und erfordern mehr schulische Bildung. Damit geht die Kinder-Fabrikarbeit zurück. Tatsächlich genießen nun die meisten Arbeiterkinder ein Minimum an Schulbildung, das weit höher liegt als in der ersten Hälfte des 19. Jahrhunderts. Den Rückgang der Kinderarbeit erklärt ein Unternehmer so: „Allgemeine Ursache ist wohl, daß die verbesserte Maschinerie und höhere Ansprüche an die Fabrikation größere Intelligenz erfordern" (Harkort. Zitiert nach Kuczynski 1968, 104). Und Preußen erweitert per Gesetz (1853) das Regulativ von 1839: Die Fabrikarbeit ist vom 1. 7. 1855 an „nur" nach vollendetem 12. Lebensjahr erlaubt (vgl. Dok. 1853).

Die preußische Gesetzgebung von 1839 und 1853 geht 1869 in die Gewerbeordnung des Norddeutschen Bundes und mit ihr später (1871 und 1878) in die Reichsgesetzgebung über (vgl. Dok. 1878). Die Gewerbeordnung gleicht bezüglich der Kinderarbeit den preußischen Bestimmungen von 1853. Damit ist die nicht regelmäßige Beschäftigung unter 12jähriger Kinder auch in Fabriken weiterhin erlaubt. 12- bis 14jährige dürfen maximal 6 Stunden täglich arbeiten. Hinzu soll ein 3stündiger Schulunterricht kommen. Die 6 Stunden dürfen aber über den Tag verteilt werden, was kaum kontrollierbar ist und daher häufig dagegen verstoßen wird.

Die Ausführung der Gesetze wird nun den Ortsbehörden übertragen, die kaum wirksam kontrollieren können. Schließlich sind Landrat und Bürgermeister finanziell von den Fabrikanten abhängig, die im Gemeinderat über ihr Gehalt bestimmen (vgl. Duncker 1910, 13f.). Immerhin ist die Möglichkeit vorgesehen (§ 11), die Durchführung des Gesetzes durch hauptamtlich angestellte, beamtete Fabrikinspektoren zu überwachen. Diese Gesetzgebung wird allerdings nur dort umgesetzt, wo es den Unternehmern passt. Überall dort, wo noch die extensive Produktion vorherrscht, wird die Gesetzgebung rücksichtslos übertreten. Es werden unter 12jährige Kinder beschäftigt, auch ältere arbeiten mehr Stunden als erlaubt.

Dok. 1870: Fabrikanten aus 34 Fabriken im badischen Oberland begründen die Übertretungen:

- „In erster Linie ermöglicht die Benützung der billigeren Arbeitskräfte... eine wohlfeilere Herstellung der Fabrikerzeugnisse, was eine Grundbedingung der Konkurrenzfähigkeit mit jenen Ländern ist, in denen die Kinderarbeit noch bis auf niederere Altersjahre herab, gestattet ist. Der Lohnbetrag, welcher in manchen Spinnereien an Kinder ausbezahlt wird, beträgt etwa 10 Prozent des überhaupt zu zahlenden Arbeitslohnes, und müßten anstatt der Kinder Erwachsene eingestellt werden, so würde in Folge der Mehrzahlung an diese Arbeiter reiferen Alters, die Konkurrenzfähigkeit sich um 6 bis 8 Prozent vermindern, d. h. die Erstellungskosten der Gespinnste um soviel höher zu stehen kommen." (Die Jugendarbeit 1870, 11).
- Es wird immer wieder „darüber Klage geführt, daß die Bestimmungen der Gewerbeordnung über Kinderarbeit... nicht beobachtet würden. Viele Fabrikanten beschäftigten Kinder unter 12 Jahren, sogar mehr als über 12 Jahre, selbst ausschließlich solche jüngeren Kinder bis zu 6 Jahren herab. Die auf 6 Stunden täglich für Kinder von 12-14 Jahren bestimmte Arbeitszeit werde erheblich überschritten. Auch werde in vielen Fabrikschulen nur 2 und weniger Stunden täglich Unterricht erteilt, anstatt der vorgeschriebenen 3 Stunden. Auch Knaben und Mädchen von 14 bis 16 Jahren beschäftige man länger als 10 Stunden täglich; ebensowenig fänden die Bestimmungen des Gesetzes über die Vor- und Nachmittagspausen und über Anfang und Ende der Arbeitszeit Beachtung". (Aus einem Schreiben des Ministeriums des Innern, Dresden 1871. Zitiert nach: Hoppe 1969, 113).
- Arbeiterkinder gehen nach der Mitte des 19. Jahrhunderts dann zur Schule, wenn sie nicht arbeiten müssen: am frühen Morgen, abends und am Sonntag: „Daß bei ausgedehnter Erwerbsarbeit der Kinder die Schule mit großen Schwierigkeiten zu kämpfen hat, ist selbstverständlich. Allgemeine Schulpflicht und Kinderarbeit sind unvereinbare Gegensätze. Der Schulbesuch ist unregelmäßig" (Duncker 1910, 28).

Die Arbeiterbewegung wehrt sich gegen Gesetzesübertretungen mit Unterstützung der Unternehmer, deren Produktion so weit technisiert ist, dass sie keine

Kinder mehr anwenden können, wohl auch, um ihre technisch zurückgebliebenen Konkurrenten loszuwerden.

Die Vereinigung Deutschlands 1871 fördert eine einheitliche deutsche Arbeiterbewegung. Neben den Gewerkschaften bildet sich eine große Arbeiterpartei, die SPD. Die Forderungen und Aktionen der Sozialdemokratie und der Gewerkschaften sollen mit der Bismarckschen Sozialgesetzgebung (1881-1889) unterlaufen werden. Die Angst vor einer sozialen Revolution erzwingt Zugeständnisse und führt zugleich zum Verbot der politischen Arbeiterorganisation.

Übersicht: 4 Gründe für das verbesserte Regulativ 1853

- Militärisch besteht ein Interesse an gesunden Rekruten.
- Schulbeamte treten dafür ein, dass Kinder nicht ohne Minimum an Schulbildung in die Fabriken kommen.
- Weiteren sozialen Unruhen und politischen Aktivitäten der Arbeiter soll vorgebeugt werden.
- Ein Teil der Unternehmer ist durch verbesserte Technologie und höhere Ansprüche an die Produktqualität an der stärkeren Arbeitsqualifikation interessiert.

Neben sozialdemokratischen Forderungen veranlasst die steigende Anzahl der Unfälle 1878 eine Reichstagsmehrheit (gegen den Willen der Regierung), die Fabrikinspektion obligatorisch einzuführen und die Inspektoren zur jährlichen Berichterstattung zu verpflichten. 1891 wird eine Novelle zur Gewerbeordnung von 1878 angenommen, die die Fabrikarbeit der volksschulpflichtigen Kinder gänzlich verbietet und das Alter der Kinder in Fabriken von 12 auf 13 Jahre heraufsetzt. Schulentlassene Kinder unter 14 dürfen Fabrikarbeit bis zu 6, 14- bis 16jährige bis zu 10 Stunden leisten. Auch diese Novelle kann unterlaufen werden: Unter Bedingungen (Naturereignisse, Unglücksfälle, Rücksichten auf Arbeiter, Art des Betriebes) sind Ausnahmen möglich (§ 139) (vgl. Dok. 1891). Nicht selten ist die Not der Arbeiter Vorwand, um auf eine Einschränkung der Kinderarbeit bzw. die Überwachung der minimalen Schutzgesetze zu verzichten. Ein Kinderarbeitsverbot bleibt damit wie ein weitergehender Schutz der in Fabriken arbeitenden Kinder im 19. Jahrhunderts uneingelöst.

Dok. 1853: Gesetz vom 16. Mai 1853
über die Beschäftigung jugendlicher Arbeiter in den Fabriken

§ 1 Die im § 1 des Regulativs vom 9. März 1839... erwähnte Beschäftigung jugendlicher Arbeiter ist... vom 1. Juli 1855 an nur nach zurückgelegtem zwölftem Lebensjahre gestattet...
§ 4 Jugendliche Arbeiter dürfen bis zum vollendeten vierzehnten Lebensjahre täglich nur sechs Stunden... beschäftigt werden; für dieselben genügt ein, in diese Arbeitszeit nicht einzurechnender dreistündiger Schulunterricht...

§ 6 Die... Grenzen der Tagesarbeit werden auf 5 1/2 Uhr morgens und 8 1/2 Uhr abends bestimmt.».
§ 11 Die Ausführung dieser Bestimmungen soll... durch Fabrikinspektoren als Organe der Staatsbehörden beaufsichtigt werden...

(Gesetz-Sammlung für die königlichen preuß. Staaten. Berlin 1853. Nr. 18, S. 25 ff.)

Dok. 1878: Gesetz vom 17. Juli 1878 betreffend die Abänderung der Gewerbeordnung

§ 135 Kinder unter zwölf Jahren dürfen in Fabriken nicht beschäftigt werden. Die Beschäftigung von Kindern unter vierzehn Jahren darf die Dauer von sechs Stunden täglich nicht überschreiten. Kinder, welche zum Besuche der Volksschule verpflichtet sind, dürfen in Fabriken nur dann beschäftigt werden, wenn sie in der Volksschule oder in einer von der Schulaufsichtsbehörde genehmigten Schule und nach einem von ihr genehmigten Lehrplane einen regelmäßigen Unterricht von mindestens drei Stunden täglich genießen...
§ 139 b Die Aufsicht über die Ausführung der Bestimmungen... in seiner Anwendung auf Fabriken ist ausschließlich oder neben den ordentlichen Polizeibehörden besonderen von den Landesregierungen zu ernennenden Beamten zu übertragen...

(Reichs-Gesetzblatt 1878. Nr. 24, S. 207 ff.)

Dok. 1891: Gesetz vom 1. Juni 1891 betreffend Abänderung der Gewerbeordnung

§ 135 Kinder unter dreizehn Jahren dürfen in Fabriken nicht beschäftigt werden, Kinder über dreizehn Jahre dürfen in Fabriken nur beschäftigt werden, wenn sie nicht mehr zum Besuche der Volksschule verpflichtet sind. Die Beschäftigung von Kindern unter vierzehn Jahren darf die Dauer von sechs Stunden täglich nicht überschreiten...
§ 136 Die Arbeitsstunden der jugendlichen Arbeiter (§ 135) dürfen nicht vor fünfeinhalb Uhr morgens beginnen und nicht über achteinhalb Uhr abends dauern... An Sonn- und Festtagen... dürfen jugendliche Arbeiter nicht beschäftigt werden.

(Reichs-Gesetzblatt 1891. Nr. 18, S. 281 ff.)

3. Mehr Kinderarbeit außerhalb der Industrie um 1900

Die Intensivierung der Arbeit drängt die Kinderarbeit mit der Novelle zur Gewerbeordnung stärker zurück, was die registrierte Kinderarbeit in Fabriken (Tab. 1) als Indikator zeigt.

Tab. 1: Erwerbstätige Kinder unter 14 Jahren 1890 - 1901 in Fabriken des Deutschen Reiches

Jahr	1890	1892	1893	1894	1895	1896	1897	1898	1899	1900	1901
Kinder	27.485	11.339	5.911	4.259	4.327	5.312	6.151	7.071	7.408	9.249	9.454

(Statistische Jahrbücher für das Deutsche Reich. Berlin 1890 bis 1903. Zitiert nach: Deutsch 1907, 64f.)

Tab. 2: Arbeitende Kinder nach Tätigkeitsbereichen 1898

Tätigkeitsbereiche	Anzahl	%
Industrie	306.823	57,6
Handel	17.623	3,3
Verkehrsgewerbe	2.691	0,5
Gast- und Schankwirtschaften	21.620	4,1
Austragsdienste	135.830	25,5
gewöhnliche Laufdienste	35.909	6,8
sonstige gewerbliche Tätigkeit	11.787	2,2
Insgesamt	532.283	100

(Agahd 1906, 825)

Die Kinderausbeutung existiert zwar dort noch in Fabriken und Bergwerken weiter, wo sie noch lohnend ist, nimmt aber vermehrt andere Formen an: Kinder arbeiten verstärkt in der Landwirtschaft, Heimindustrie, Handwerk und Gewerbe, Handel und Gaststättengewerbe. Das Anwachsen der Kinderarbeit außerhalb der Industrie ist der Grund für den Antrag der sozialdemokratischen Reichstagsfraktion (1897), Kinderarbeit außerhalb der Fabriken zu untersuchen. Das Drängen der Arbeiterbewegung, die Klagen in den Gewerbeaufsichtsberichten und eine Erhebung des Deutschen Lehrervereins (1897) nötigen die Regierung, eine Enquete (1898) über den Umfang der Erwerbstätigkeit schulpflichtiger Kinder (bis zum 14. Lebensjahr) außerhalb der Fabriken zu veranlassen (Tab. 2).

Obwohl hier die Kinderarbeit in der Landwirtschaft und im Gesindedienst nicht erhoben wird (gerade hier verzeichnet die Berufszählung von 1895 die höchsten Anteile), ergibt die Enquete allein in den Wirtschaftsbereichen Gewerbe, Handel und Verkehr „fast zwölfmal soviel, wie durch die Berufszählung von 1895 für dieselben Berufsarten ermittelt worden waren. Dessen ungeachtet hat diese Zahl nur den Wert einer Minimalzahl" (Duncker 1910, 18). Viele Gemeinden machen keine Angaben zur Kinderarbeit bzw. schätzen nur die Zahl.

Tab. 3: Die häufigsten Arbeitsarten 1898 der in Deutschland „gewerblich" tätigen Kinder unter 14 Jahren

Arbeitsarten	Kinder n
Arbeiten in Spinnereien u. Webereien (insbes. Spulen)	79.138
Posamentenfabrikation	26.691
Tabakfabrikation	22.668
Häkelei, Strickerei	22.149
Flechten von Körben u. Rohrstuhlsitzen	12.244
Arbeiten in der Strickerei u. Wirkerei	12.163
Näherei, Schneiderei u. Konfektion	11.103
Anfertigen von künstlichen Blumen u. Federschmuck	10.332
Flechten von Strohhüten u. -matten	7.068
Nähen u. Zurichten von Handschuhen	6.589
Schuhmacherarbeiten	5.727
Anfertigen v. Holzspiel- u. a. Holzwaren (z. B. Zündholzschach-teln)	5.639
Herstellen u. Ausstatten von Puppen	3.054
Arbeiten in der Musikinstrumentenherstellung	2.673
Binden von Bürsten, Einziehen von Borsten	2.509
Steineklopfen, Kies klopfen, karren u. schaufeln	1.949
Arbeiten in Ziegeleien	1.848
Drehen, Schnitzen, Schleifen, Aufnähen v. Hornknöpfen	1.403
Glasarbeiten in Hütten (schleifen, schneiden, blasen etc.)	1.378

(Nach: Agahd 1902, 39 ff.)

Kate Duncker versucht aus der Berufszählung von 1895, die die Kinderarbeit in Landwirtschaft und Gesindedienst mit einschließt, den wirklichen Anteil der arbeitenden schulpflichtigen Kinder zu ermitteln. Sie schlussfolgert, dass 1898 mindestens 2 Millionen, d. h. 25% der schulpflichtigen Kinder erwerbstätig gewesen sein müssen (vgl. Duncker 1910, 17f.). Bei der Berufszählung hätten die befragten Eltern aus Angst vor Bestrafung die Erwerbstätigkeit der Kinder verschwiegen (Bierer. Zitiert nach: Kuczynski 1968, 124). Die wichtigsten Arbeitsarten zeigt Tab. 3.

Die Kinder wandern aus den Fabriken in gewerbliche Kleinbetriebe (Heimarbeit, Werkstätten etc.), in den Handel, in haus- und landwirtschaftliche Betriebe und übernehmen Botendienste. Kleinbetriebe mit geringerer technischer Ausstattung können durch Extraprofite infolge äußerst niedriger Kinder-Entlohnung überleben.

Der Umfang der Kinderarbeit im Deutschen Reich insgesamt sinkt langsam. Das zeigen die Volkszählungen (Tab. 4). Die weibliche Kinderarbeit scheint niedriger zu sein, weil die eher haushaltsnahen Arbeiten der Mädchen hier kaum erfasst werden.

Tab. 4: Erwerbstätige Kinder unter 14 Jahren 1882 bis 1939

Erhebungsjahr	insges.	männlich	weiblich
1882	524140	320260	203880
1895	214954	130285	84669
1907	326059	183821	142238
1925	216908	123464	93444
1933	121333	67591	53742
1939	179194	95905	83289

(Eigene Berechnungen nach statistischen Materialien)

Auch diese Zahlen sind nur die Spitze des Eisbergs, was eine staatliche Umfrage (vgl. Dok. 1904) beweist. Die SPD-Reichtagsfraktion verlangt bereits 1903 ein Verbot der Kinderarbeit auch in der Land- und Forstwirtschaft. Als dies scheitert, setzt die Partei mit Hilfe der Linksliberalen eine staatliche Erhebung über das Ausmaß der Kinderarbeit in der Landwirtschaft für 1904 durch. Demnach arbeiten 1904 1,77 Millionen unter 14jährige Kinder in der Land- und Forstwirtschaft. Dies entspricht einer Beschäftigungsquote von über 19% aller Kinder unter 14 Jahren innerhalb des Deutschen Reiches alleine in der Land- und Forstwirtschaft. (Dörr 2004) Entsetzt über die Ergebnisse hält die Reichsregierung sie unter Verschluss. Erst 1922 werden sie öffentlich.

Gesundheitliche Schäden

Die verlagerte Kinderarbeit führt zu anderen gesundheitlichen Schäden (vgl. Dok. 1897 und Dok. 1905).

Dok. 1897: Schädliche Auswirkungen der Kinderarbeit laut Hamburger Medizinalbehörde (nach: Agahd 1906, 830):

- Die Arbeit muss oft in ungesunder Luft geleistet werden;
- Sie ist häufig eine sehr gehetzte (vieles, rasches Treppenlaufen beim Austragen von Zeitungen, Brot usw.);
- Sie muss oft mit nüchternem Magen (Zeitungen austragen morgens früh) oder

während der für den Schlaf der Kinder erforderlichen Zeit getan werden;

- Sie fällt oft vor die Schulzeit, so dass die Kinder ermüdet in den Unterricht kommen;
- Sie nimmt an Stelle der harmonischen Übung des ganzen Leibes oft vorwiegend einzelne Teile des noch wachsenden Körpers in Anspruch und gibt dadurch zu fehlerhafter Entwicklung des Körpers Anlass;
- Bei manchen gewerblichen Nebenbeschäftigungen der Kinder werden diese Tag für Tag erbarmungslos dem Wetter ausgesetzt, ohne nachher im Hause warme Zimmer oder trockene Kleider zum Wechseln zu finden, wodurch, wenn auch Kinder gegenüber den Unbilden der Witterung sehr widerstandsfähig zu sein pflegen, doch oft Rheumatismus, Herzerkrankungen und Lungenaffektionen erworben werden;
- Einzelne gewerbliche Nebenbeschäftigungen führen zu einer höchst irrationellen Ernährung, insbesondere zum Genuss von Bier und Schnaps (beim Kegelaufsetzen), durch die die körperliche Gesundheit von Grund auf untergraben wird;
- Großstädtische Kinder erleiden fast bei jeder Art von gewerblicher Nebenbeschäftigung auch moralische Schäden, die zusammen mit den physischen dazu führen, dass ein degeneriertes Geschlecht heranwächst.

Dok. 1905: Kegelaufsetzen

Ein Fabrikarbeiter berichtet vom Kegelaufsetzen in seiner Kindheit:
„Wer noch niemals etwas Ähnliches mitgemacht hat, weiß nicht, was das heißt, von acht Uhr abends bis vier Uhr früh Kegel aufzustellen. Vorn jubeln die Spieler, wenn sie eine 'Neun' geschossen haben, und hinten gab uns jede 'Neune' oder 'Achte' einen Stich ins Herz. Felix war immer noch geduldig und setzte unermüdlich auf, trotzdem er am Tage schon seine drei bis fünf Stunden in der Fabrik gearbeitet hatte. Ich aber war so schläfrig, daß ich eine wahre Wut auf die Kegel bekam. Nie in meinem Leben bin ich ein Kegelschieber geworden und werde auch keiner werden. Es kam so weit, daß ich meinem Bruder den Vorschlag machte, uns gegenseitig abzulösen. Wir machten da gewöhnlich 150 Kugeln aus. Während dieser Zeit legte sich der andere hinter die Matte, die als Kugelfang diente und suchte zu schlafen. Schlafen bei diesem ewigen Geräusch der einstürzenden Kegel und dem Aufschlagen der Kugeln! ... Ich habe manches Mal hinter der Matte gelegen und geweint. Mein Bruder biß dann vor Wut die Zähne zusammen, wenn gegen drei Uhr morgens die Burschen noch ein neues Spiel begannen. Oftmals haben wir uns auf dem Heimweg verschworen, nie wieder hinauszugehen. Wenn aber der Abend kam, pilgerten wir immer wieder hinaus. Wir taten es der Mutter zuliebe. Aber von acht Uhr abends bis vier Uhr morgens dreißig Pfennig für uns zwei Mann! War das nicht mehr wie Ausbeutung?" (M. W. Th. Bromme. In: Göhre 1905, 105)

Missstände in der Heimarbeit

Besonders um 1900 sind arbeitende Kinder der unkontrollierten Hausindustrie mit Überarbeit und unhygienischen Arbeitsweisen preisgegeben. Anlass vieler Klagen ist der Umfang. Selbst regionale Behörden sehen sich gezwungen, etwas zu unternehmen:

Dok. 1896: Gesundheitliche und sittliche Gefährdung

Die Bezirksregierung zu Aachen schreibt am 4. Mai 1896 dem preußischen Minister der geistl., Unterrichts- und Medizinal-Angelegenheiten:

„Die Beschäftigung von Schulkindern in hausindustrieller Erwerbsthätigkeit hat in den letzten Jahren für gewisse Gegenden des diesseitigen Bezirks einen Umfang angenommen, der zu ernsten Befürchtungen Anlaß geben muß. Während hinsichtlich der Stadt Aachen, für welche die Zahl der also beschäftigten Schulkinder einstweilen auf 2000 angegeben werden kann, noch Ermittlungen schweben, liegt uns für Stollberg und Umgebung bereits ein abgeschlossenes statistisches Material vor. Es handelt sich um eine häusliche Beschäftigung von Kindern, welche im Aufnähen von Haken, Ösen und Knöpfen auf Karten besteht. An sich ist diese leichte Arbeit für Kinder wohl geeignet ...; allein sie ist zu einer drohenden Gefahr für Leib und Seele der Kinder geworden durch das Übermaß. Die Vergütung nämlich, welche z. B. für das Benähen von 480 Karten mit je 24 Paar Haken und Ösen nur 3 Mark beträgt, ist eine so geringe, daß sie nur dadurch zu einer nennenswerthen Höhe anwachsen kann, wenn eben alle verfügbaren Kräfte und alle verfügbaren Stunden vom frühen Morgen bis zum späten Abend voll ausgenutzt werden. Daher werden nicht nur schulpflichtige Kinder beiderlei Geschlechts und aus allen Altersstufen herangezogen, sondern selbst fünf- und vierjährige Kindlein. Der Prozentsatz der dazu ausgebeuteten Schulkinder ist erschreckend, er beträgt für Büsbach bei 548 Schulkindern 16 Prozent, für Stollberg-Mühle bei 1100 Schulkindern 45 Prozent, für Münsterbusch bei 299 Schulkindern 40 Prozent, für Oberstollberg bei 1077 Schulkindern 44 Prozent. Von den 960 in der gedachten Hausindustrie beschäftigten Schulkindern sind ca. 440 Mädchen... Die Beschäftigung dauert täglich mindestens 4-5 Stunden, an Mittwochen und Samstagen von 2-9 Uhr, in zahlreichen Fällen täglich bis 10 Uhr abends und noch länger. Am Tage der statistischen Feststellung fand sich z. B. in Oberstollberg ein Mädchen, welches bis 2 Uhr nachts, ein anderes, welches von 4 Uhr morgens ab gearbeitet hatte. Die Folgen, welche aus einer solchen Überlastung der Kinder für die gesundheitliche und sittliche Entwicklung derselben hervorgehen müssen, sind unleugbar. Aus Oberstollberg wird angegeben, daß 21 Prozent der Kinder infolge der hausindustriellen Beschäftigung mit eiternden Händen behaftet sind. Übereinstimmend klagen die Lehrpersonen darüber, daß die Kinder während des Unterrichtes unaufmerksam und träge seien, ihre häuslichen Aufgaben vernachlässigten, eine müde, kraftlose Haltung zeigten“.

(Staatsarchiv Koblenz, Best. 403. Nr. 10.522. Zitiert nach: Quandt 1978, 81).

Kinderschutzgesetz 1903 und Kinderschutzkommissionen

Aufgrund der Enqueten von 1897 und 1898 über den Umfang der Kinderarbeit gilt ab 1904 ein Kinderschutzgesetz, das auch die Kinderarbeit im Familienbetrieb (einschließlich der Heimarbeit) gesetzlich „ordnet“ (vgl. Dok. 1903). Ausgeklammert bleiben nur Landwirtschaft und Gesindedienst. Es wird die Kinderarbeit in gesundheitsschädigenden Industriezweigen verboten. Das Schutzalter ist weder weitgehend genug noch einheitlich geregelt: Kindern, die der Elementarschulpflicht (teilweise nach 7jährigem Schulbesuch) genügen, ist Fabrikarbeit erlaubt. Es unterscheidet jedoch zwischen Erwerbstätigkeit fremder und eigener Kinder. So kann sich der Unternehmer bei der Kinderausbeutung der Eltern bedienen, denen ein so geringer Lohn gezahlt wird, dass sie auf die Mitarbeit ihrer Kinder angewiesen bleiben (besonders in Landwirtschaft und Heimindustrie). Die uneinheitlichen Schutzaltersregeln und die unterschiedliche Behandlung eigener und fremder Kinder erschweren die Kontrolle und erleichtern die Umgehung des Gesetzes. Es wird unzureichend überwacht und damit kaum durchgesetzt.

1908 dehnt die Gewerbeordnungs-Novelle das Schutzgesetz auf Handwerksbetriebe mit mindestens 10 Arbeitern und 1911 (Hausarbeitsgesetz) auf Werkstätten aus, die ausschließlich zur Inhaberfamilie gehörige Personen beschäftigen. Zusätzlich verbieten Verordnungen bestimmte gefährliche Arbeiten für Kinder.

Da mit dem mangelhaften Gesetz und unzulänglicher Gewerbeaufsichts-Kontrolle kein wirksamer Kinderschutz erreicht wird, will die Arbeiterbewegung den Kinderschutz selbst organisieren. 1904 verpflichten sich sozialdemokratische Frauen, sich mit dem Kinderarbeitsproblem zu beschäftigen, aktiv das geltende Recht durchzusetzen und sich für eine verbesserte Schutzgesetzgebung einzusetzen. Ab 1905 gründen sie, später mit Gewerkschaften, Kinderschutz-Kommissionen mit den Aufgaben:

- den vollen gesetzlichen Schutz für die Kinder durchsetzen,
- aufklärend unter Eltern der arbeitenden Kinder wirken und
- generell gegen kapitalistische Kinderausbeutung kämpfen.

Weil nach Untersuchungen der Kinderschutzkommissionen das Gesetz von 1903 nicht gegen vorzeitigen Verschleiß der körperlichen, geistigen und sittlichen Kräfte der Kinder schützt, fordern die Kinderschutzkommissionen der SPD und die Gewerkschaftskommission von Berlin und Umgebung 1910 u. a. ein Verbot jeglicher Erwerbsarbeit schul- und vorschulpflichtiger Kinder (vgl. Dok. 1910). 1913 setzt sich die SPD-Reichstagsfraktion für ein besseres Kinderschutzgesetz ein, erfolglos: Im 1. Weltkrieg müssen Kinder vielfach den Lohn ihres Vaters, der als Soldat in den Krieg geschickt wird oder bereits gefallen ist, ersetzen. Nahezu alle

Kinderarbeitsschutzrechte werden von Anfang an für den Raubkrieg außer Kraft gesetzt: Ein „Notgesetz" vom 4. 8. 1914 hebt das Kinderarbeitsverbot für unter 13jährige auf und führt die mehr als 6stündige Arbeitszeit unter 14jähriger wieder ein.

Dok. 1902: Reichstagsdebatte zum Entwurf eines Gesetzes betreffend Kinderarbeit in gewerbl. Betrieben, 23./24. 04. 1902

Dr. Hitze, Abgeordneter (Zentrum): „1890/91 kam... die Gewerbeordnungsnovelle..., die aber... nur eine Regelung der Kinderarbeit für Fabriken mit sich brachte... Damals handelte es sich um höchstens 27.000 Kinder, während es sich heute handelt um die Regelung der Kinderarbeit von mehr als einer halben Million."

Wurm, Abgeordneter (SPD): „Man kann... annehmen, daß eine Million Kinder in gewerblichen Betrieben und an zwei Millionen Kinder in der Landwirtschaft und in häuslichen Diensten beschäftigt sind, Kinder unter 14 resp. 13 Jahren, die noch schulpflichtig sind... Wenn wir nun fragen: ...hat die Regierung auch nur einen Schein von Recht, daß sie nun, wo sie endlich zur Regelung der Kinder kommt, die gewerbliche Thätigkeit heranzieht, die landwirtschaftlichen und häuslichen Dienste aber bei Seite läßt, dann müssen wir uns auf die Enqueten berufen, die seitens der Schullehrer gemacht wurden – denn aus der Regierungsenquete erfahren wir nichts... Wie es aber in Wirklichkeit damit aussieht, darüber will ich... einige Mittheilungen machen. Um 6 Uhr morgens müssen die Kinder an die Arbeit; dazu müssen sie also spätestens um 5 Uhr aufstehen. Die Arbeit dauert mit einer halbstündigen Unterbrechung bis 12 Uhr. Dann ist eine Pause bis 1 Uhr, und dann wird wieder bis 7 Uhr mit halbstündiger Pause gearbeitet, sodaß die Kinder 13 Stunden auf dem Acker sind und davon 10 Stunden mit Hacken beschäftigt werden! ... Die Arbeiten bestehen in Hacken oder Vereinzeln oder Verziehen. Das Hacken soll noch das Leichteste sein... Aber wenn das auch keine große Kraft erfordert, so muß diese Arbeit doch vom Kind in gebückter Stellung und bei glühender Sonnenhitze vorgenommen werden; und das Kind, das 10 Stunden mit gekrümmtem Rücken, den Sonnenstrahlen ausgesetzt, auf dem Rübenfelde thätig ist, hat zu erwarten, daß, wenn es in der Arbeit einmal nachläßt, von den Aufsehern, die Sie stellen, auch gelegentlich einmal mit der Reitpeitsche eins überbekommt!..."

Graf v. Bernstorff, Abgeordneter (Deutsche Reichspartei): „...Nun sind wir der Ansicht, daß die Frage der ländlichen Arbeiten überhaupt nicht in die Erweiterung der Gewerbeordnung hineingehört. Ueberhaupt liegt die ländliche Arbeit doch auf einem ganz anderen Gebiet. Gestern zitirte sogar Herr Wurm einen Erlaß, wonach es nothwendig gewesen wäre, weil die Aushebung in den Industriebezirken keinen genügenden Ersatz gewährt habe, das, was an Soldaten fehlte, auf die landwirtschaftlichen Bezirke zu übertragen; hierdurch sei überhaupt die Frage des Arbeiterschutzes in den Industriebezirken hervorgegangen...,Wir müssen doch bei dieser Frage der ländlichen Arbeiter eins noch im Auge behalten: ...im wesentlichen ist die landwirtschaftliche Kinderarbeit dort vorhanden, wo der Kleingrundbesitzer seine eigenen Kinder mit zur Arbeit benutzt. In dieser Beziehung ist die Mitarbeit der Kinder für die Kleingrundbesitzer geradezu eine Lebensfrage... Wir würden die Landwirthschaft wesentlich schädigen, wenn wir in dieser Beziehung ein Verbot der Kinderarbeit erlassen würden..."

Reißhaus, Abgeordneter (SPD): „Meine Herren, es ist mir unbegreiflich, wie die Regierung, da sie die Regelung der gewerblichen Kinderarbeit für nothwendig hält, die in der Landwirthschaft thätigen Kinder ausschließen konnte... Fast möchte ich annehmen, es ist nichts weiter gewesen als die Furcht vor dem Schreien der Agrarier. Um den Agrariern die billigen Arbeitskräfte zu erhalten, hat man von dem Schutz der landwirtschaftlichen Kinderarbeit Abstand genommen... Meine Herren,... ein ... Mangel ist im § 13 der Vorlage vorhanden, welcher die gewerbliche Arbeit der eigenen Kinder von 10 Jahren ab gestattet. Diese Bestimmung kann nach meiner Meinung recht verderbliche Folgen haben. Es wird zweifellos Unternehmer geben,... die bei... der Heimindustrie darauf hinweisen: ihr könnt ja eure Kinder ausnützen und vom 10. Lebensjahre zur Arbeit heranziehen; es ist euch ja nur verboten, daß ihr die Kinder von Abends 8 bis Morgens 8 Uhr beschäftigt, da sind immer noch 12 Stunden frei, und in dieser Zeit steht der gewerblichen Ausbeutung nichts im Wege. Meine Herren, es ist diese Bestimmung nichts weiter als eine Konzession an das Unternehmerthum..."

v. Gamp, Abgeordneter (Deutsche Reichspartei): „Vielleicht in einem Falle ist der Großgrundbesitz betheiligt: beim Verziehen der Rüben; denn nur darin besteht die Kinderarbeit. Das ist eine, wie mir mitgetheilt worden ist, außerordentlich leichte Arbeit; und daß das auch von den Eltern, von den Kindern so angesehen wird, können Sie aus dem entnehmen, was mir von Kollegen mitgetheilt worden ist, die den Verhältnissen nahestehen. In einer Reihe von Städten Ost- und Westpreußens erscheinen unmittelbar nach Schluß der Schule Gutswagen, welche die Kinder aus den Städten auf die Güter bringen, um dort Rüben zu ziehen... Ich habe gesagt, es wäre ein wesentlicher Vortheil, namentlich für den kleinen Grundbesitzer und ländlichen Arbeiter, wenn den älteren Kindern der Unterricht in den Morgenstunden zu Theil würde, damit sie nach der Schule beschäftigt werden können. Ich habe als zweckmäßig angeregt, die Stunden so zu legen, daß der Schulunterricht bei den älteren Kindern von Morgens 6 bis 9 bzw. 10 und bei der anderen Hälfte von 10 Uhr an oder Nachmittags stattfände..."

(Stenographische Berichte über die Verhandlungen des Reichstags X. Legislaturperiode II. Session, 1900/1903, Bd. 6 (19.4.1902 – 11.6.1902) Berlin 1902, S. 4997 ff.)

Dok. 1903: Gesetz vom 30. März 1903 betreffend Kinderarbeit in gewerblichen Betrieben,

I. Einleitende Bestimmungen

§ 1 Auf die Beschäftigung von Kindern in Betrieben, welche als gewerbliche... anzusehen sind, finden... die folgenden Bestimmungen Anwendung...

§ 2 Als Kinder im Sinne dieses Gesetzes gelten Knaben und Mädchen unter dreizehn Jahren sowie solche Knaben und Mädchen über dreizehn Jahre, welche noch zum Besuche der Volksschule verpflichtet sind.

II. Beschäftigung fremder Kinder

§ 4 Bei Bauten aller Art, im Betriebe derjenigen Ziegeleien und über Tage betriebenen Brüche und Gruben, auf welche die Bestimmungen der §§ 134 bis 139 b der Gewerbeordnung keine Anwendung finden, und der in dem anliegenden Verzeichnis aufgeführten Werkstätten, sowie beim Steinklopfen, im Schornsteinfegergewerbe, in dem mit dem Speditionsgeschäfte verbundenen Fuhrwerksbetriebe, beim Mischen und Mahlen von Farben, beim Arbeiten in Kellereien dürfen Kinder nicht beschäftigt werden...

§ 5 Im Betriebe von Werkstätten..., in denen die Beschäftigung von Kindern nicht nach § 4 verboten ist, im Handelsgewerbe... und in Verkehrsgewerben... dürfen Kinder unter zwölf Jahren nicht beschäftigt werden. Die Beschäftigung von Kindern über zwölf Jahre darf nicht in der Zeit zwischen acht Uhr abends und acht Uhr morgens und nicht vor dem Vormittagsunterrichte stattfinden. Sie darf nicht länger als drei Stunden und während der... Schulferien nicht länger als vier Stunden täglich dauern.

§ 6 Bei öffentlichen theatralischen Vorstellungen und anderen öffentlichen Schaustellungen dürfen Kinder nicht beschäftigt werden.

Bei solchen Vorstellungen und Schaustellungen, bei denen ein höheres Interesse der Kunst oder Wissenschaft obwaltet, kann die untere Verwaltungsbehörde nach Anhörung der Schulaufsichtsbehörde Ausnahmen zulassen.

§ 7 Im Betriebe von Gast- und von Schankwirtschaften dürfen Kinder unter zwölf Jahren überhaupt nicht und Mädchen... nicht bei der Bedienung der Gäste beschäftigt werden...

III. Beschäftigung eigener Kinder

§ 12 In Betrieben, in denen gemäß den Bestimmungen des § 4 fremde Kinder nicht beschäftigt werden dürfen, sowie in Werkstätten, in welchen durch elementare Kraft (Dampf, Wind, Wasser, Gas, Luft, Elektrizität usw.) bewegte Triebwerke nicht bloß vorübergehend zur Verwendung kommen, ist auch die Beschäftigung eigener Kinder untersagt.

§ 13 Im Betriebe von Werkstätten, in denen die Beschäftigung von Kindern nicht nach § 12 verboten ist, im Handelsgewerbe und in Verkehrsgewerben dürfen eigene Kinder unter zehn Jahren überhaupt nicht, eigene Kinder über zehn Jahre nicht in der Zeit zwischen acht Uhr abends und acht Uhr morgens und nicht vor dem Vormittagsunterrichte beschäftigt werden.

(Reichs-Gesetzblatt 1903. Nr. 14, S. 113 ff.)

Dok. 1904: Landwirtschaftliche Arbeit von fremden Kindern

„Ergebnisse einer staatlichen Umfrage über die Lohnarbeit von Schulkindern im Deutschen Reich vom 15.11.1904

Im Jahre 1904 waren von stark 9 1/4 Millionen Volksschulkindern unter 14 Jahren rund 1.770.000 in Land- und Forstwirtschaft beschäftigt. Über 12 Jahre waren rund 717.000; unter 12 Jahre rund 1.052.000; davon fast 445.000 unter 10 Jahre. – Der Höchstanteil kommt mit rund 969.000 Kinder auf das Kartoffelauslesen, es folgt das Rübenverziehen mit über 410.000 Kindern. Auf das Viehhüten kommen über 280.000 Kinder. Im übrigen sind alle Kinder an allen landwirtschaftlichen Beschäftigungsarten und Verrichtungen, je nach Arbeitsart, Alter und Geschlecht, in höherem oder geringerem Maße beteiligt. Die jüngeren Kinder und Mädchen sind meist leichter und kürzer beschäftigt als die älteren Knaben. Ein kleiner Teil der Kinder ist im Sommer und Winter beschäftigt, meist die kürzeste Zeit: unter drei Stunden täglich, unter drei Tagen wöchentlich, jeweilig bis zu vier Wochen. Für den größten Teil der Kinder hält sich die Arbeit somit in beiden Jahreszeiten in angemessenen Grenzen. Über drei Stunden täglich und über drei Tage wöchentlich, bis zu 13 Wochen und länger arbeiteten im Winter 30.000 Kinder, die teilweise auch im Sommer, also während des ganzen Jahres beschäftigt waren. Im Sommer ist die Wochenarbeit durchschnittlich länger als im Winter; doch kam auch hier die größte Zahl der Kinder auf die kürzeste Arbeitsperiode bis zu vier Wochen. Über drei Stunden täglich, über drei Tage wöchentlich, arbeiteten im Sommer 993.000 (64%) der Kinder, davon bis zu 26 Wochen rund 122.700, darüber rund 77.500. Festgestellt wurden ferner 446.575 Kinder, die außerhalb der Ferien über sechs Stunden täglich tätig waren; davon arbeiteten 180.000 Kinder an 6 Tagen, 13 bis 26 Wochen; über 26 Wochen: 25.000. Mehr als dies: auf die beiden längsten Arbeitsperioden von einem halben Jahr und länger kommen noch über 38.400 Kinder, die auch am Sonntag beschäftigt waren.
Schließlich zeigt die Erhebung eine beträchtliche Beteiligung der Schüler an zu schweren und ungeeigneten Arbeiten: Bodendüngung, Pflügen, Dreschen, Futter- und Häckselschneiden, Viehfüttern und -tränken, Stallreinigen, Holzsägen und -zerkleinern, an Fahrdienst, Tragen und Heben von Erde und Schiefer auf den Weinberg; hier handelte es sich überwiegend um die über 12 Jahre alten Knaben; doch waren auch die beiden jüngeren Altersgruppen unter zwölf und unter zehn Jahren beiden Geschlechts herangezogen.“

(Simon, H.: Landwirtschaftliche Kinderarbeit. Berlin 1925, S. 30f.)

Dok. 1910: Resolution der Kinderschutzkommission der SPD und der Gewerkschaftskommission von Berlin und Umgegend 1910

„Unter den schweren Schäden, welche die kapitalistische Produktionsweise für das Proletariat im Gefolge hat, steht die Kinderausbeutung an erster Stelle. Die gewerbsmäßige Kinderarbeit raubt den Kindern Lebenskraft und Lebensfreude und erstickt die besten Keime in der Entwicklung des kindlichen Geistes. Für viele Kinder bildet die frühzeitige Beschäftigung in Gewerbe, Industrie und Landwirtschaft die Ursache körperlicher und sittlicher Schädigungen mannigfacher Art.

Die Versammlung erklärt, daß das am 1. Januar 1904 in Kraft getretene Kinderschutzgesetz nicht im entferntesten den Ansprüchen an den gesetzlichen Schutz der Kinder gegen vorzeitige Verwüstung ihrer körperlichen, geistigen und sittlichen Kräfte genügen kann.
Sie fordert deshalb: Verbot jeglicher Erwerbsarbeit schul- und vorschulpflichtiger Kinder in Gewerbe, Land- und Forstwirtschaft, bei häuslicher Arbeit, bei Boten- und Gesindediensten; Ausdehnung der Schulpflicht auf das vollendete 14. Lebensjahr; Herabsetzung der täglichen Maximalarbeitszeit für jugendliche Arbeiter von 14 bis 18 Jahren auf höchstens 6 Stunden und Einführung eines obligatorischen Fortbildungsschulunterrichts für beide Geschlechter.
Ferner fordert sie nachdrücklich die Durchführung einer wirklichen Kontrolle des Kinderschutzgesetzes. Um diese zu ermöglichen, die Vermehrung der Gewerbeaufsichtsbeamten und die Heranziehung von Aufsichtspersonen aus den Kreisen der Arbeiter und Arbeiterinnen.
Die Versammelten geloben, daß sie mit allen Kräften an der Beseitigung der kapitalistischen Produktionsweise als der eigentlichen Ursache des Kinderelends, und für Einführung der sozialistischen Gesellschaftsordnung tätig sein wollen, da nur hierdurch Not, Elend und Ausbeutung, auch der der Kinder, ein sicheres Ende bereitet werden kann."

(H. Barenthin: Kinderschutzkommission der Sozialdemokratischen Partei und der Gewerkschaftskommission von Berlin und Umgegend. Tätigkeitsbericht für die Zeit vom 1.7.1910 bis 30.6.1911. Berlin 1911, S. 3f. Zitiert nach: Hoppe 1969, S. 175.)

4. Kinderarbeit in der Weimarer Republik

Das „Notgesetz" von 1914 wird erst als Resultat der Arbeiterkämpfe der Novemberrevolution wieder aufgehoben. 1918 wird der 8-Stunden-Tag Gesetz. 1920 überträgt das Betriebsrätegesetz dem Betriebsrat die Aufgabe, auf Bekämpfung betrieblicher Unfall- und Gesundheitsgefahren zu achten. Diese Erfolge werden von den Unternehmern bekämpft: Die Arbeitszeitordnung von 1923 erlaubt wieder, auch Jugendliche 10 Stunden täglich zu beschäftigen.

Dok. 1921: Erhebung über Kinderarbeit in Halle

Nach der Erhebung über Kinderarbeit 1921 in den Volksschulen der Stadt Halle, die 72% der Volksschüler erfasst, arbeiten noch 12% der untersuchten Kinder (ohne Saisonarbeit): 2,5% unter den 6jährigen, 11% unter den 9jährigen und 23% der 13jährigen. Und zwar in Handwerk, Fabriken, Heimarbeit, Handel, Gastgewerbe, Landwirtschaft, Gärtnereien, Haushaltsbereich etc. zum äußerst geringen Lohn, „selbst in Fällen, wo sie schwere, vollwertige Arbeit liefern, die sich für Erwachsene geziemt" (Vieth 1923, 139). Beklagt werden negative gesundheitliche und schulische Folgen der Kinderarbeit, ein moralischer und sittlicher Verfall, die „ungezügelte und ungeklärte psychische Frühreife" sowie der „Selbständigkeitsdrang" dieser Kinderarbeiter (Vieth 1923, 164).

Kindliche Heimarbeit ist nach wie vor bedeutend – zum Stundenlohn von Pfennigen:

Dok. 1927: Heimarbeit. Hausweberei in Oberfranken 1927

„Der Vater fertigt auf einem breiten Jacquardwebstuhl sog. Waffeltuch aus Wolle und verdient damit bei täglich 12-14stündiger Arbeitszeit durchschnittlich Mk. 25.-- pro Woche, während die Mutter auf einem zweiten breiten Webstuhl wollene Streichgarntücher webt und bei täglich 8-10stündiger Arbeitszeit durchschnittlich Mk. 18.-- pro Woche verdient, so dass sich das durchschnittliche Bruttowocheneinkommen aus der Handweberei auf Mk. 43.-- stellt. Im Nebenberuf ist der Weber noch Fleischbeschauer und verdient damit monatlich ein paar Mark. Zettel und Schuß wird von den beiden Töchtern des Webers (16 und 18 Jahre) in täglich 6-10stündiger Arbeitszeit gespult. Auch die 3 Knaben im Alter von 7, 8 und 10 Jahren werden des öfteren 3-4 Stunden am Tage zum Spulen herangezogen ... Nach den Angaben des Webers treffen vom wöchentlichen Nettoarbeitseinkommen der Familie auf jeden Kopf ca. Mk -.90 bis 1.- pro Tag zum Leben. Daneben bezieht die Familie noch ein kleines Nebeneinkommen aus der Landwirtschaft, indem sie Kartoffeln, Milch usw. nicht zu kaufen braucht..." (Hofmann 1927, 209f.).

In der Weimarer Republik zwingen anfangs wirtschaftliches Elend und Inflation Kinder zur Arbeit. In Sachsen ist 1920 jeder 8. Arbeiter in der Produktion ein Kind. In der Weimarer Demokratie wird die Gesetzeseinhaltung stärker kontrolliert, so dass außer im Bereich der Landwirtschaft und Heimarbeit Kinderarbeit geringer wird (Tab. 5).[1]

Tab. 5: „Hauptberuflich" Erwerbstätige unter 14 J. nach Wirtschaftsbereichen

Wirtschafts- bzw. Berufsabteilung	**1907**	**1925**	**1933**
Land- und Forstwirtschaft	182699	161558	81714
Industrie und Handwerk	52713	36874	23081
Handel und Verkehr	11636	6838	5641
Häusl. Dienste, Lohnarbeit wechselnder Art/ Erwerbstätigkeit ohne feste Stellung	30004	10312	5278
insgesamt	277052	215582	115714

(Nach: Quandt 1978, S. 110)

5. Kinderarbeit im Faschismus

Das „Gesetz über die Kinderarbeit und über die Arbeitszeit Jugendlicher" vom 30. 4. 1938 (Dok. 1938) wird vor Kriegsbeginn unter Berufung auf die

1 Neben den genannten Untersuchungen belegen die von Fürnberg, Hoernle, Rühle, Schüller u. a. den Umfang der Kinderarbeit in der Weimarer Republik. Über diese Zeit sowie über die Kinderarbeit im Faschismus und die Anfänge der Bundesrepublik finden sich bei Kuczynski ausführliche Analysen und Dokumente.

„Wehrkrafterhaltung“ Jugendlicher erlassen. Es erweitert das Arbeitsverbot für unter 13jährige (Kinderschutzgesetz von 1903) auf unter 14jährige, tritt aber erst am 1. 1. 1939 in Kraft und gilt nur bis zum 1. 9. 1939. Die Kriegsnotverordnung hebt alle Schutzrechte auf.

Dok. 1938: Jugendschutzgesetz vom 30. April 1938
Gesetz über Kinderarbeit und die Arbeitszeit der Jugendlichen

§ 1 Geltungsbereich
(1) Dieses Gesetz gilt für die Beschäftigung von Kindern...
(2) Kind ist, wer noch nicht vierzehn Jahre alt ist.
(3)....Auf Jugendliche, die noch volksschulpflichtig sind, finden die Vorschriften über die Beschäftigung von Kindern Anwendung.
§ 2 Begrenzung des Geltungsbereiches
(1) Wegen der Eigenart der Arbeitsbedingungen bleibt einer besonderen gesetzlichen Regelung vorbehalten die Beschäftigung
1. in der Hauswirtschaft,
2. in der Landwirtschaft einschließlich des Gartenbaues, des Weinbaues und der Imkerei, in der Forstwirtschaft, bei der Jagd und in der Tierzucht,
3. in der Fischerei, in der See- und Binnenschiffahrt, in der Flößerei und in der Luftfahrt, ausschließlich der zugehörigen Land- und Bodenbetriebe...
(3) Auf die in Familienbetrieben beschäftigten Jugendlichen, die mit dem Unternehmer oder dessen Ehegatten bis zum dritten Grade verwandt sind, finden nur die Vorschriften des § 20 dieses Gesetzes über gefährliche Arbeiten Anwendung; die übrigen Vorschriften gelten nur als Richtlinien...
§ 4 Verbot der Kinderarbeit
(1) Kinderarbeit ist grundsätzlich verboten.
§ 5 Kinderarbeit vor Beendigung der Volksschulpflicht...
(2) Volksschulpflichtige Kinder über zwölf Jahre dürfen mit leichten Arbeiten im Handelsgewerbe, mit dem Austragen von Waren, mit anderen Botengängen und mit Handreichungen beim Sport beschäftigt werden. In Familienbetrieben ist auch eine Beschäftigung mit anderen Arbeiten zulässig...
(3) Für die Beschäftigung von Kindern nach Abs. 2 gelten folgende Beschränkungen:
1. Die Kinder dürfen nur in der Zeit zwischen acht und neunzehn Uhr und nicht vordem Vormittagsunterricht beschäftigt werden...
2. Die Beschäftigung darf nicht länger als zwei Stunden... täglich dauern...
5. An Sonn- und Feiertagen dürfen Kinder nicht beschäftigt werden. Zulässig sind Handreichungen beim Sport für die Dauer von vier Stunden.
(4) Bei Musikaufführungen, Theatervorstellungen und anderen Schaustellungen oder Darbietungen, bei denen Belange der Kunst oder Wissenschaft es erfordern, und bei Filmaufnahmen kann das Gewerbeaufsichtsamt

ausnahmsweise die Beschäftigung von Kindern zulassen.
§ 6 Kinderarbeit nach Beendigung der Volksschulpflicht
(1) Kinder, die nicht mehr volksschulpflichtig sind, dürfen bis zu sechs Stunden täglich beschäftigt werden.

(Reichsgesetzblatt 1938. Teil I, Nr. 70, S. 437 ff.)

Mit dem neuen Gesetz wird sozialdemagogisch agitiert:

„Alle Jugendlichen zu seelisch und körperlich gesunden Volksgenossen zu erziehen, ist völkische Notwendigkeit und nationalsozialistische Pflicht. Es ist Wille der Reichsregierung, der deutschen Jugend Schutz und Förderung zuteil werden zu lassen und damit ihre Leistungsfähigkeit zu steigern. Die zur beruflichen Weiterbildung, zur körperlichen Ertüchtigung, zur Gestaltung der Persönlichkeit und zur staatspolitischen Erziehung notwendige Freizeit wird sichergestellt" (zitiert aus der Präambel des Gesetzes).

Zwar baut das Gesetz auf gewerkschaftlichen Forderungen in der Weimarer Republik auf, es ist jedoch unzulänglich:

- Die Industrie setzt Ausnahmeregelungen für Bergbau, Walz- und Hammerwerke und Glasziehereien durch.
- Wirtschaftsräume werden ganz aus dem Geltungsbereich herausgenommen: Hauswirtschaft, Landwirtschaft, Gartenbau, Weinbau, Imkerei, Forstwirtschaft, Jagdwirtschaft, Tierzucht, Fischerei, Flößerei und die See- und Binnenschifffahrt.
- Der Schutz gilt nicht für Juden, Zigeuner und Ostarbeiter.

Letztere werden von den Nationalsozialisten ermordet oder extensiv ausgebeutet (Tod durch Arbeit). So können verschleppte Ostarbeiterkinder ab 10 Jahre bis zu 6 Stunden in der Landwirtschaft eingesetzt werden. Verschleppt werden sie in Lager gepfercht, zu niedrigen Löhnen und unter schlechten Arbeitsbedingungen ausgebeutet. Säuglinge und Kleinkinder von Ostarbeitern, die man nicht mehr als Arbeitskräfte zu gebrauchen glaubt, werden in Hungerlagern durch Hungerrationen umgebracht (vgl. Manchester, Krupp, München 1967, S. 515, 533 ff.).

Seit Frühjahr 1944 werden besonders bei den Heeresgruppen Nord und Mitte 10 - 15jährige Kinder vieler Nationen, deren Angehörige man vorsätzlich ermordet, in „Kinderdörfern" zusammen, um sie nach Deutschland zu deportieren („Heuaktion"). Von 40.000 10- bis 14jährigen nach Deutschland Verschleppten werden 2500 den Junkers-Werken übergeben (vgl. Anatomie des Krieges, Berlin 1969, S. 449). Am Ende steht der Volkssturm, in dem sich Kinder für eine ausweglose Sache einsetzen müssen.

Neben dem Abbau von Schutzrechten und der Ermordung vieler Kinder durch politische Verfolgung, übermäßige Arbeit und Krieg schädigt der Nationalsozialismus auch mit den Kriegsfolgen die Kinder schwer. Von den 8 Millionen Flüchtlingen sind 2,5 Millionen unter 15 Jahren. 1,5 Millionen Kinder und Jugendliche haben nur einen Elternteil. Millionen von Kindern bringt er statt der demagogisch versprochenen Förderung Armut, Hunger und Tod (vgl. Jugendarbeitsschutz: Niemals ein Geschenk 1978, 54f.).

II. Kinderarbeit 1945 – 60

Bis zum 8. August 1960 gilt noch das faschistische Jugendschutzgesetz von 1938. Es lässt die Arbeit über 12jähriger Kinder zwischen 8 und 19 Uhr zu, wenn sie an Schultagen zwei Stunden und in den Schulferien vier Stunden nicht überschreitet. Sie können mit „leichten Arbeiten" im Handelsgewerbe, Warenauslagen, Botengängen und Handreichungen beim Sport beschäftigt werden. Ohne Alters- und Zeitbegrenzung kann das Gewerbeaufsichtsamt eine Kinderarbeit bei kulturellen Veranstaltungen genehmigen (vgl. Übersicht 1). In der Land- und Hauswirtschaft, Schifffahrt und Familienbetrieben hat das Gesetz keine Gültigkeit (vgl. Dok. 1938).

Nach dem 2. Weltkriegsende schaffen Niedersachsen, Berlin und Saarland unkoordiniert neue Schutzregelungen. So verbietet Niedersachsen ab 9. Dezember 1948 Kinderarbeit generell, auch in der Landwirtschaft. Diese Sonderregelungen treten mit dem neuen JArbSchG am 1. Oktober 1960 außer Kraft.

1. Umfang und Art gewerblicher Kinderarbeit

Über die Kinderarbeit vor 1950 gibt es kaum offizielle Unterlagen. Nach 12jähriger Unterbrechung wird (nach 1938) erst im Jahr 1950 wieder ein Jahresbericht der Gewerbeaufsicht veröffentlicht. Im Unterschied zur Weimarer Republik ist das öffentliche Interesse am Problem Kinderarbeit nach dem 2. Weltkrieg gering. Es wird vielfach stillschweigend angenommen, dass Kinderarbeit kein Problem mehr sei. Was jedoch den tatsächlichen Umfang der Kinderarbeit betrifft, so muss man von einem Schwerpunkt mit mehr als einer Million von Kindern in der Landwirtschaft ausgehen. Mehrere Hunderttausende dürften in Industrie, Handel und Handwerk arbeiten.

- Nach den Schullisten sind allein in Hamburg 1950 noch 2399 gewerblich beschäftigte (JdG Hbg 1951, 15f.) und 1951 ebenfalls 2.540 … registriert, davon 2.160 Kinder in gewerblichen Betrieben und die übrigen in Haus- und Landwirtschaft (JdG Hbg 1951, 15f.). 1952 sind es bereits 3.282 Kinder (JdG Hbg 1952, 29; vgl. Dok. 1951-1952).
- Ähnlich in Baden. Hier werden 1951 insgesamt 1.260 gewerblich tätige Kinder gemeldet. 361 Arbeitskarten werden ausgestellt. Es werden vor allem Anträge für Botengänge, Zeitungsaustragen und leichte Hilfsarbeiten in Handelsgeschäften genehmigt. Darüber hinaus muss für viele Tätigkeiten in Bäckerei- und Metzgereibetrieben, in Werkstätten der Spielwaren- und Uhrenfabrikation,

ferner Marmeladenfabriken und in der Zigarrenindustrie, auch für das Kegelaufsetzen in Gastwirtschaften die Genehmigung versagt werden (JdG Ba 1951, 24).

Nach den Berichten der Gewerbeaufsicht ist die Zahl der in fremden Betrieben beschäftigten Kinder Anfang der 50er Jahre wohl gestiegen:

Dok. 1951-1952: Umfang, bemerkenswerte Fälle und Bestrafung unzulässiger Kinderarbeit: aus Gewerbeaufsichtsberichten der Länder

1. Umfang der gewerblichen Kinderarbeit

- Von den Schulämtern wurden im Berichtsjahr insgesamt 1260 gewerblich tätige Kinder gemeldet... Insgesamt wurden im Berichtsjahr 361 Arbeitskarten ausgestellt... Vor allem wurden Anträge für Botengänge, Zeitungsaustragen und leichte Hilfsarbeiten in Handelsgeschäften genehmigt (JdG Ba 1951, 24).
- „Nach den ... Schullisten waren ... 1951 insgesamt 2540 Kinder als beschäftigt gemeldet. Hiervon waren im Sinne des Jugendschutzgesetzes ... 2160 Kinder gewerblich tätig, während die übrigen auf die Beschäftigung in der Haus- und Landwirtschaft entfielen. Im Vergleich zu den ... 1950 eingegangenen Schulmeldungen (2399 gewerblich beschäftigte Kinder) lag die Zahl der ... 1951 als gewerblich tätig gemeldeten Kinder um 239 niedriger“ (JdG Hbg 1951, 15f.)

2. Bemerkenswerte Fälle unzulässiger Kinderarbeit

- „So wurden... Kinder angetroffen bei Kellerarbeiten in einer Küferei, Handlangerdiensten in einer Reparaturwerkstatt für landwirtschaftliche Maschinen, Handlangerdienste im Steinbruch und bei einem Grabsteinhauer, ferner bei Flaschenabfüllen und Etikettieren in einem Bierverlag, Mithilfe in der Wurstküche einer Metzgerei und in der Backstube einer Bäckerei, beim Kegel auf setzen in Gaststätten, sowie bei Beizarbeiten in einer Spielwarenfabrik und beim Kistennageln in einem Sägewerk“ (JdG BW 1952, 71).
- „Bei Nachtrevisionen, z.B. in München, ergab sich immer wieder die Tatsache, daß Kinder... bis in die späten Nachtstunden noch arbeitend angetroffen wurden“ (JdG Bay 1951, 78).
- „Hervorgehoben seien folgende Fälle unzulässiger Kinderarbeit: Der Einsatz von Kindern bei der Aufbereitung von Borsten, die Beschäftigung von 10jährigen Knaben und Mädchen beim Klöppeln von Spitzen und Lochen von Perlmutterknöpfen, das Brotaustragen von Kindern unter 12 Jahren, die Zustellung von Plakaten durch einen 11jährigen Jungen, die Reinigung von Bierfässern durch zwei 13jährige Jungen, Flechtarbeiten von vier volksschulpflichtigen Kindern in den Abendstunden bis 22 und 23 Uhr; Kinderarbeit in Bäckereien, Metzgereien, Mühlen und Sägewerken, im Wandergewerbe und auf Kegelbahnen (Aufstellung von Kegeln) sowie bei Musikaufführungen als Musiker. In einer Gaststätte wurde um 23 Uhr ein 11jähriger Wirtssohn beim Bierausschenken angetroffen... Ein 9jähriges Mädchen war in einem Nachtlokal, in dem auch Nackttänzerinnen auftraten, als Partnerin eines Artisten zu

artistischen Arbeiten verpflichtet worden. Für die Dauer des Engagements (2 Monate) mußte das Kind jede Nacht zweimal um 0.45 Uhr und um 2.30 Uhr auftreten. Von dem Verdienst des Kindes wurde nach Aussage der Mutter der Lebensunterhalt von drei Personen bestritten. In einer Großstadt breitete sich die Unsitte aus, kleine Kinder von 4 bis 6 Jahren während der Kinopausen als Artisten auftreten zu lassen... Die Beschäftigung eines noch nicht 14jährigen Kindes als Hilfskraft in einer Weberei mußte auf den gesetzlich zulässigen Umfang beschränkt werden, nachdem es unerlaubterweise in den normalen Arbeitsbetrieb mit täglich 8 1/2 Stunden eingereiht war. Die Kinderbeschäftigung bei Filmunternehmen in einer Großstadt hatte Ausmaße angenommen, daß die Betreuung der Kinder durch drei Fürsorgerinnen erforderlich wurde... In einer Blechwarenfabrik wurde sogar ein regelrechtes Heimarbeitsverhältnis mit Kindern angetroffen..." (JdG Bay 1951, 83).

- „In einer Kistenfabrik wurden 12 Kinder von 13 bis 19 Uhr, manchmal sogar bis 22 Uhr beschäftigt... In einer Bäckerei wurde ein 12jähriger Knabe bereits um 2.15 Uhr bei Arbeiten in der Backstube angetroffen. In einer Gaststätte wurde ein 13 3/4 Jahre altes Zimmermädchen täglich von 7 bis 20 Uhr beschäftigt. In einer Handelsgärtnerei und Blumenbinderei mußte der 9jährige Sohn des Unternehmers schwere Gärtnerarbeiten leisten und abends bis 22 Uhr Blumen binden und Kränze herstellen. In der Adventszeit mußte das Kind wiederholt bis 1 Uhr und einmal sogar bis 3 Uhr in der Nacht arbeiten. Auch die 13jährige Schwester des Jungen wurde während der Saison bis 24 Uhr beschäftigt. In einer Spenglerei wurden ein 11- und ein 14jähriger Knabe bei Anstreicharbeiten mit Bleimennige in einem fensterlosen Raum angetroffen. In einer Möbelfabrik wurde ein 13jähriger Junge als Ein- und Austräger in der Nitrolackspritzerei beschäftigt" (JdG Bay 1952, 85).
- „Einsprüche gegen (das Beschäftigungsverbot) blieben nicht aus. Die Eltern legten aus wirtschaftlichen und erzieherischen Gründen auf die Beschäftigung der Kinder Wert und wollten sich in einzelnen Fällen auch dadurch eine Arbeits- oder Lehrstelle für ihr Kind nach der Schulentlassung sichern. So haben Eltern einen Tischlermeister bedrängt, 5 Schüler in den letzten Monaten des 9. Schuljahres für eine stundenweise Beschäftigung als Laufburschen anzunehmen, um dadurch eine Lehrstelle ihrem Jungen zu sichern" (JdG Nds 1951, 48).
- „Das Austragen von Brötchen vor dem Schulunterricht wurde unterbunden. Von verschiedenen Kegelvereinen wurden 13jährige Kinder nach 20 Uhr mit dem Aufsetzen von Kegeln beschäftigt. In einem Falle mußte ein Arbeitgeber verwarnt werden, weil er die Schulkinder gegen Entgelt an Sonnabenden und sonntags vormittags zum Hausieren mit Obst einsetzte" (JdG Br 1954, 25).
- „Im Berichtsjahr wurden bei 266 Arbeitgebern, die Kinder beschäftigen, Kontrollen durchgeführt. Festgestellt wurde bei 4 Kindern die Beschäftigung mit gesetzlich nicht zugelassenen Beschäftigungsarten, bei 14 Kindern die Nichteinhaltung der gesetzlich vorgeschriebenen Arbeitszeitdauer, bei 12 Kindern eine Tätigkeit vor dem Schulbeginn (Austragen von Backwaren). In 107 Fällen

handelte es sich um das Außerachtlassen von Formvorschriften (Fehlen der Arbeitskarte etc.). Außer den … gelegentlich der Kontrollen ausgesprochenen mündlichen Verwarnungen mußten 39 schriftliche Verwarnungen erteilt werden“ (JdG Hbg 1951, 15).

- „Nach Überprüfung der (von den Schulen übersandten) Listen mußten in großem Umfang Beschäftigungsverbote ausgesprochen werden, weil entweder ungesetzliche Beschäftigungsarbeiten vorlagen oder weil die Kinder das vorgeschriebene Mindestalter noch nicht erreicht hatten, in Frankfurt z.B. in 116 Fällen. Bei den Beschäftigungsarten handelte es sich um das Aufstellen von Kegeln in Gaststätten, um die Hinzuziehung schulpflichtiger Kinder in Handwerksbetrieben und in einer Ziegelei, um das Austragen von Zeitungen in der Zeit von 6.15 bis 7.30 Uhr und von 14 bis 22 Uhr, um Hilfe im eigenen Fuhrgeschäft des Vaters, um Reinigungsarbeiten in einer Druckerei und um Hilfe im eigenen Ladengeschäft der Eltern an jedem Samstagvormittag, wodurch regelmäßig der Schulunterricht versäumt wurde. Auch in einem Sägewerk mußte die Arbeit eines Kindes untersagt werden, desgleichen die Beschäftigung eines 13 Jahre alten Schülers als Umroller in einem Lichtspieltheater. Zu beanstanden war ferner öfters, daß die zulässige Beschäftigungsdauer von zwei Stunden täglich überschritten, daß vereinzelt Kinder auch sonntags mit Botengängen beschäftigt, oder daß die vorgeschriebenen Ruhezeiten nach dem Vor- und Nachmittagsunterricht nicht eingehalten wurden... Auf großes Unverständnis stößt man immer wieder bei Artisten, denen die Beschäftigung ihrer Kinder oder Pflegekinder in der Nacht ganz oder teilweise verboten werden muß. Sie geben immer wieder an, daß ihnen im Bundesgebiet sonst keine Schwierigkeiten bei der Nachtbeschäftigung der Kinder gemacht würden“ (JdG Hess. 1951, 64).
- „Rund 75% der Kinder sind entgegen den Bestimmungen des Gesetzes beschäftigt worden“ (JdG Hess 1952, 95).
- „Einem Unternehmer der an der Kreissäge Holz zerkleinerte und es im gleichen Raum durch Kinder bündeln ließ, wurde die Beschäftigung der Kinder untersagt. In einer Kistenfabrik wurden 4 unter 12 Jahre alte Kinder angetroffen, die mit Nageln von Kisten beschäftigt wurden... Bei der Verteilung von Kaffeeproben in einem Warenhaus wurde ein zwölfjähriger, als Neger verkleideter Knabe angetroffen. Ungesetzliche Kinderarbeit mußte kurz vor Weihnachten in 2 Fällen untersagt werden, weil Kinder als lebende Reklame in Schaufenstern Verwendung fanden... In der Landwirtschaft ist es noch immer üblich, Kinder zu beschäftigen“ (JdG Nds 1951, 47f.).
- „Es wurden Beschäftigungszeiten von 3 bis 5 1/2 Stunden während der Schulzeit und bis zu 9 Stunden während der Ferien ermittelt, ebenso verbotswidrige Beschäftigung vor dem Schulunterricht ab 6 Uhr morgens und über 19 Uhr hinaus... In einem Vorstadtlichtspieltheater wurden zwei Kinder von 11 bis 13 Jahren in der Nachmittagsvorstellung bei der Bedienung des Vorführapparates angetroffen... In einer Textilwarengroßhandlung wurden 25 schulpflichtige

Kinder damit beschäftigt, Reklame- und Werbeschriften zu falten und in Briefumschläge zu legen. Die tägliche Beschäftigungsdauer betrug bis zu 4 Stunden. Arbeitskarten für die Kinder waren nicht beantragt worden. Auf Veranlassung der Gewerbeaufsichtsbeamten wurden die Arbeiten an ein Waisenhaus vergeben. Im Mindener Bezirk beschäftigten zahlreiche Zigarren-Heimarbeiter ihre eigenen Kinder verbotswidrig mit dem Beschneiden von Zigarillos und dem Zurichten von Tabak... In einem Lohndreschunternehmen wurde ein 14jähriger Knabe angetroffen, der von 7-19 Uhr an der Dreschmaschine bzw. Strohpresse beschäftigt war... Bei verschiedenen Kinder-Modeschauen wurden 3- bis 13jährige Kinder als Mannequins beschäftigt... Zahlreiche Gaststätteninhaber und Kegelvereine mußten auf das Verbot der Beschäftigung von schulpflichtigen Kegeljungen hingewiesen werden“ (JdG NW 1951, 90f.).

- „In einem Furnierwerk wurde Kinderbeschäftigung festgestellt... In einem unbewachten Augenblick griff, wahrscheinlich aus Spielerei, eines dieser Kinder, ein 11jähriger Schüler, in den rückwärtsgehenden Vorschubantrieb eines Horizontalgatters, der nicht ordnungsmäßig verkleidet war. Er verlor drei Finger der rechten Hand... Ferner mußte die Beschäftigung des eigenen Kindes eines Abbruchunternehmers mit Abbrucharbeiten verboten werden... In den letzten Jahren nahm die Beschäftigung von 12- bis 14jährigen Schulkindern in den Einzelhandelsgeschäften als ‘Körbchenträger’ (Beförderung der Waren vom Verkaufstisch zum Packtisch) an den Ausverkaufstagen und den verkaufsfreien Sonntagen solche Ausmaße an, daß diese Tätigkeit, die früher nur als gelegentliche Beschäftigung geduldet wurde, nicht mehr zugelassen werden konnte, zumal die Kinder vielfach unentschuldigt dem Unterricht fernblieben“ (JdG NW 1952, 97).
- „Ein direkter Einsatz von Schulkindern in Maschinenräumen wurde nur in zwei Fällen festgestellt... Häufiger mußten Zeitungsausträgerinnen veranlaßt werden, ihre schulpflichtigen Kinder nicht schon morgens zwischen 6 bis 7 Uhr beim Austragen der Zeitungen mithelfen zu lassen. Auch das Austragen von Brötchen in der Frühe mußte verschiedentlich in Bäckereien verboten werden. Ein Mißstand, der seit vielen Jahren besteht und dem man nur sehr schwer beikommt, ist das Kegelaufsetzen durch Schulkinder“ (JdG NW 1951, 43).

3. Bestrafung unzulässiger Kinderarbeit

- „In einer Sandgrube wurden 11 bis 13 Jahre alte Kinder betroffen, die mit Pickel und Schaufel ohne Aufsicht eines Erwachsenen arbeiteten. Auf Grund der erstatteten Strafanzeige wurde der Sandgrubenbesitzer zu 100,- DM Geldstrafe verurteilt. In einem anderen Falle wurden Kinder zwischen 9 und 13 Jahren zu Dachdeckerarbeiten herangezogen. Entgegen der Auffassung des Gewerbeaufsichtsamts wurde dieser Verstoß von dem zuständigen Amtsgericht nicht als besonders schwerer Fall, sondern nur als einfache Übertretung behandelt“ (JdG BW 1952, 71).
- „Eine Kaffee- und Weinhausbesitzerin wurde zu einer Geldstrafe von 250 DM

verurteilt, weil sie ein volksschulpflichtiges Mädchen morgens vor dem Schulbesuch und nach dem Schulbesuch bis über 22 Uhr hinaus beschäftigte" (JdG Bay 1952, 85)

- „Es mußten 2 Strafanzeigen erstattet werden (Austragen von Backwaren). Die Urteile lauteten über Geldstrafen von 25 und 75 DM" (JdG Hbg 1951,15).
- „Gegen unbelehrbare Arbeitgeber mußten Strafverfahren eingeleitet werden. Die Inhaberin eines Einzelhandelsgeschäftes für Porzellan wurde zu 200 DM Geldstrafe, ersatzweise 20 Tagen Gefängnis verurteilt, weil sie einen Schulpflichtigen 5 Stunden täglich beschäftigt... hatte" (JdG Hess 1952, 95).
- „Der Inhaber einer Seilerei hatte trotz Verwarnung weiterhin Kinder in seinem Betrieb beschäftigt. In einem Strafverfahren wurde er mit 20 DM bestraft... In einer Sandgrube wurden drei fremde Kinder im Alter von 8 bis 12 Jahren mit der Gewinnung und dem Verladen von Sand beschäftigt. Der Sandgrubenbesitzer erhielt die geringe Geldstrafe von 30 DM... Wegen verbotswidriger Beschäftigung eines 10jährigen Jungen, der oft sogar bis spät in die Nacht arbeiten mußte, erhielt ein Fuhrunternehmer, der trotz Verwarnung durch das Gewerbeaufsichtsamt das Kind weiter beschäftigte, 100 DM Geldstrafe... Wie in früheren Jahren wurde auch im Berichtsjahr die Beschäftigung von Kindern mit Brötchen- und Zeitungsaustragen in den frühen Morgenstunden beobachtet. Die von den Gerichten verhängten Strafen betrugen im Höchstfalle 20 DM... Ein Metzgermeister hatte ein Kind in seiner Wurstküche beschäftigt, was dem Gewerbeaufsichtsamt erst bekannt wurde, als das Kind beim Arbeiten am Fleischwolf seine rechte Hand verloren hatte. Wegen Nichtbeachtung des Jugendschutzgesetzes wurde der Meister mit 50 DM neben einer Geldstrafe von 300 DM wegen fahrlässiger Körperverletzung bestraft" (JdG NW 1952, 97).

Dok.: Arten verbotener Kinderarbeiten 1951-52

Gewerbeaufsicht trifft Kinder bei folgenden verbotenen Arbeiten an:

- Aufbereitung von Borsten
- Klöppeln von Spitzen und Lochen von Perlmuttknöpfen
- Plakat-Zustellung
- Flechtarbeiten
- in Bäckereien, Metzgereien, Mühlen und Sägewerken
- im Wandergewerbe
- Kegel-Aufstellung
- Mitarbeit als Musiker bei Musikaufführungen
- Bierausschänken
- artistische Auftritte u. a. in Bars und im Kino (Kinopausen)
- in einer Weberei
- bei Filmunternehmen
- in einer Blechwarenfabrik (Heimarbeitsverhältnisse mit Kindern)
- in einer Kistenfabrik

- in einer Handelsgärtnerei, Blumenbinderei, Anstreicharbeiten mit Bleimennigge
- in einer Nitrolackspritzerei (als Bote)
- in Handwerksbetrieben
- in einer Ziegelei
- in einem Fuhrgeschäft
- Reinigungsarbeiten (z. B. von Bierfässern)
- Filmumspulen u. ä. im Kino
- in Kaufhäusern: Verteilen von Warenproben, Waren umpacken...
- im Schaufenster – als lebende Reklame
- in der Landwirtschaft
- in der Textilwarengroßhandlung
- Zigarren-Herstellung als Heimarbeit
- in einem Furnierwerk
- bei einem Abbruchunternehmer
- in Maschinenräumen
- beim Zeitung-, Brot- und Brötchenaustragen vor dem Unterricht...

(insbesondere JdG Bay 1951, 83; JdG Hess 1951, 64; JdG Nds 1951, 47f.; JdG NW 1951, 43; JdG NW 1952, 97; vgl. Dok. 1951-1952).

Neben der finanziellen Not spielt auch anfangs der 50er Jahre die Sorge um Arbeits- oder Ausbildungsplätze eine Rolle:

- „Die Eltern legten aus wirtschaftlichen und erzieherischen Gründen auf die Beschäftigung der Kinder wert und wollten sich in einzelnen Fällen auch dadurch eine Arbeits- und Lehrstelle für ihr Kind nach der Schulentlassung sichern. So haben Eltern einen Tischlermeister bedrängt, 5 Schüler in den letzten Monaten des 9. Schuljahres für eine stundenweise Beschäftigung als Laufburschen an zunehmen, um dadurch eine Lehrstelle ihren Jungen zu sichern“ (JdG Nds 1951, 48).

Nach den Gewerbeaufsichtsberichten ist deshalb die Zahl der arbeitenden schulpflichtigen Kinder gestiegen. Auch die gesundheitliche Gefährdung und Unfallhäufigkeit ist in den 50er Jahren hoch: „Zum Teil hängt die Unfallhäufigkeit, die... in erster Linie auf der mangelnden Arbeitserfahrung der Kinder und Jugendlichen beruht, auch mit der Arbeitshetze zusammen, der selbst Kinder und Jugendliche nicht selten unterworfen werden“ (Kuczynski 1968, 321).

- „Bei den Erziehungsberechtigten sind es vielfach wirtschaftliche Sorgen und manchmal wegen des Lehrstellenmangels die Befürchtung, daß ihre Kinder nach Beendigung der Schulzeit nicht sofort eine Möglichkeit zur Berufsausbildung haben, so daß sie die Kinder schon vor der Zeit verbotswidrig bei den zukünftigen Lehrherren arbeiten lassen. So sind z. B. nach Angabe der Stadtschulverwaltung Düsseldorf 349 Kinder auf Antrag der Eltern wegen wirtschaftlicher Notlage und Wohnungsnot von der Verpflichtung zum Schulbesuch für das letzte Vierteljahr 1951 entbunden worden. Damit wurde ihnen der Weg zur Aufnahme einer gewerblichen Beschäftigung frei gemacht und ihnen die Möglichkeit gegeben, zum Lebensunterhalt ihrer in Not befindlichen Familien beizutragen oder in Lehrstellen mit Unterkunft und Verpflegung aufgenommen zu werden“ (JdG NW 1951, 90).

- Nach dem bayerischen Gesetz über die Schulpflicht vom 15. 1. 1952 können Schulpflichtige vor dem Abschluss des 8. Schuljahres ab 2. Mai zugelassen werden, wenn sie eine Lehr-, Anlern- oder Arbeitsstelle nachweisen können: „Die vorzeitige Schulbefreiung... hat die Gewerbeaufsichtsämter außerordentlich beansprucht... 9.127 Anträge auf Ausstellung einer derartigen Kinderkarte mußten bearbeitet und 1.480 Karten ausgestellt werden... Trotz der Ablehnung dieser Anträge wurde ein großer Teil der Kinder beurlaubt und ohne Arbeitskarte beschäftigt“ (JdG Bay 1952, 85).

Das Ausmaß der Kinderarbeit scheint Ende der 50er Jahre noch größer zu werden. 1959 werden Schüler des 5. bis 8. Schuljahres zur Kinderarbeit befragt (etwa 10- bis 14-/15jährige). Davon sind fast die Hälfte (43%) Volksschüler und jeweils weniger als ein Drittel Realschüler (27%) und Gymnasiasten (29%). Die Untersuchung zeigt einen erheblichen Umfang der Kinderarbeit: Insgesamt gehen von den Befragten „fast drei Viertel der Kinder (69 v. H.) auch während der Schulzeit arbeiten. Bei den älteren Jahrgängen verlagern sich allerdings die Verhältnisse etwas zugunsten der bloßen Ferienarbeit. Wenn hier nur noch gut 60 v. H. der Kinder eine Dauerbeschäftigung haben, so wird das nicht zuletzt auf die unterschiedlichen Anforderungen... der verschiedenen Schularten zurückzuführen sein; denn die ‘Saison-Arbeiter’ sind sehr viel häufiger in der höheren Schule (51,5 v. H.) als in der Volksschule (34 v. H.) anzutreffen, und umgekehrt stellen die Volksschüler mit über 70 v. H. einen wesentlich größeren Anteil an Dauerbeschäftigten als die höheren Schüler mit nur etwa 50 v. H. (Doppelangaben)“ (Groß 1966, 37).

Fast 40% der Kinder arbeiten bei fremden Leuten (Groß 1966, 39):

Von den jüngeren Kindern arbeiten	zu Hause:	78,6%
	bei fremden Leuten:	29,9%
Von den älteren Kindern arbeiten	zu Hause:	53,1%
	bei fremden Leuten:	48,7%

Im Vergleich zu den Kindern von Angestellten und Beamten arbeiten ca. dreimal so viele Kinder der Landwirte und Arbeiter gegen Lohn:

- „Nicht weniger als 70 v. H. unserer Schulkinder verdienen sich durch Gefälligkeitsdienste, aber auch durch regelrechte Arbeitsleistungen zusätzlich Geld. Besonders beliebt ist dies... bei den älteren Kindern und bei den Knaben, die zwei Drittel der ‚Arbeiter’ stellen, sowie bei den Volksschülern, die mit 63,5 v.

H. häufiger solchen 'Jobs' nachgehen als die Mittelschüler mit 61 v. H. und die höheren Schüler mit nur etwa 49 v. H... Im Monat ... (verdienen) die Knaben mit 30,78 DM erheblich mehr ... als die Mädchen... (mit) 23,- DM ..., der Verdienst der älteren Kinder mit 38,52 DM (liegt) erheblich über dem der jüngeren mit nur 18,13 DM" (Groß 1966, 35).

1959 arbeiten für Arbeitslohn von den	% der Kinder:
Landwirten:	43,5
Arbeitern:	36,2
Facharbeitern:	24,2
Freiberuflichen:	24,0
Angestellten:	21,1
Beamten:	13,9

(nach Groß 1966, 34)

Die Befragung zeigt den Grund der vermehrten Arbeit der Arbeiter- und Bauernkinder:

- „Bei den Arbeitern aber müssen sie noch oft zum Unterhalt der Familie beitragen und ihr verdientes Geld zu Hause abgeben... (Es) sind in erster Linie wirtschaftliche und nicht etwa pädagogische Gründe für den Arbeitseinsatz der Kinder ausschlaggebend" (Groß 1966, 36f.).
- In vielen Fällen, schreibt die Gewerbeaufsicht, handelt es sich hierbei um Kinder aus sozial sehr schlecht gestellten kinderreichen Familien, für die der geringe Kinderverdienst bedeutungsvoll ist (JdG WH 1950, 21).
- Kinder sind wegen der familiären Not stolz, zum Lebensunterhalt der Familie beizutragen (JdG Nds 1950, 34).
- Manchmal fehlt der Vater oder er ist arbeitslos (JdG Hbg 1950, 12).
- Ein drastisches Beispiel: „Ein 9jähriges Mädchen war in einem Nachtlokal, in dem auch Nackttänzerinnen auftraten, als Partnerin eines Artisten zu artistischen Arbeiten verpflichtet worden. Für die Dauer des Engagements (2 Monate) mußte das Kind jede Nacht zweimal um 0.45 Uhr und um 2.30 Uhr auftreten. Vom Verdienst des Kindes wurde nach Aussage der Mutter der Lebensunterhalt von drei Personen bestritten" (JdG Bay 1951, 83).

Das Gerede von Lehrern, Amtsrichtern und Politikern ist fragwürdig, wenn sie betonen, die Arbeit von Kindern sei – so wie sie stattfindet –pädagogisch wertvoll und bringe ihnen Glück und Freiheit (vgl. Tobaben, DP; Dok. 1960a). Die Kinder arbeiten überwiegend nicht aus Arbeitsfreude u. ä.: „Wo die Kinder bei fremden Leuten helfen, ...arbeiten sie in über der Hälfte der Fälle nur um des Geldes willen" (Groß 1966, 41).

Als Gründe für Kinderarbeit bei fremden Leuten werden genannt:	
Verdienst	44,0%
Art der Arbeit	11,0%
Art der Behandlung	9,7%
Abwechslung	7,2%
Sonstiges	9,0%
Keine Angaben	19,0%

(nach Groß 1966, 41)

2. Kinderarbeit in der Landwirtschaft

Da Kinderarbeit in den 50er Jahren am stärksten in der Landwirtschaft stattfindet, wird dieser Wirtschaftsbereich hier detailliert betrachtet. Kinder werden vor allem bei Klein- und Mittelbauern von früh an in die Arbeit eingegliedert, um einen Ruin zu vermeiden:

> Schon 7- bis 10jährige Kinder haben eine Reihe von Arbeiten zu verrichten – wie „Steine und Quecke beim Säen vom Acker lösen, Pferde und Kühe halten, Mithilfe bei der Heuernte, wobei viele Kinder... mit für ihre Körpermaße entsprechend verkleinerten Werkzeugen arbeiten, Seilelegen und Garbenaufstellen. Bei der Roggenernte, Kartoffeln vom Kraut abschlagen, ... Gänse hüten. Darüber hinaus ist der Junge ebenso der Lehrling des Vaters, der bei allem mit dabei sein und kleine Handreichungen leisten muß wie das Mädchen bei der Mutter in die Lehre geht“ (Hetzer/Morgenstern 1952, 52).
>
> Zu den Arbeiten 10- bis 12jähriger gehört das Kühehüten: „Es ist verantwortungsvoller als das Gänsehüten, weil Kühe mehr Schaden anrichten können... Sie sind nunmehr zum Gehilfen vorgerückt, dem auch schon selbständige Arbeiten anvertraut werden. Der Junge kann und muß schon Jauche und Mistwagen aufs Feld fahren und entladen, er leitet die Pferde vor dem Pfluge, übernimmt selbständig das Walzen und Eggen, bindet bei der Roggenernte die Garben, über nimmt, wenn diese Arbeit durch einen Roggenbinder verrichtet wird, die Rolle des zweiten Mannes..., um das ordnungsgemäße Binden zu kontrollieren. Der Junge ist auch schon in die Pflege des Großviehs eingespannt. Ihm bleibt es oft überlassen, junge Kühe ans Wagen ziehen zu gewöhnen. Das 10-12jährige Mädchen übernimmt nicht nur selbständiger eine von hausfraulichen Arbeiten, ihm wird auch das Federvieh anvertraut. Bei der Heuernte fällt ihr jetzt schon die Arbeit der erwachsenen Frau, Heu aufstreuen und aufhäufen zu, ebenso bei der Roggenernte das Garbenbinden, bei der Kartoffelernte das Auflesen. Vor allem werden seine Hände zu jeglicher Gartenarbeit gebraucht. Verschiedentlich finden sich schon die ersten Melkversuche ... Die 13-14jährigen ersetzen schon die Arbeitskraft eines Knechtes oder einer Magd. Der Junge fährt in diesem

Alter den Schälflug, und die Führung der vollen Erntewagen wird ihm anvertraut. Die Mädchen übernehmen die Stallarbeiten, soweit diese von Frauen ausgeführt werden und auch das Melken... Wenn sie in die Schule gehen, steht das Programm der Arbeit, die nach der Schule erledigt werden muß, zumeist schon klar vor ihren Augen. Die Eltern schicken die Kinder dieses Alters meist ungern zur Schule, und ihre eigene Schulwilligkeit läßt oft zu wünschen übrig" (Hetzer, Morgenstern 1952, 52f.).

Nahezu alle Bauernkinder und mehr als die Hälfte der Kinder anderer Familien arbeiten auf dem Land (Tab. 6).

Tab. 6: Kinderarbeit auf dem Land 1956
in ausgewählten Gemeinden Niedersachsens, Hessens und Badens

Es arbeiten von 8- - 14j. Volksschülern in Landwirtschaft u. a. Tätigkeitsbereichen (wie Zeitung austragen usw.)	Anzahl	%
von 730 Kindern aus landwirtsch. Betrieben (über 0,5 ha):	682	93
von 1.173 anderen Kindern:	648	55
Von insges. 1.903 Kindern arbeiten/ohne Hausaufgaben	**1.330**	**70**

(Nach: Hasenclever/Frenzel-Meyer zur Capellen 1957, 30)

Erheblich ist auch der Arbeitsumfang: Die Arbeitszeit der in der Landwirtschaft beschäftigten Kinder beträgt bis zu 6 1/2 Stunden täglich. Solche Fälle werden jedoch in den Schullisten kaum gemeldet, weil den Lehrern meist bekannt ist, dass diese Kinder nicht meldepflichtig sind (JdG RPf 1951, 23).

Dass es keine Einzelfälle sind, zeigt die Befragung der Kinder, die Feldarbeit verrichten oder Vieh hüten:

Arbeitszeit der Kinder mit Feldarbeit oder Vieh hüten:	
Durchschnittliche Arbeitszeit in Stunden	bei % der Kinder
2	6
3	11
4	17
5	22
6	7
mehr als 6	6
Von den Befragten machten keine Angaben:	31

(Nach. Hasenclever/Frenzel-Meyer zur Capellen (1957, 37f.)

Danach arbeiten über die Hälfte der Kinder 4 Stunden und mehr. Ein 10stündiger Arbeitstag (einschließlich Schule) ist für die meisten Kinder in der Landwirtschaft der 50er Jahre die Regel. Berücksichtigt man neben Bauernkindern auch Kinder anderer Familien, so zeigt eine Befragung von 202 Kindern, dass sie durchschnittlich ca. 9 Stunden für Schule und Arbeit zu tun haben (Tab. 7).

Tab. 7: Inanspruchnahme der Kinder 1956 durch Arbeit und Schule durchschnittlich, werktäglich

Stunden:	0	1	2	3	4	5	6	7
Schule (n)					10	60	101	31
Arbeit (n)	14	29	45	53	34	19	8	

n= Anzahl der Kinder (Nach: Frenzel-Meyer zur Capellen 1957, 10)

Die Arbeit dehnt den Tag der Kinder, die viel arbeiten müssen, vielfach in die Nacht hinein aus und mit steigendem Alter wächst der Anteil arbeitender Kinder (vgl. Hasenclever/Frenzel-Meyer zur Capellen 1957, 45f.). Ab 10. Lebensjahr nimmt die Kinderarbeit stark zu. Bauernkinder werden viel häufiger (Tab. 8, nach Tätigkeiten aufgeschlüsselt) und früher zur Arbeit herangezogen als andere Landkinder. Mädchen und Jungen ab 12 Jahren von Bauern arbeiten etwa gleich viel. Anders bei anderen Kindern (in allen Altersstufen!): Hier ist der Anteil arbeitender Jungen deutlich höher als der der Mädchen.

Tab. 8: Arbeitsart der Landkinder im elterlichen Haushalt oder Betrieb

Arbeitsarten (Mehrfachnennungen möglich)	**Kinder aus landwirtsch. Betrieben**	**andere Kinder**
Kleinviehversorgung (füttern, weiden u. ä.)	18%	12%
Großviehversorgung (füttern, misten u. ä.)	24%	-
Bes. schwere Tätigkeiten (Milchkannen tragen, melken, Holz hacken u. ä.)	11%	1%
Sonstiges (Heimarbeit, Bedienung im Laden u. ä.)	2%	3%
Hausarbeiten (fegen, putzen, Großreinemachen, Kochen u. ä.)	36%	46%
Kinderpflege	8,5%	7%
Wäschepflege	0,5%	1%
Holz, Kohlen oder Wasser holen	44%	45%
Gesamtzahl der Kinder	730	1173

(Nach: Hasenclever/Frenzel-Meyer zur Capellen 1957, 28)

Aus einer Reihe von Tagebuchaufzeichnungen zeigen zwei typische Beispiele, wie lange und was Kinder arbeiten:

Wochenablauf eines elfjährig. Jungen im fremden Betrieb (Niedersachsen) (Schule von 7 - 12 Uhr)	
Montag:	5 1/2 Stunden beim Dreschen geholfen
Dienstag:	5 Stunden Mist gefahren
Mittwoch:	4 1/2 Stunden Trecker gefahren, aufgestiegt, gehackt
Donnerstag:	5 Stunden Trecker gefahren, eingekauft
Freitag:	5 1/2 Stunden gehackt
Sonnabend:	6 1/2 Stunden Rohre gelegt, Schweine gefüttert

(Hasenclever/Frenzel-Meyer zur Capellen 1957, 39)

Arbeitspensum eines 10jährig. Mädchens aus einer Landgemeinde in Hessen im familieneigenen Betrieb (Schule: 7.45 - 12 Uhr)	
Montag:	4 Std. Kühe von der Weide geholt, war auf dem Feld
Dienstag:	6 Stunden Kartoffeln gelesen
Mittwoch:	10 Std. Kühe auf die Weide getrieben, Kartoffeln ausgemacht (keine Schule)
Donnerstag:	4 Std. Kraut geholt, Kühe und Schweine gefüttert
Freitag:	6 Std. Kartoffeln gelesen, Kühe geholt
Sonnabend:	6 Std. Haferhaufen umgelegt, Hafer und Weizen eingefahren, Kühe geholt

(Hasenclever/Frenzel-Meyer zur Capellen 1957, 40)

	Motive der langen und schweren landwirtschaftlichen Kinderarbeit bei fremden Leuten (Angaben von 791 Kindern):	
1.	Um mir etwas zu verdienen	250
2.	Um den Eltern zu helfen (durch Verdienst)	44
3.	Zum Zeitvertreib, „weil es mir Spaß macht“	165
4.	Abhängigkeit vom Betriebsinhaber	92
5.	Nachbarschaftshilfe, „aus Gefälligkeit“	31
6.	Um den Eltern zu helfen (Entlastung)	10
7.	Keine Angaben	199

(Hasenclever/Frenzel-Meyer zur Capellen 1957, 56)

Die Agrarsoziale Gesellschaft (Tschirschky/Bögendorf 1963, 30 ff.) schlussfolgert, dass besonders Mädchen durch regelmäßige tägliche Hilfeleistungen überfordert werden. 1959 übernehmen 15% der Kinder regelmäßige landwirtschaftliche Arbeit bei fremden Leuten. Der Anteil der an mehr als 60 Tagen im Jahr arbeitenden Kinder (insgesamt 1/5 aller Kinder auf dem Land) hat sich seit 1956 nicht verändert. Die Kinder haben – wenn auch nicht regelmäßig und durchgehend – doch in einer beachtlichen Zahl eine 50-/60-Stunden-Woche. 10% der Kinder haben überhaupt keine Ferien, sie werden in dieser Zeit voll als Arbeitskräfte eingesetzt.

Folgen landwirtschaftlicher Kinderarbeit

> Lehrerbericht über Folgen landwirtschaftlicher Kinderarbeit:
> „In der Rübenzeit habe ich nur müde Kinder... Ich gebe mir dann alle Mühe, die Kinder durch Geschichten zu wecken, aber häufig nutzt auch das nichts, und ich muß sie dann nach Hause schicken ... Fälle von Vernachlässigung der Schule kommen... in allen Häufigkeitsgruppen vor, mehr jedoch bei den Kindern, die häufiger Feldarbeiten zu verrichten haben als bei denjenigen, die seltener oder gar nicht aufs Feld müssen... Die 'müden Kinder' in der Rübenzeit belasten den Schulunterricht in einem Kreise teilweise so sehr, daß die Schulbehörde eine Verlängerung der Pfingstferien (auf Kosten der Großen Ferien) wünscht, damit die Zeit des Rübenverziehens ganz in die Ferien fällt" (Hasenclever/Frenzel-Meyer zur Capellen 1957, 60).

Tab. 9 zeigt die Vernachlässigung der Schule bei in der Landwirtschaft arbeitenden Kindern.

Tab. 9: Schul-Vernachlässigung und Kinderarbeit 1956 in der Landwirtschaft

Häufigkeit der Feldarbeit	**Vernach-lässigung**	**Keine Ver-nachlässigung**	**Kein Urteil**	**Arbeitende Kinder insges.**	
	%	**%**	**%**	**Zahl**	**%**
Kinder im eigenen Betrieb					
täglich o. mehr als 60 Tage	52	28	20	145	100
30 bis 60 Tage	30	52	18	141	100
3 bis 30 Tage	13	64	23	383	100
keine	15	70	15	13	100
insgesamt	25	54	21	682	100
Kinder im fremden Betrieb					
täglich o. mehr als 60 Tage	47	41	12	32	100
30 bis 60 Tage	36	39	25	87	100
3 bis 30 Tage	13	59	28	682	100
keine	8 (13)***	62 (62)***	30 (25)***	40 (130)***	100
insgesamt	17	56	27	791	100
*dazu teilweise täglich andere Arbeiten bei fremden Leuten					
**aber tägliche Arbeiten bei fremden Leuten					
***Die Zahlen in Klammern geben die prozentualen Anteile an für alle Kinder, die täglich bei fremden Leuten andere als Feldarbeit verrichten.					

(Hasenclever/Frenzel-Meyer zur Capellen 1957, 60).

Das Bundeslandwirtschaftsministerium untersucht 1954 Kinderarbeit in der Landwirtschaft: Kinder arbeiten bis zu 15 Stunden am Tag. Die Schule wird als Erholung erlebt: „Sie freuen sich, wenn die Ferien zu Ende sind. Denn dann haben wir wieder Ruhe!“ (Nürnberger Nachrichten, 15. 6. 1954).

Aufgrund vieler Klagen werden in ländlichen Gebieten die Ferien in die Erntezeit verlegt: „Wie in früheren Jahren schon wurden in fast allen Weinbaugemeinden die Herbstferien abweichend von der allgemeinen Schulordnung in der Lesezeit gegeben“ (JdG Hess 1963, 68; vgl. auch Dok. 1960b).

Nach Angaben der Bayerischen Landesregierung (Mai 1960) zeigen sich bei den Landkindern durch eine starke Überarbeit beträchtliche Schäden im Knochenstützapparat – wie bei der Wirbelsäule. Wissenschaftlich ist belegt:

- Jeder 5. Jugendliche auf dem Land hat einen krummen Rücken.
- Jeder 4. ist mangelhaft ernährt.
- Jeder 20. leidet an einem Herzklappenfehler.
- Die Berufstauglichkeit landwirtschaftl. Berufsschüler ist um 15% geringer als die der städtischen.
- Die Untauglichkeitsquote bei Bundeswehr-Musterungen liegt bereits vor Jahren in einigen Landkreisen mit 50% über dem Bundesdurchschnitt.

Wie zu Beginn des Kapitalismus im 19. Jahrhundert sorgen sich Militärs über ihr Rekrutenmaterial und deshalb auch über Kinderarbeit:

Untersuchung zur Bundeswehr-Musterung 1958

In einer Untersuchung der Bundeswehr-Musterung 1958 wird vermutet, „daß in den vorwiegend landwirtschaftlichen Berufen eine frühzeitige körperliche Beanspruchung zur Entwicklung entsprechender Körperfehler führt, wenn auch sicherlich noch eine Reihe anderer Ursachen bestehen dürften, die noch näher zu untersuchen wären“ (Finger/Harbeck 1962. Zitiert nach: Tschirschky/Bögendorff 1963, 10). „Wenn bei der Musterung zur Bundeswehr der Gesundheitszustand der aus landwirtschaftlichen Berufen kommenden Jugendlichen der schlechteste aller Berufsgruppen war, so ist nunmehr zusätzlich die Frage der Gesundheitsschädigung durch die Erschütterungen bei frühzeitigem Schlepperfahren durch die Kinder akut geworden“. Sie beklagen das „überdurchschnittlich hohe Auftreten von Haltungsschäden bei Rekruten aus ländlichen Berufen“ und finden auch den Grund: „1959 hatten 15 Prozent aller Kinder neben einer durch ihre sonstigen Pflichten veranlagten Arbeitswoche von 40 und mehr Stunden an über 60 Tagen im Jahr auf dem Felde mitgeholfen. 1960 halfen 18 Prozent der Kinder durchschnittlich je Tag 1-2 Stunden mit. Wenn diese Kinder als überbeansprucht angesehen werden, so ist es sicherlich berechtigt, denn sie waren über 8 Stunden täglich für Schule und echte Mithilfe angespannt“ (Tschirschky/Bögendorff 1963, 80f.).

Nicht nur die Zahl der arbeitenden Kinder auf dem Lande ist groß, sondern auch die Arbeit ist intensiv und schwer. Das zeigt die Unfallhäufigkeit in landwirtschaftlichen Arbeitsstätten. 1950 bis 1958 ereignen sich (nach Angaben des Bundesarbeitsministeriums von 1960) 21.000 von der landwirtschaftlichen Berufsgenossenschaft entschädigte Arbeitsunfälle bei Kindern unter 14 Jahren. Bei Arbeitsunfällen sterben über 200 Kinder, und bei mehr als 3.000 Kindern ergibt sich eine dauernde Erwerbsminderung von über 50% als Arbeitsunfallfolge.

Dok. 1953: Gesundheitliche Gefahren früher Mitarbeit nach einer Untersuchung im Landkreis Memmingen 1953

„Was der überwiegende Aufenthalt in freier Natur an guter Wirkung erzeugt, hebt zu frühe Arbeitsverwendung der Kinder häufig wieder auf... Sind zu wenig Arbeitskräfte am Hof, wird das Kind ganz sicher allzu früh zu überschweren Arbeiten herangezogen, was in vielen Fällen zu körperlichen Defekten oder zu einem vorzeitigen Verbrauch der Kräfte führt. Nicht selten hält man ihm vor, daß der Vater in seinem Alter in derselben Weise arbeiten mußte, wobei er keinen Schaden erlitten hätte. Solche Vergleiche zu verallgemeinern ist unrichtig, denn nicht das Alter allein entscheidet, sondern auch die körperliche Entwicklung muß der Arbeit angepaßt sein. Von 46 Kindern unter 6 Jahren mußten bereits 5 zu schwere Arbeiten verrichten, z. B. volle Kartoffelkörbe tragen. Bei diesen Kindern sind schon Entwicklungsstörungen festzustellen. Die Zahl umfaßt 10,8% der untersuchten Fälle, alle aus mittelbäuerlichen Betrieben. Von 52 Kindern unter 10 Jahren mußten 11 bereits täglich melken und den schweren Milchkarren zur Molkerei schieben. Dazu kommt noch Hilfeleistung beim Ausmisten und Füttern.
Das sind 21,1% Kinder von dieser Gruppe. Sie machen durchweg einen überarbeiteten Eindruck. Von 63 Schulkindern zwischen 12 und 14 Jahren mußten 17 = 26,9% mit der Sense täglich Futter mähen und auch aufladen, was ihren Kräften ebenfalls noch nicht entsprach. Bei allen Arbeiten in der Landwirtschaft ist ein zu früher Einsatz der Jugend ungefähr in diesem Umfang üblich und wirkt sich ungünstig auf die spätere Entwicklung der Landjugend und der Bauernschaft aus. Bei diesen drei Untersuchungsgruppen fällt auf, daß der Prozentsatz der zu frühen Arbeitsverwendung mit der Zunahme des Alters steigt; bei der Gruppe unter 6 Jahren waren es 10,8%, bei der unter 10 Jahren 21,1% und bei der älteren Gruppe zwischen 12 und 14 Jahren 26,9%. Die schlimmen Folgen äußern sich somit allmählich, aber sicher. Nicht selten kommen im unerfahrenen Alter Unglücksfälle vor, die dauernden Körperschaden hinterlassen können, wie Brüche, Quetschungen, Gliederverluste usw." (Binder 1953, 124f.)

Besonders gesundheitsgefährdend sind schwere Arbeiten wie volle Kartoffelkörbe tragen, täglich Kühe melken und Milchkarren befördern, Ausmisten, Füttern und Futter mähen. Die verstärkte Technisierung in den 50er Jahren in der

Landwirtschaft verringert den physischen Kräfteverschleiß kaum. Und dies bei äußerst geringer Entlohnung. Sie „entfällt" für Kinder, die in der eigenen Familie arbeiten. In fremden Betrieben erhalten sie Stundenlöhne überwiegend zwischen 15 und 70 Pfennigen. 12% der Kinder müssen das Geld ganz, 3% teilweise abgeben. Des Weiteren geben 20% der Kinder das Geld sofort für notwendige Beschaffungen vor allem für Kleidung aus. Die meisten Kinder sparen das Geld und „nur wenige verbrauchen es ganz für Kinobesuche und Süßigkeiten" (Hasenclever/ Frenzel-Meyer zur Capellen 1957, 55f.).

Hütekinder

Besonders krass werden „Pflegekinder" aus der Stadt in der Landwirtschaft in verschiedenen Weidegebieten als Hütekinder ausgebeutet. So sind beispielsweise 1956 in den Gemeinden Gunzenau und Buchenrod (gelegen in den hessischen Landkreisen Lauterbach und Fulda) von 59 Volksschülern 33 „Pflegekinder".

Der Unterricht wird systematisch der Kinderarbeit angepasst:

- „40 Hirtenschulen mit einem dem regionalen Arbeitskalender der betreffenden Betriebe angepaßten Stundenplan gibt es noch im Schwarzwald. Der Stundenplan ist bemerkenswert: Stallarbeit und Viehauftrieb von 5-11 Uhr. Dann Mittagessen, Schule und von 16 oder 17 Uhr bis zum Sonnenuntergang wieder Auftrieb und Viehhüten und Abtrieb. Anschließend 'Schularbeiten'" (Hartke 1956, 17).
- In dem von Hartke untersuchten Gebiet (im Hohen Vogelsberg) handelt es sich meist um kleine, zurückgebliebene, unrentable landwirtschaftliche Betriebe, die sich mit der Kinderarbeit am Leben erhalten: „Aus einer Umfrage in der Gemeinde Lanzenhain ergab sich, daß vor zwei Jahren 77% der Kinder, auch der eigenen Kinder, im Betrieb mithalfen, daß etwa 17% der Kinder auch schwere Arbeiten leisten mußten ohne Unterschied, ob es sich um eigene oder um Hütekinder handelte" (Hartke 1956, 20).
- Hartke berichtet von Ähnlichem in der Ostrhön, im Schwarzwald und in der Eifel. Die Kinder haben mit 4 bis 5 Stunden Schule einen Arbeitstag von bis zu 15 Stunden! (Tab. 10)

Tab. 10: Pflegekinder als Hütekinder im Vogelsberg 1956

Tägl. außerschulische Arbeitszeit in Std.	bis 10 jährige		11/12jährige		13- u. mehrj.	
	n	%	n	%	n	%
bis 3	16	25,5	10	17,5	11	9,9
4 bis 7	21	29,6	25	43,9	41	36,9
8 und mehr	2	2,8	5	8,8	23	20,7
keine Angabe	32	45,1	17	29,8	36	32,4
Gesamt	71		57		111	
Art der außerschulischen Arbeit						
Hüten	50	70,4	40	70,2	75	67,5
Stallarbeit	17	23,9	22	38,6	67	60,4
Feldarbeit	18	25,4	26	45,6	72	64,9
Hausarbeit	17	23,9	21	36,8	25	22,5
sonstige Arbeit	11	15,5	13	22,8	12	10,8

(Nach: Küchenhoff/Steinbrecher 1958, 108)

Für die Bauern sind Pflegekinder ein doppeltes Geschäft: Die Pflegekinder „pflegen“ den Gewinn als billigste Arbeitskraft und der Staat zahlt ca. 30 DM Pflegegeld:

- „Es besteht ein stilles Einverständnis zwischen entsendenden Stellen und Pflegefamilien. Die Jugendämter werden gegen geringe Kosten ihre Pflegekinder los, die Landbevölkerung bekommt billige Helfer... Bezeichnend für die Einstellung zu den aufgenommenen Kindern ist wohl, daß im Ort nie von einem ‘Pflegekind’, sondern nur vom ‘Weidhirt’ gesprochen wird. Besonders jetzt (Januar) sind mindestens vier Landwirte eifrig bemüht, für das Frühjahr ‘ihren Weidhirt’ zu bekommen“ (Küchenhoff/Steinbrecher 1958, 97).

Dass sich die Pflegesätze mit zunehmendem Alter verringern, obwohl gerade die älteren Kinder einen höheren Bedarf an Kleidung und Nahrung haben, ist bezeichnend. Das Jugendamt argumentiert, dass ältere verstärkt zur Arbeit herangezogen würden und deshalb ein geringerer Satz gerechtfertigt sei. Was den Eindruck verstärkt, dass der Pflegekindereinsatz in dem geschilderten Umfang von der Behörde gebilligt und gewünscht wird (Graf 1953, 21f.), obwohl manche Arbeit ausdrücklich als schwer angesehen wird:

- „Über die Tätigkeit des Hütens hinaus werden rund 75% der Pflegekinder zu leichterer Arbeit in Hof und Feld herangezogen... Schlimm... ist die Lage der rund 20% der Pflegekinder, die schwere körperliche Arbeit verrichten müssen. Hierunter wird die Arbeit verstanden, die selbst einen gesunden Erwachsenen erheblich anstrengt. So müssen diese Kinder teilweise schon morgens vor Schulbeginn den Viehstall misten, Erntewagen entladen oder Futter vom Feld holen. Viele Beispiele zeigen, daß hierbei Pflegekinder über das vertretbare Maß hinaus beansprucht und als volle Arbeitskraft angesehen werden“ (Graf 1953, 21f.).

- Ein ähnliches Schicksal erleiden die „Schwabenkinder“ (Bereuter 2002): Über den Reschenpaß, den „Hungerweg“, lief Jahr für Jahr auf zerlumptem Schuhwerk einer der fast vergessenen Elendszüge Europas: von Geistlichen oder Werbern geführte Kinder armer Tiroler Bergbauern, die auf Kindermärkten wie in Ravensburg bis in die 50er Jahre zur Landarbeit „gemietet“ wurden (vgl. Lang 1989; Uhlig 1983).

Die Bedeutung außerschulischer Arbeit zeigt das Sitzenbleiben: Je mehr „Pflegekinder“ arbeiten, desto eher bleiben sie sitzen (Tab. 11).

Tab. 11: Arbeitszeit und Sitzenbleiben von Hütekindern im Vogelsberg 1956

	Tägliche Arbeitszeit in Stunden							
Sitzen-	bis 3		4 bis 7		8 und mehr		Keine Angabe	
bleiber	n	%	n	%	n	%	n	%
ja	14	37,8	33	36,3	20	66,7	35	41,2
nein	23	62,2	57	62,7	10	33,3	50	58.8
Gesamt	37		90		30		85	

(Nach: Küchenhoff/Steinbrecher 1958, 110)

Pflegekinder aus Berlin („Sozialwaisen aus zerstörten Familien, oft unterernährt, verwahrlost oder krank“) werden noch in den 70er Jahren zum Vogelsberg vermittelt. Seit den 50ern wachsen etwa 1.000 kleine Berliner dort auf. Es gibt genug Familien, die Kinder aufnehmen:

- „Besonderen Kummer bereiten dem Jugendamt solche Familien, die die 550 Mark Pflegegeld, die es pro Kind im Monat durchschnittlich gibt, als günstigen Nebenerwerb betrachten. Gerade im... (ländlichen, d. Verf.) Raum komme es auf ‘einen Esser mehr’ nicht an und eine billige Arbeitskraft werde in der Landwirtschaft immer gebraucht“ (Frankfurter Rundschau, 9. 11. 79).

Dok. 1956: Die Hütekinder im Vogelsberg

„Kommt man in die Schulen dieses Gebietes, so gibt es in fast allen Klassen in fast allen Gemeinden neben den Kindern der Einheimischen mehr oder weniger hohe Prozentsätze von Pflegekindern. In Einzelfällen ist die Zahl der einheimischen Kinder geringer als die der Pflegekinder. Z.B. Gunzenau: Von 33 Schulkindern waren 1956 18 Hütekinder, in Buchenrod 15 von 26...
Die Kinder werden in der Gegend als ‚Hütekinder‘ oder vom Volksmund auch als ‚Weidhirt‘ bezeichnet. Das läßt schon auf die Funktion dieser Kinder schließen. Sie stammen meist aus einer ganz bestimmten Reihe von großen Städten, unter denen hier Offenbach, Darmstadt, Gelsenkirchen, Hagen, natürlich Frankfurt

und neuerdings auch Berlin hervortreten. Sie bleiben z. T. nur im Sommer im Vogelsberg. Teilweise aber kommen sie mit 7 oder 8, meist mit 10 Jahren und bleiben bis zum 14. Jahr...

Es gibt ähnliche Verhältnisse heute noch in der benachbarten Ostrhön, im Schwarzwald und offenbar auch noch bis in die letzten Jahre in der Eifel und auch in anderen Gebieten Europas...

Der Anreiz für die Pflegeeltern besteht darin, daß ein Pflegegeld gezahlt wird. In der Mehrzahl der Fälle schwankt dieses heute zwischen 30 DM (für Zehn- bis Vierzehnjährige) und 40 DM (für Kleinkinder). In einigen Kreisen gehen die Sätze jedoch bereits bis 60 DM... Beim Heranwachsen der Kinder zahlt sich unter Umständen durch die Mithilfe im Haus und im Gewerbebetrieb die Annahme eines Kindes auch durchaus heraus und es bleibt sogar rein rechnerisch ein Überschuß...

40 Hirtenschulen mit einem dem regionalen Arbeitskalender der betreffenden Betriebe angepaßten Stundenplan gibt es noch im Schwarzwald. Der Stundenplan ist bemerkenswert: Stallarbeit und Viehauftrieb von 5-11 Uhr. Dann Mittagessen, Schule und von 16 oder 17 Uhr bis zum Sonnenuntergang wieder Auftrieb und Viehhüten und Abtrieb. Anschließend ‚Schularbeiten'...

In einem Betrieb dieses Hütekindergebietes im Vogelsberg gibt es z.B. einen 70 Jahre alten Bauern und seine Frau. Der einzige Sohn ist zwar verheiratet, aber die Frau ist kränklich. Daher sind Fremdarbeiter nötig, denn der Betrieb ist 30 ha groß. Lohnarbeiter sind aber nicht zu bekommen oder verlangen so hohe Löhne, daß der Betrieb sie nicht zahlen kann. Die Folge ist die Anwesenheit eines 20jährigen, gutmütigen Schwachsinnigen, eines ehemaligen ‚Hütekindes', das im Dorf geblieben ist, und die Annahme von zwei jungen Hütekindern. Die Einführung einer Koppelwirtschaft ist im Betrieb nicht möglich, ‚weil die Anlagekosten zu hoch sind'... Das Hütekind braucht er als Arbeitskraft. Der Pflegesatz ist eine sichere, regelmäßige Bargeldeinnahme, die allein oft höher ist als das, was das Finanzamt ihm bei der bisherigen Besteuerungsart der Landwirtschaft als Einkünfte anrechnet...

Die kleineren Betriebe sind stark auf das Milchgeld angewiesen und damit aus einem weiteren Grund an das Hütekind gebunden. Die Weidezeit am Morgen beträgt 2 bis 3 Stunden, am Nachmittag ca. 4 Stunden... Die Auf- und Abtriebszeiten betragen u. U. 3/4 Stunden für jeden Gang.

Wenn keine eigenen Kinder im Betrieb vorhanden sind, ist ein Hütekind auch im kleinen Betrieb nötig. Die Entziehung des Hütekindes, etwa wegen mangelnder pädagogischer Eignung bei sonst durchaus geordneten Verhältnissen, kann u. U. den Betrieb gefährden. Die arbeitsmäßige Funktion, die das Hütekind in diesem Gebiet erfüllt, wird auch klar, wenn berichtet wird, daß man Hütekinder oft so lange nimmt, als die eigenen Kinder noch klein sind. Oder wieder, wenn die eigenen Kinder dann ‚etwas lernen' sollen oder ‚etwas werden' sollen, was hier oft heißt: den Hof verlassen...

Oft wird... bei jedem Wetter gehütet, was für Vieh und Hütekinder gleich ungut

ist. Ein großer Teil der Kinder wird auch zu anderen Arbeiten, die Mädchen im Haus, die Buben im Betrieb, verwendet. Aus einer Umfrage in der Gemeinde Lanzenhain ergab sich, daß vor zwei Jahren 77% der Kinder, auch der eigenen Kinder, im Betrieb mithalfen, daß etwa 17% der Kinder auch schwere Arbeiten leisten mußten ohne Unterschied, ob es sich um eigene oder um Hütekinder handelte...
Die Zahl der Hütekinder unterliegt starken Schwankungen. Im Kreisgebiet Lauterbach entwickelten sich die Zahlen wie folgt: 1926: 260; 1935: 320; 1949: 316; 1951: 365; 1956: 221..."

(Hartke, W.: Die Hütekinder im Hohen Vogelsberg, 1956, S. 10ff.)

3. Schullisten für die Gewerbeaufsicht

Eine Besonderheit im Kinderarbeitsschutz besteht in der engen Zusammenarbeit der Gewerbeaufsicht mit anderen Institutionen:

- „Bei der Genehmigung von Kinderarbeit erfolgt regelmäßig die Einschaltung der Jugendämter und ... Schulämter... Bei den turnusmäßigen Besprechungen der Gewerkschaften... waren wiederholt Fragen... des Jugendarbeitsschutzes... Gegenstand ausgiebiger Erörterungen" (JdG Ba 1951, 5).
- Bayern, NRW, Baden-Württemberg, Hessen, Hamburg, Schleswig-Holstein verpflichten die Schulen, bei der Ermittlung von Kinderarbeit mitzuwirken, indem sie ein- bis zweimal, in NRW sogar viermal, jährlich die Schüler befragen und Verzeichnisse der beschäftigten Schüler der Aufsichtsbehörde einreichen. Erstmalig werden 1951 von den Schulen Listen übersandt. „Das Meldeverfahren der Schulen über gewerblich tätige Kinder hat sich nunmehr restlos eingespielt" (JdG Ba 1951, 23).
- So werden zahlreiche Fälle unerlaubter Kinderarbeit festgestellt (JdG NW 1951, 90).
- Die Gewerbeaufsichtsämter wären nur mit Betriebsbesichtigungen auf die Mehrzahl verbotener Kinderarbeitsfälle nicht gestoßen (JdG Bay 1951, 83; JdG Hess 1951, 63f.; JdG NW 1951, 90).

Für die Gewerbeaufsicht sind die Schullisten wichtig, um Kinderarbeit aufzuspüren: Sie selbst entdeckt kaum Fälle verbotener Kinderarbeit:

- Die „Gewerbeaufsichtsämter sind so schwach besetzt, daß nicht selten auf einen einzigen Beamten tausend Betriebe entfallen... Aber selbst bei diesen gelegentlichen Kontrollen spielt der Jugendarbeitsschutz neben anderen Aufgabengebieten wie Unfall- und Feuerschutz, Bauaufsicht, allgemeiner Arbeitsschutz usw. häufig genug nur eine untergeordnete Rolle" (Kuczynski 1968, 313).

Ferner sind die verhängten Geldstrafen so gering, dass sie kaum abschrecken, sondern eher zu Verstößen ermuntern. Weder die Praxis der Gewerbeaufsichtsämter noch die der Gerichte führt zum wirksamen Kinderarbeitsschutz. Die verhängten Gerichtsstrafen betragen im Höchstfall einige Zehn-Mark-Scheine (vgl. Dok. 1951-1952). Auch in schwerwiegenden Fällen werden Gerichtsverfahren eingestellt:

Dok. 1953a: Geringe gerichtliche Strafe

Von Anfang Mai bis Ende August 1952 werden bis zu 13 Kinder im Alter von 8 bis 13 Jahren beim Dachumdecken eines mehrstöckigen Klostergebäudes beschäftigt: Dachziegel tragen und aus dem Dachstuhl herausreichen. Vier Kinder arbeiten auf dem Dach und werden angeseilt, damit sie nicht abstürzen. Einige Kinder werden durch fallende Ziegel zum Teil schwer verletzt. Vor und nach den Schulferien wird von 13 bis 18 Uhr, während der Ferien auch noch von 7 bis 12 Uhr gearbeitet. Als Entlohnung erhalten die Kinder unter 12 Jahren 0,10 DM, die Kinder von 12 bis 14 Jahren 0,15 DM je Stunde. Der Wochenlohn beträgt somit 2,70 bis 5,50 DM. Das Gewerbeaufsichtsamt erstattet Strafanzeige und bittet um Anwendung der strafverschärfenden Bestimmungen des Jugendschutzgesetzes von 1938 (§ 24 Abs. 2), da es sich nach seiner Auffassung um einen besonders schweren Fall handelt und die Kinder in die Gefahr gebracht wurden, dauernd und schwere körperliche Schäden zu erleiden. Der Strafrichter stellt jedoch das Verfahren ein. Die Kosten trägt die Staatskasse. Der Richter hat den letzten Tag vor der Verjährung ohne richterliche Handlung verstreichen lassen. Aus der Urteilsbegründung: „Es ist gerichtsbekannt und vom Bürgermeisteramt auch bestätigt, daß... es allgemein üblich ist, Schulkinder als freiwillige Helfer bei Bauarbeiten – insbesondere beim Plattenreichen – zu beschäftigen... Es ist... seit Kriegsende kaum ein Neubau... errichtet worden, bei welchem nicht Schulkinder, und zwar nicht nur der Bauernfamilie oder der nächsten Nachbarschaft, zum Plattenbieten herangezogen wurden. Das Bürgermeisteramt bringt zum Ausdruck, es wäre sehr bedauerlich, wenn diese Übung bestraft oder als asozial bezeichnet würde. In diesem Falle wäre es hier, wo Wohlstand wenig vorhanden, ...in Zukunft mit dem sozialen Wohnungsbau schlecht bestellt."

(Zitiert nach: Kinder beim Dachdecken beschäftigt 1953)

Dass das Bürgermeisteramt und der Richter solche schweren Fälle der Kinderarbeit für selbstverständlich und notwendig halten und dass Arbeitgeber in Arbeitsschutzfragen für Kinder fast immer freigesprochen werden, beweist, dass sie vom Arbeitsschutz und speziell vom Kinderarbeitsverbot nichts halten, was viele Kinder weiterhin zum Raubbau ihrer Kräfte verurteilt.

4. Jugendarbeitsschutzgesetz von 1960

Bereits im Januar 1948 wird von der ersten Interzonalen Gewerkschafts-Jugendkonferenz in München-Hallthurm die Aufhebung sämtlicher Bestimmungen des JArbSchGes von 1938 einschließlich des Verbots der Kinder-, Sonntags- und Feiertagsarbeit gefordert. Zwar hält sich der Entwurf des Gewerkschaftsrates der vereinigten Zonen aus dem Jahre 1949 zur Erweiterung des JArbSchGes bei den Kinderarbeits-Bestimmungen noch an das Gesetz von 1938, jedoch fordert der DGB-Entwurf eines JArbSchGes 1954, dass Kinder nur noch bei Musik-,

Theaterveranstaltungen o. ä. Darbietungen beschäftigt werden dürfen (Meis 1954, 151 u. 213). Auch Jugendverbände, staatliche und freie Jugendpflege und -Wohlfahrt und Ärzte, die sich um die Gesundheit Jugendlicher bemühen, wollen eine Jugendarbeitsschutz-Reform. Bekannt wird das Musterungsresultat der im dritten Quartal 1937 geborenen Wehrpflichtigen, wonach nur rund 60% der Gemusterten völlig geeignet sind (Herschel/Stephany 1963, 16).

Auf den bis Mai 1960 durchgeführten gewerkschaftlichen Jugendkonferenzen wird dringend ein verbesserter Kinder- und Jugendarbeitsschutz gefordert. Wachsender Protest mit großen Kundgebungen und Demonstrationen junger Gewerkschafter in zahlreichen Städten der Bundesrepublik führt zu starkem Druck auf Regierung und Parlament. Doch erst mit dem Arbeitskräftemangel und der intensiven wirtschaftlichen und technologischen Entwicklung wird der Jugendarbeitsschutz reformiert (Jugendarbeitsschutz: Niemals ein Geschenk 1978, 56).

Am 20. Mai 1960 wird das JArbSchG verabschiedet (in Kraft am 9. August 1960) (vgl. Dok. 1960). Die Beschäftigung von noch vollzeitschulpflichtigen Kindern (§§ 7 u. 2 Abs.1) wird verboten. Nach den Schulpflichtgesetzen der Bundesländer dauert Mitte der 60er Jahre die Vollzeitschulpflicht in Berlin, Bremen, Hamburg, Niedersachsen und Schleswig-Holstein sowie in Frankfurt a. M., Kassel und Wiesbaden 9 Jahre, in den übrigen Bundesländern und Landesteilen 8 Jahre. In Bundesländern mit 9jähriger Schulpflicht und einem Einschulungsalter ab beendetem 6. Lebensjahr endet daher das Kinderarbeitsverbot im Alter zwischen 15 und 16 Jahren und bei 8 jähriger Schulpflicht zwischen 14 und 15 Jahren.

Dok. 1960: JArbSchG vom 9. August 1960

„§ l Geltungsbereich
(1) Dieses Gesetz gilt für die Beschäftigung von Kindern
(2) Ausgenommen ist
1. eine Beschäftigung, mit der überwiegend Zwecke der Erziehung, der Heilung oder des Schulunterrichts verfolgt werden,
2. die Beschäftigung verwandter Kinder... (§ 70) im Familienhaushalt und in der Landwirtschaft (§ 29).
§ 2 Begriff des Kindes
(1) Kinder im Sinne dieses Gesetzes sind Personen,
1. die noch nicht oder noch zum Besuch einer Schule mit Vollunterricht verpflichtet sind,
2. die, falls sie der Pflicht zum Besuch einer solchen Schule nicht unterworfen oder von ihr befreit sind, noch nicht 14 Jahre alt sind.
§ 7 Verbot der Beschäftigung von Kindern

Die Beschäftigung von Kindern ist verboten.
§ 8 Ausnahmen bei Veranstaltungen
(1) Die Aufsichtsbehörde kann bewilligen, daß Kinder über drei Jahre bei Musikaufführungen, Theatervorstellungen und anderen Aufführungen sowie Ton- und Fernsehrundfunk und bei Filmaufnahmen mit einer gestaltenden Mitwirkung bis zu drei Stunden täglich beschäftigt werden. Das gilt nicht für Varietés, Kabaretts, Tanzlokale, Zirkusse und ähnliche Betriebe, für Werbeveranstaltungen sowie für Vergnügungsparks, Kirmessen, Jahrmärkte und ähnliche Veranstaltungen; jedoch kann die Aufsichtsbehörde bewilligen, daß Kinder über sechs Jahre in einem Varieté oder einem Zirkus mit artistischen Darbietungen bis zu zwei Stunden täglich gemeinsam mit einem Elternteil beschäftigt werden.
(2) Die Beschäftigung der Kinder nach 22 Uhr ist verboten...
§ 9 Ausnahmen für die Landwirtschaft
(1) Kinder über zwölf Jahre dürfen in der Landwirtschaft... mit leichten und für Kinder geeigneten Hilfeleistungen beschäftigt werden. Solche Hilfeleistungen dürfen nicht regelmäßig, sondern nur gelegentlich stattfinden.
§ 70 Verwandte Kinder
Verwandte Kinder... sind Kinder, ...die 1. von einem Elternteil beschäftigt werden, dem die Sorge für die Person des Kindes zusteht,
2. vom Vormund beschäftigt werden, falls er mit dem Kinde... bis zum dritten Grade verwandt ist.
§ 71 Ausnahmen ...
(3) Verwandte Kinder über zwölf Jahre dürfen mit leichten Arbeiten beschäftigt werden, wenn die Beschäftigung gelegentlich ist oder nur kurze Zeit dauert und wenn die Arbeiten für Kinder geeignet sind..."
(Bundesgesetzblatt 1960. Teil l, S. 665 ff.)

Drei Ausnahmen vom Kinderarbeitsverbot *(vgl. Übersicht 1):*
Die Beschäftigung über 3-jähriger Kindern bei Veranstaltungen (Musikaufführungen, Theatervorstellungen u. ä.) kann durch behördliche Bewilligung vom Verbot ausgenommen werden. Ausgeschlossen bleiben allerdings: Varieté, Kabarett, Zirkus, Werbeveranstaltung, Kirmes etc. (§ 8).
Erlaubt bleibt die gelegentliche Beschäftigung über 12jähriger Kinder mit a) leichten und geeigneten Hilfeleistungen in der Landwirtschaft (§§ 9 und 70) und b) für Kinder geeigneten Arbeiten durch die Personensorgeberechtigten (§ 71 Abs. 2).
Ferner können Kinder gelegentliche, geringfügige Hilfeleistungen ausführen – soweit sie nicht einer Arbeitsleistung von Arbeitnehmern ähneln (§ 1 Abs. 1 Nr. 1), z. B.:

- gelegentliche Handreichungen beim Sport (Tennisbälle aufsammeln, Golfschläger befördern, Kegelaufsetzen etc.).
- gelegentliches Austragen von Vereinsblättern oder Kirchenzeitungen.
- gelegentliche Mithilfe beim Zeitungsaustragen – nicht aber: alleiniges Austragen.

Zeitungskonzerne sind an den Ausnahmen vom Kinderarbeitsverbot interessiert, weil Kinder für das Zeitungsaustragen noch entscheidend sind. Allein ein großes Verlagshaus in Hamburg beschäftigt 1960 täglich rund 2.000 Kinder damit. Im Bundestag wird allerdings nicht mit dem profitablen Geschäft argumentiert, sondern damit, dass Kinder bei der Arbeit „glücklich" seien und man ihnen „die Freiheit" lassen müsse (vgl. Tobaben, DP; Dok. 1960a):

Dok. 1960a: Zum Verbot der landwirtschaftlichen Kinderarbeit
Aus Bundestags-Beratungen des JArbSchG-Entwurfs 19./20. Mai 1960:

Frohsee, SPD: „Meine Damen und Herren, bei dieser Neuregelung des gesetzlichen Jugendarbeitsschutzes sollen erstmals die Landwirtschaft und die Hauswirtschaft einbezogen werden. Das war bisher noch nie der Fall. Das ist von meinem und vom Standpunkt der Fraktion der SPD eine sehr erfreuliche Angelegenheit... Die Regierung wollte die Landwirtschaft und die Hauswirtschaft in den Jugendarbeitsschutz einbeziehen und keine Ausnahmen vorsehen, wie sie jetzt bei § 7 a vom Ausschuß vorgeschlagen werden, was ich für sehr, sehr bedauerlich halte... Bei § 7 a handelt es sich um familienfremde Kinder, allerdings um Kinder über zwölf Jahre, die von dem vollen Jugendarbeitsschutz ausgenommen werden sollen, für die er, wie es hier heißt, nur beschränkt gelten soll. Sie sollen nur gelegentlich und nur mit leichten und für die Kinder geeigneten Hilfeleistungen beschäftigt werden... Die Dreizehn- und Vierzehnjährigen werden... den Kohl auch nicht fett machen. Wenn Sie sich schon dazu durchgerungen haben, die familienfremden Kinder bis zu zwölf Jahren in den Jugendarbeitsschutz einzubeziehen, geben Sie Ihrem Herzen einen Stoß und nehmen Sie die 13- und 14jährigen Kinder auch mit in diese Regelung hinein! ... Solche Hilfeleistungen dürfen nicht regelmäßig, sondern nur gelegentlich stattfinden. Nun ja, also gelegentlich der Obsternte und Kartoffelernte und gelegentlich... der Rübenpflege. Wir sind gerade in der Zeit der Rübenpflege, und Sie alle... können, wenn Sie hierherfahren und aus dem Auto oder dem Abteilfenster hinausgucken, allenthalben in Deutschland jetzt in dieser Zeit Kinder bei der Rübenpflege sehen, und Sie meinen vielleicht, diese Kinder machten es gern... Meine Damen und Herren, ich bin vom Fach und habe es selber gemacht, als Kind und auch noch später, und ich muß Ihnen sagen, dieses Rübenverziehen... ist eine sehr harte und eine sehr schwere Arbeit... Ganz abgesehen davon möchte ich sagen, daß sich natürlich, wenn Kinder draußen auf dem Felde arbeiten, erstens kaum kontrollieren läßt, ob es Verwandte oder Fremde sind – wenn sie unter zwölf Jahren

sind, denn eigene Kinder dürfen ja unter zwölf Jahren arbeiten, fremde dürfen erst arbeiten, wenn sie über zwölf Jahre alt sind. Und wer soll unterscheiden, ob es im Sinne des Gesetzes eine 'leichte und für Kinder geeignete Hilfeleistung' ist? ... Welche Gründe... werden für diese Ausnahmebestimmung für familienfremde Kinder angeführt? Angeführt wurde... der Arbeitskräftemangel in der Landwirtschaft... Meine Damen und Herren, ich sagte schon beim § 1: Dieses Gesetz ist ... ein JArbSchG und kein Landwirtschaftsschutzgesetz. (Beifall bei der SPD) Man kann nicht mit Kinderarbeit wirtschaftliche Probleme landwirtschaftlicher Betriebe lösen wollen. (Beifall bei der SPD)... Noch ein Drittes und Letztes in der Reihe der Begründungen dieses Antrags der Fraktion der SPD, den Vorschlag des Ausschusses zu streichen: der Hinweis auf jene sehr, sehr stille Minute, meine Damen und Herren, die eintrat, als Herr Minister Blank vor wenigen Wochen eine Frage meines Kollegen Welslau nach der Anzahl der Unfälle von Kindern unter 14 Jahren in der Landwirtschaft beantwortete. Herr Minister Blank teilte mit, daß in den Jahren von 1950 bis 1958 21.000 Arbeitsunfälle bei Kindern in der Landwirtschaft vorgekommen sind. 1839 wurde das Verbot der Kinderarbeit in Fabriken für Kinder bis zu neun Jahren erlassen. 1839, vor 120 Jahren! Jetzt, 1960, sollen zum erstenmal die Landwirtschaft und auch die Hauswirtschaft in den Jugendarbeitsschutz und in den Kinderarbeitsschutz einbezogen werden. Nutzen Sie diese Gelegenheit, meine Damen und Herren!"
Tobaben, DP: „...Was wir bei der Ausnahmebestimmung des § 7 a im Ausschuß erstrebten, war, daß gelegentliche Arbeiten für Kinder über zwölf Jahre in der Landwirtschaft zulässig sein sollen, wenn es sich um leichte, zuträgliche Arbeiten handelt, und auch das nur mit ganz erheblichen Einschränkungen. Warum haben wir das getan? Sicherlich haben wir es auch wegen des Arbeitskräftemangels in der Landwirtschaft getan... Aber das war nicht der einzige Grund... Es gibt nun einmal zwei Arten von Menschen. Die einen finden in der Arbeit ihren Lebensinhalt und sind glücklich dabei. Es gibt aber auch andere, die stehen auf dem Standpunkt, sobald eine Bewegung in Arbeit ausarte, werde sie zu einem paradiesischen Fluch und müsse deshalb abgelehnt werden. Ich bedauere diese armen Menschen nur. Wir haben... im Ausschuß... deshalb beschlossen, den Kindern... die Freiheit zu lassen, leichte, ihnen zuträgliche Arbeit auszuführen... Wir möchten diesen Menschen die Freiheit zur Arbeit erhalten. Ich bitte, den Antrag der SPD abzulehnen..."
Hesemann, CDU/CSU: „...Meine Damen und Herren, überlegen Sie sich doch bitte – vom Kartoffelnsammeln war die Rede -: wenn im Herbst die Kartoffeln in der Stadt im Haushalt, in den Lägern vorhanden sind, dann denkt wahrscheinlich kein Mensch daran, daß die Kartoffeln in der Landwirtschaft innerhalb von ein paar Wochen geerntet und gesammelt werden müssen, damit sie auf den Markt kommen können. ... Wir haben in allen landwirtschaftlichen Betrieben solche Arbeitsspitzen; da ist die gelegentliche Mithilfe auch von Kindern mit leichter und für Kinder geeigneter Arbeit eine Betriebsnotwendigkeit, die sich aus der ganzen Lage der Landwirtschaft ergibt..."

Frau Dr. Pannhoff, CDU/CSU: „...Die schlechte Gesundheit, die, wie von Herrn Frehsee vorhin angeführt wurde, auf dem Lande festgestellt wird, ist... da; aber sie ist nicht allein Folge der Arbeitsüberlastung. Es kommen auf dem Lande … andere Momente hinzu... Es wird... von Kindergärten angefangen bis zu anderen Einrichtungen der Volkswohlfahrt in den Städten sehr viel getan; das Land ist zurückgeblieben...“
Odenthal, SPD: „...Nachdem der Bundestag der Landwirtschaft jährlich Milliarden zur Strukturverbesserung, zur Preisgestaltung und zu all den anderen Möglichkeiten hergibt, sollte, meine ich, auch die Landwirtschaft Verständnis dafür haben, daß ihren Arbeitnehmern die gleichen sozialen und arbeitsrechtlichen Bedingungen zugestanden werden müssen, die in der gewerblichen Wirtschaft seit hundert Jahren gesetzlich verankert und praktisch gang und gäbe sind... Haben Sie vergessen, … daß die Gutachten, die uns gestern vorgelesen wurden, nachweisen, daß Skelettschäden in der Landwirtschaft bei 40% der Kinder nachgewiesen werden, während sie bei vergleichbarer Arbeit in der gewerblichen Wirtschaft nur bei 20% vorkommen? Wollen Sie bestreiten, daß große landwirtschaftliche Betriebe die Kinder aus der weiteren Umgebung mit Autobussen und Lastwagen zu ihren Arbeitsplätzen abholen, um sie dort während der Ferien mit schwerster Arbeit – in der Kartoffelernte, beim Rübenverziehen und auch bei der Obsternte -, mit Akkordarbeit zu beschäftigen? Ist Ihnen nicht bekannt, … daß die Schulbildung nicht nur auf dem Unterricht in der Klasse beruht, daß die Kinder wegen der Ermüdungserscheinungen, die infolge der Schwerarbeit auf dem Lande auftreten, dem Unterricht einfach nicht folgen können, daß das Niveau der Schularbeit auf dem Lande für diese Kinder niedriger sein muß als in der Stadt und daß diese Kinder später nicht die gleichen Möglichkeiten des Fortkommens haben wie die Kinder, die in der Stadt groß geworden sind?...“

(Deutscher Bundestag. 3. Wahlperiode. Stenographische Berichte der 115. und 116. Sitzung 1960, S. 6574 ff.)

Erstmals wird im JArbSchG von 1960 die Kinderarbeit in der Land- und Forstwirtschaft, die bisher nicht vom JArbSchG erfasst war, „geregelt“. Vor allem geht es „um die bezahlte Arbeit bei fremden Arbeitgebern. Allerdings soll das Gesetz auch Kinder vor Schäden bewahren, die durch zu viel und falsche Arbeit in der eigenen Familie hervorgerufen werden können (vor allem an das Treckerfahren wurde dabei gedacht)“ (Fromme-Bechern 1960, 273). Abweichend vom Regierungsentwurf wird nach Intervention der Großbauern und Bauernverbände die Arbeit fremder Kinder in der Landwirtschaft ausdrücklich gebilligt (vgl. Dok. 1960a). Der eingefügte Paragraph lautet: „Kinder über 12 Jahren dürfen mit leichten und für Kinder geeigneten Hilfsarbeiten beschäftigt werden“. Zwar darf diese Arbeit nicht regelmäßig sein, aber das ist mit wenigen Gewerbeaufsichtsbeamten unkontrollierbar. Was die eingefügte Bestimmung bedeutet, kann man ermessen, wenn man sich daran erinnert, dass allein von 1950 bis 1958 in der Landwirtschaft 21.000

Kinder unter 14 Jahren bei der Arbeit verunglückt sind und „daß Skelettschäden in der Landwirtschaft bei 40% der Kinder nachgewiesen werden, während sie bei vergleichbarer Arbeit in der gewerblichen Wirtschaft nur bei 20% vorkommen" (Deutscher Bundestag 1960; vgl. Dok. 1960a).

Von dieser Ausnahmebestimmung für die Arbeit fremder Kinder profitieren vor allem Großbauern, wie es auch im Bundestag heißt: Es ist bekannt, „daß große landwirtschaftliche Betriebe die Kinder aus der weiteren Umgebung mit Autobussen und Lastwagen zu ihren Arbeitsplätzen abholen, um sie dort während der Ferien mit schwerster Arbeit – in der Kartoffelernte, beim Rübenverziehen und auch bei der Obsternte -, mit Akkordarbeit... beschäftigen" (Deutscher Bundestag 1960).

Es dürfen also über 12jährige Kinder in der Landwirtschaft unter bestimmten Bedingungen (leichtere Arbeiten, nicht regelmäßig, nicht während des Schulunterrichtes, nicht an Sonn- und Feiertagen, nicht zwischen 18.00 und 8.00 Uhr) arbeiten, trotz des allgemeinen Kinderarbeitsverbots in § 7. Zwar bedeutet diese beschränkt erlaubte Kinderarbeit einen Fortschritt gegenüber dem Jugendschutzgesetz von 1938, doch die weitergehenden, an Kinderinteressen orientierten, gewerkschaftlichen Forderungen bleiben unberücksichtigt.

III. Kinderarbeit in den 60ern

Bereits in den 50er Jahren waren mit dem Rückgang der Arbeitslosigkeit Kinder wieder als Arbeitskräfte gefragt: „Um den Mangel an Arbeitskräften, der in jedem Jahr größer wird, auszugleichen, werden die Kinder in immer stärker werdendem Maße zu der Arbeit der Erwachsenen zugezogen" (Die Welt, 30. 6. 1954). Mit der Vollbeschäftigung anfangs der 60er werden Kinder jedoch hunderttausendfach als feste Hilfsarbeitskräfte eingeplant und eingesetzt:

Dok.: Kinder als Hilfsarbeitskräfte

- „Die Kinder rücken... immer mehr in eine Lücke im Arbeitsmarkt ein" (Groß 1966, 38).
- Nach dem Bericht des Internationalen Arbeitsamtes (ILO) machen in den USA, in Westeuropa, Japan und Australien die Kinderarbeit 1960 1% der gesamten Erwerbsarbeit der Bevölkerung aus. (Volkhardt 1960, 308).
- Zur Entlastung des Arbeitsmarktes werden Ausländer angeworben (1960: 1/4 Million). Dabei ergeben sich besondere Engpässe in der Landwirtschaft und im Dienstleistungsgewerbe: „Am Ende der Kette in der Werbung um die Arbeitskräfte steht der Schüler" (Mickel 1962, 230).
- „Der Arbeitskräftemarkt ist so sehr erschöpft, daß sich für Botendienste und ähnliche Tätigkeiten keine erwachsenen Arbeitnehmer oder jugendliche Schüler mehr finden" (JdG SH 1965, 19).
- „Erwachsene (sind) für Botengänge und dergleichen kaum noch zu bekommen..., so daß sich vor allem der Handel gezwungen glaubte, auf die Beschäftigung von Kindern zurückgreifen zu müssen" (JdG Hess 1963, 67).
- Die angespannte Arbeitsmarktlage „verleitet" Klein- und Kleinstbetriebe, besonders Kinder im 9. Schuljahr während der Ferien und in der Schulzeit verbotenerweise zu beschäftigen und das ohne einen „echten Lohn" (JdG BW 1968, 58).
- „Vor allem wirtschaftliche Gesichtspunkte bewegen den Arbeitgeber, Kinderarbeit in Anspruch zu nehmen; denn diese wird in der Regel niedriger entlohnt. Der Stundenlohn für Kinderarbeit betrug im Jahre 1960 59 bis 90 Pfennig. In der Mehrzahl der Fälle wurde jedoch ohne Entgelt oder gegen Geschenke gearbeitet. Meistens wird jedoch als Grund für die Kinderarbeit der Mangel an erwachsenen Arbeitskräften angeführt" (Theisen 1968, 47).

Viele Berichte über äußerst niedrige Entlohnung (und auch Bestrafung) der Kinderarbeit zeigen, dass neben Arbeitskräftemangel Extra-Profite Grund der

Kinderarbeit ist. Möglich wird dies durch die materielle Not der Familien. Den Gewerbeaufsichtsämtern ist der Zusammenhang zwischen niedrigem Familieneinkommen und der Notwendigkeit, die Kinder auch zum Unterhalt beitragen zu lassen, bekannt:

Dok.: Finanzielle Gründe der Kinderarbeit

- „Für ihre 10 und 12 Jahre alten Jungen beantragte eine Frau die Zulassung zum Austragen von Zeitungen mit der Begründung, auf den Verdienst der Kinder (ca. 100 DM monatlich) wegen ihrer wirtschaftlichen Notlage angewiesen zu sein" (JdG NW 1963, 50).
- „In Zusammenarbeit mit den Arbeitsämtern und den Rektoren der Volksschulen wurde bekannt, daß eine Reihe volksschulpflichtiger Kinder auf Antrag ihrer Eltern aus den Endklassen beurlaubt wurden, um aus finanziellen Gründen vorzeitig Beschäftigungsverhältnisse einzugehen" (JdG S 1963, 25).
- „In vielen Fällen waren die Anträge auf Beurlaubung von der Volksschulpflicht damit begründet worden, daß die Kinder im elterlichen Handwerksbetrieb beschäftigt werden oder durch die vorzeitige Arbeitsaufnahme zum Unterhalt der Familie beitragen sollen" (JdG S 1965, 28).
- Gastarbeiter „suchen teils aus finanziellen Gründen, teils um die Kinder in ihrer Nähe und Aufsicht zu wissen, für sie einen Arbeitsplatz in dem Betrieb, in dem sie selbst arbeiten" (JdG BW 1968, 58).
- „In verschiedenen Sparten des Handwerks sowie in Gaststätten wurden noch volksschulpflichtige Kinder beschäftigt... unter anderem war vielfach festzustellen, daß solche Kinder aus sozial schwachen Familien beziehungsweise zerrütteten Ehen stammen" (Vierteljahresberichte der bayerischen Gewerbeaufsicht. 1. Oktober bis 31. Dezember 1969. Zitiert nach: Kinderarbeit, Todesfälle, grobe Gesetzesverstöße 1970, 15).
- Dem Autor wurde 1974 berichtet, dass eine Mutter von zwei Kindern das Häkeln von Babysachen im Auftrag einer Firma in Heimarbeit übernimmt – um fällige Ratenzahlungen zu begleichen. Sie erhält für eine 10stündige Arbeit 7,50 DM. Ihre Tochter hilft regelmäßig im Alter von 8 bis 12 Jahren. Sie vernäht Fäden, heftet Etiketten ein und häkelt selbst mit.
- Der DGB in Bielefeld berichtet: „Kinder stellen in einer Fabrik Schilder her, sie arbeiten auf dem Markt, heben schwere Kisten und bieten schreiend ihre Erzeugnisse an. Sie stehen sogar am Fließband oder verpacken für 2,50 DM pro Stunde Waren in Kartons. Sie helfen bei der Ernte und fahren ohne Aufsicht landwirtschaftliche Fahrzeuge. Sie tragen schwere Pakete aus und arbeiten oft an besonders unfallgefährdeten Stellen... Die Verstöße gegen das JArbSchG mehren sich. Wir werden alle Fälle von gesetzwidriger Kinderarbeit rücksichtslos anzeigen" (DGB Bielefeld. Zitiert nach: Selbmann/Selbmann 1971, 14).

Dok. 1969: Heimarbeit seit dem 6. Lebensjahr

„Frau T. ist eingearbeitet. Sie macht Heimarbeit seit 20 Jahren, sie ist 37. Ab ihrem 6. Lebensjahr hat sie schon häufig ihrer Mutter mitgeholfen bei der Heimarbeit, sagt sie. Fünf Kinder helfen ihr jetzt. Seit 15 Jahren rollt sie Topfreiniger. Material: Perlon. Vor ein paar Jahren war es Draht. Das war nicht so angenehm, sagt sie. Abends tropfte unter den Nägeln das Blut hervor. Das Material wird in vier Farben geliefert: Weiß, Rot, Blau und Lila. Der 8jährige rollt den Perlonstrumpf zusammen, sie näht ihn mit 9 Stichen, der 7jährige schiebt ein Etikett hinein, die 11jährige bindet je 25 Stück zu einem fertigen Strang, und die 9jährige rückt mit einer Nadel die Etiketten zurecht, damit sie ‚vorschriftsmäßig – wie die Soldaten –' ausgerichtet sind. Und die jüngste, die 4jährige, trägt die Sachen heran, räumt sie weg, rollt auf. 5 Stunden etwa helfen die Kinder am Tag. Sie schaffen zusammen pro Tag 1000 Stück. Um 7 Uhr fängt sie an, um 17.00 Uhr hört sie auf. Sie kommt auf über 200 Mark im Monat, wenn alles gut geht. Einmal waren ihre Hände wochenlang geschwollen, es war ihr Verlust.
‚Wenn Stoßgeschäft ist', sagt sie, ‚kommt der Unternehmer und bringt statt 1000 unverhofft 2000 Stück und mehr und will sie am nächsten Morgen wieder abholen lassen. Dann mach ich von 7 Uhr bis 10 Uhr abends und auch schon mal die Nacht. Die Kinder helfen mir bis zu 8 Stunden. Wenn ich sage, ich kann nicht soviel schaffen, sagt der Unternehmer, 'aber stellen Sie sich doch nicht so an, die Kinder helfen doch mit'. Aber länger als 8 Stunden will ich sie auf keinen Fall schaffen lassen, das verstößt gegen das Gesetz. Dann springt schon mal mein Mann mit ein, wenn er von der Arbeit kommt.'
Befragt, ob sie nicht lieber eine andere Arbeit machen möchte, antwortet Frau T., von den Topfreinigern möchte sie jetzt nicht mehr weg. Sie habe lange Jahre gebraucht, um 1000 Stück am Tag zu schaffen, und wieder von vorn anfangen mit einer anderen Heimarbeit will sie nicht. Die bei ihrer Firma neu anfangen, müssen die Stahlreiniger wickeln, sagt sie, ‚und dabei bekommt man blutige Hände'." (G. Wallraff: Unternehmerfreiheit oder die „uferlosen Entgelterhöhungen in Heimarbeit". In: Konkret. Jg. 1969, H. 5, S. 42)

Ein Volksschullehrer einer mittleren Stadt beobachtet als Folgen:
- Schulleistungen verschlechtern sich,
- Kinder kommen müde und unausgeruht zur Schule,
- Konzentrationsmangel und Unaufmerksamkeit,
- Nervosität und Reizbarkeit,
- gesundheitliche Schäden infolge der Arbeitsüberlastung…

Ein Schularzt stellt bei der Mehrzahl der nebenbeschäftigten Kinder „u. a. Fußleiden, allgemeine Entwicklungsstörungen, Haltungs-, Kreislauf- und Nervenschäden" fest, die – wie von ärztlicher Stelle betont wird – direkt auf die einseitige

Belastung und Überlastung der Kinder zurückzuführen sind. (Über die Neben- und Ferienarbeit schulpflichtiger Kinder 1962, 17; vgl. Dok. 1962)

1. Einstellung der Schullisten

Nach 1964 scheint laut Grafik 1 die verbotene Kinderarbeit stark zurückzugehen. 1961 bis 1965 sind je etwa 2.000 bis 2.500 Verstöße registriert, 1966 bis 1972 etwa 1.400 bis 1.900, 1975 sinken sie auf einen Tiefpunkt von rund 350, und steigen 1978 wieder auf 877. Die tatsächliche verbotene Kinderarbeit sinkt jedoch nicht dementsprechend. Die Gewerbeaufsichtsberichte erklären das Sinken des Niveaus ab 1964: Bis 1964 konnten Aufsichtsbehörden über die „Schullisten" mit den Befragungsresultaten der Schüler nach Arbeitsverhältnissen und Arbeitgebern leichter Verstöße ermitteln (vgl. Dok.: Gewerbeaufsicht klagt). Die in den 50er Jahren erfolgreiche Zusammenarbeit der Gewerbeaufsichtsämter mit den Schulen wird durch Kultusminister-Erlass in NRW 1965, in Schleswig-Holstein 1967, in Bayern 1962 usw. beendet, wonach die Anzahl registrierter verbotener Kinderarbeitsfälle drastisch sinkt.

Dok.: Gewerbeaufsicht klagt über mangelhafte Schullisten

- „Obwohl erheblich weniger Kinderarbeit als in den Vorjahren wahrgenommen worden ist, ... muß ... angenommen werden, daß eine Anzahl von Kindern, die beschäftigt worden sind, den ... Gewerbeaufsichtsämtern nicht bekannt geworden ist. Das mag u. a. daran liegen, daß ein Teil der Schulämter die ... Schullisten, aus denen die Namen der beschäftigten Kinder und ihre Arbeitgeber ersichtlich sind, den ... Gewerbeaufsichtsämtern nicht mehr oder nicht vollständig übersendet" (JdG NW 1963, 49f.).
- „Für die Bekämpfung unzulässiger Kinderarbeit fehlt der Gewerbeaufsicht die wichtigste Unterlage, die listenmäßige Erfassung der Kinderarbeit in den Schulen... und die Schulen führen sie aus rechtlichen Gründen und wegen der Befürchtung, das Vertrauensverhältnis zwischen Lehrer, Schüler und Eltern könne gestört werden, nicht mehr durch" (JdG BW 1963, 57).
- „Wenn nach der Zusammenstellung... die Zahl der festgestellten Zuwiderhandlungen von 235 im Vorjahr auf 109 im Berichtsjahr abgesunken ist, so kann hieraus noch nicht auf einen tatsächlichen Rückgang unzulässiger Kinderbeschäftigung geschlossen werden, da einzelne Schulen im Vorjahr die Erfassung noch durchgeführt haben" (JdG BW 1964, 84f.).
- „Die den Gewerbeaufsichtsämtern zugegangenen Schullisten sind nicht von allen Schulen angefertigt worden und teilweise unbrauchbar" (JdG Hess 1967, 48).
- „Viele Kinder verschweigen zudem ihre Beschäftigung dem Lehrer auf Befragen, um ihre Einnahmen nicht zu verlieren" (JdG NW 1963, 50).
- „Diese Angaben können nicht als vollständig angesehen werden. Viele Eltern erlauben ihren Kindern nicht, Angaben zu machen" (JdG Hess 1966, 55).

- „Ein Arbeitsverhältnis wird den Lehrern … oft verschwiegen und fällt erst durch schlechte Leistungen in der Schule auf“ (JdG Hess 1968, 34).
- Ähnlich begründen es 1964 auch Berichte Bayerns und Schleswig-Holsteins (JdG Bay 1964, 66f. und JdG SH 1964, 29).
- Den gänzlichen Fortfall der Schullisten schließlich bedauern die Gewerbeaufsichtsämter immer wieder: „Der Fortfall der listenmäßigen Erfassung der Kinderarbeit durch die Schulen macht es der Gewerbeaufsicht praktisch unmöglich, unzulässige Kinderbeschäftigung festzustellen und die hiernach notwendigen Maßnahmen zu treffen“ (JdG BW 1964, 83. Vgl. auch: JdG NW 1966, 54 und JdG SH 1967, 18).

Oft kommt ein Arbeitsverhältnis eines Kindes jetzt erst ans Tageslicht, wenn engagierte Lehrer schlechten Schulleistungen nachgehen. Grafik 1 erlaubt also keine klare Aussage über die Entwicklung der Kinderarbeit.

2. Kinderarbeit in Wirtschaftsbereichen

1960 bis 1962 werden jährlich ca. 3.000 Verstöße registriert. An 1. Stelle liegt der Bereich Handel und Verkehr mit 45% aller festgestellten Verstöße. Das produzierende Gewerbe folgt mit 31% (Tab. 12). Leider geht aus den Gewerbeaufsichtsberichten ab 1963 die Verteilung der Kinderarbeitsverstöße auf die Wirtschaftsbereiche nicht mehr hervor. Sie nennen außer Einzelfällen nur noch die Gesamtzahl (differenziert nach Bundesländern).

Tab. 12: Registrierte Verstöße 1960 - 1962 gegen verbotene Kinderarbeit, nach Wirtschaftsbereichen

Jahr	Alle Wirtschaftsbereiche		Land- u. Forstwirtschaft		Produzierendes Gewerbe		Handel u. Verkehr		Dienstleistungen	
	insg.	%	insg.	%	insg.	%	insg.	%	insg.	%
1960	3215	100	18	0,6	1013	31,5	1518	47,2	666	20,7
1961	2635	100	53	2,0	877	33,3	1247	47,3	458	17,4
1962	2011	100	65	3,2	561	27,9	834	41,5	551	27,4
1960-62	7861	100	136	1,7	2451	31,2	3599	45,8	1675	21,3

(Eigene Berechnung nach: JdG 1960, 1961, 1962)

Tab. 13: Arbeitsschutzverstöße bei Jugendl. 1960 – 62 im Vergleich zu Verstößen gegen das Kinderarbeitsverbot, nach Arbeitsstätten

Arbeitsstätten	1960				1961				1962			
	Verstöße bei Beschäftigung von:											
	Kindern		Jug.		Kindern		Jug.		Kindern		Jug.	
	n	%	n	%	n	%	n	%	n	%	n	%
Gartenbau, Tierzucht und Fischerei	18	0,6	26	0,1	53	2,0	97	0,2	65	3,2	107	0,3
Eisen-, Stahl-, Blech-, Metallwarengewerbe einschl. Schmiede u. Schlosserei	40	1,2	1595	6,7	19	0,7	2799	7,1	15	0,7	2253	6,6
Holzbe-/-verarbeitung	48	1,5	870	3,6	29	1,1	1890	4,8	31	1,5	1703	5,0
Papierverarbeitung, Druckereigewerbe, Licht- u. Fotopauserei	154	4,8	468	2,0	193	7,3	945	2,4	73	3,6	825	2,4
Ledererzeugung und -verarbeitung	15	0,5	376	1,6	20	0,8	542	1,4	14	0,7	434	1,3
Textilgewerbe	30	0,9	1027	4,3	32	1,2	1315	3,3	16	0,8	907	2,6
Bekleidungs- u. Polstergewerbe, Bettfedernaufbereitung	44	1,4	1703	7,1	55	2,1	2878	7,3	33	1,6	2435	7,1
Herstellung von Musik-, Spiel-, Sport-, Schmuckwaren u. Edelsteinbearbeitung	25	0,8	80	0,3	39	1,5	222	0,6	18	0,9	177	0,5
Herstell. u. Verarb. d. Nahrungs- u. Genussmittel	468	14,6	3164	13,3	426	16,2	4183	10,6	275	13,7	3847	11,2
Bau-, Ausbau- und Bauhilfsgewerbe	139	4,3	1574	6,6	15	0,6	4004	10,2	39	1,9	3852	11,2
Handel-, Geld- und Versicherungswesen	1461	45,4	5645	23,7	1239	47	7932	20,2	772	38,4	6563	19,1
Dienstleistung	595	18,5	2934	12,3	404	15,3	5254	13,4	482	24,0	4645	13,5
Verkehrswirtschaft	57	1,8	203	0,9	8	0,3	272	0,7	62	3,1	398	1,2
Dienstleistungen im öff. Interesse u. ä.	71	2,2	413	1,7	54	2,0	608	1,5	69	3,4	387	1,1
Übrige Arbeitsstätten	50	1,5	3785	15,8	49	1,9	6395	16,3	47	2,5	5846	16,9
Zusammen	3215	100	23863	100	2635	100	39336	100	2011	100	34379	100

(Eigene Berechnung nach: JdG 1960 bis 1962)

Es lässt sich aus der Gegenüberstellung der JArbSchG-Verstöße bei Jugendlichen (Tab. 13) entnehmen, dass in etwa dort, wo die höchsten Quoten liegen, auch die höchsten Anteile der registrierten Kinderarbeits-Verstöße sind.

Was bereits für die verbotene Kinderfabrikarbeit im 19. Jahrhundert galt, gilt auch in der Bundesrepublik noch: Wo es dem Gewinninteresse zuwiderläuft, wird das Gesetz missachtet:

- „Untersuchungen haben ergeben: Je schlechter die Berufsausbildung in den Betrieben ist, desto höher ist die Zahl der Verstöße gegen Bestimmungen des JArbSchGes und umgekehrt... Am betroffensten sind Jugendliche in Kleinbetrieben... In der Statistik der Verstöße gegen das Gesetz liegen... die Handwerksbetriebe ganz oben“ (Todtenberg 1970, 155f.).
- Die Gewerkschaftsjugend führt dazu aus: „Diese Situation hat ihre Ursache in der Eigenart der Betriebe, in denen Jugendliche beschäftigt sind. Da diese Betriebe keine pädagogischen Einrichtungen, sondern Instrumente zur gewinnbringenden Erstellung von Gütern und Dienstleistungen sind, werden die Jugendlichen besonders in Klein- und Mittelbetrieben in der Regel nicht nur schlecht ausgebildet und wirtschaftlich ausgenutzt, sondern auch ohne Rücksicht auf ihren gesundheitlichen Schutz und ihre geistige Entwicklung beschäftigt“ (Jugendpolitische Forderungen der Gewerkschaftsjugend 1971, 4).

Dabei ist zu beachten, dass etwa zwei Drittel der Lehrlinge (die nun wieder etwa 60% der gleichaltrigen Jugendlichen ausmachen) in Klein- und Mittelbetrieben ausgebildet werden (Volck 1971, 54). Das zeigen auch die Kinderarbeitsverstöße, die die Gewerbeaufsichtsberichte anführen: „Die Beanstandungen ergaben sich besonders in Einzelhandelsbetrieben, in Handwerksbetrieben und Betrieben der Kleinindustrie“ (JdG BW 1964, 84; vgl. JdG RPf 1963, 48; JdG BW 1965, 90; JdG BW 1968, 58).

Gefährliche Kinderarbeit in Fabriken

Die Kinderarbeit in Fabriken ist seltener, aber durchaus gefährlich. Kinder sind z. B. während eines Ferienjobs langen Arbeitszeiten und schweren Arbeiten ausgesetzt.

- Der Inhaber einer Metallwarenfabrik lässt mehrere Jungen während der Ferien täglich 5 und mehr Stunden Büroklammern einpacken, in einem 7 qm großen Abstellraum, der weder natürlich belichtet noch belüftet werden kann (JdG NW 1962, 45).

Fälle werden am ehesten nach Unfällen der Gewerbeaufsicht bekannt:

Dok. 1962: Unfallmeldungen

- Der Mittelfinger eines 13jährigen Schülers, der während der Schulferien in einer Metallwarenfabrik an einer hydraulischen Presse mit Einlegearbeiten beschäftigt ist, wird infolge vorzeitiger Auslösung des Stempelniedergangs so schwer verletzt, dass der Finger amputiert werden muss (JdG BW 1962, 45).

- Ein 13jähriges, ebenfalls in einer Metallwarenfabrik an einer Exzenterpresse beschäftigtes Kind, verliert dabei eineinhalb Glieder zweier Finger (JdG BW 1962, 46).
- In einer Maschinenfabrik werden 40 Kinder während der Ferien ohne Rücksicht auf die Gefährlichkeit der Arbeit u. a. in der Dreherei und Formerei beschäftigt, in einer Spedition Schüler auf Elektrokarren und mit Ausladearbeiten (JdG Br 1962, 21).
- In einer Konservenfabrik werden 26 Kinder während der Ferien beschäftigt; eins der Mädchen gerät bei der Bedienung einer Gemüseschneidemaschine in die Messerwelle und büßt drei Finger ein (JdG Nds 1962, 41).

Handel und Dienstleistungen

Nach übereinstimmenden Bundesländerberichten werden Kinder primär mit Austragen von Waren (insbesondere Brötchen, Tageszeitungen, Zeitschriften, Wäsche), der Mithilfe beim Ausfahren von Waren (z. B. Blumen), Botengängen, sonstigen Hilfsarbeiten in Gewerbebetrieben und auf Märkten, der Mithilfe in Gaststätten, dem Kassieren von Abonnementsgeldern und Versicherungsbeiträgen, und dem Kegelaufsetzen beschäftigt (Schulte Langforth 1965, 40).

- Kegelaufsetzen ist verbreitet: Ein Gewerbeaufsichtsamt berichtet, dass es in 80% der überprüften Kegelbahnen Kinder beim Kegelaufsetzen angetroffen hat (JdG NW 1962, 45).
- In industriellen und großstädtischen Siedlungen dominieren „Dienstleistungen in Gestalt von Botengängen und Aushilfsarbeiten, und je ausgeprägter der industrielle Charakter einer Siedlungsform ist, desto stärker sind diese Dienstleistungen gefragt“ (Groß 1966, 38).
- Aus einer Stadt wird berichtet, dass 11- bis 14jährige Kinder zu einem Zeitpunkt, zu dem die meisten Erwachsenen noch schlafen, Gemüse ausladen, Spinat sortieren, Obst- und Gemüsekarren zu den Einzelhandelsgeschäften ziehen oder Brötchen ausfahren. Für ein geringes Entgelt – oftmals nur für 50 Pfennig pro Stunde – verrichten sie täglich vor dem Schulunterricht diese Arbeit (Sumpfblüten des Wirtschaftswunders 1960, 172f.).

Zeitungs- und Zeitschriftenhandel

Ein typischer, üblicher Fall für das Umgehen des Kinderarbeitsverbots ist, dass Verlage Verträge über das Austragen von Zeitungen und Zeitschriften nicht mit dem Kind, sondern mit dessen Eltern abschließen. Von vornherein wird beiderseits unterstellt, dass die Arbeit vom Kind geleistet wird (JdG Hbg 1962, 25; JdG Hess 1962, 61; JdG SH 1962, 27):

Dok. 1962a: Verträge mit den Eltern

„Was nun das Zeitungsaustragen anbetrifft, ergaben Rückfragen der Gewerbeaufsichtsbeamten bei den Vertriebsgesellschaften und Verlagen fast immer, daß keine Verträge unmittelbar mit Kindern abgeschlossen worden waren. Es scheint sich fest eingebürgert zu haben, daß die vertraglichen Abmachungen über das Austragen von Zeitungen mit erwachsenen Personen getroffen werden, wobei – leider berechtigt – von der Annahme ausgegangen wird, daß diese als Eltern oft oder sogar ausschließlich ihre Kinder zu dieser Arbeit heranziehen. Gerade die Eltern sehen die Weiterübertragung der Tätigkeit auf ihre Kinder einfach als selbstverständlich an... Die negativen Folgen, die das Austragen von Zeitungen und Zeitschriften durch Kinder verursachen kann, dürfen keinesfalls bagatellisiert werden. Abgesehen davon, daß die Kinder bei derartigen Beschäftigungen meist an mehreren oder gar an allen Nachmittagen in der Woche in Anspruch genommen und von ihren Schularbeiten abgehalten werden, können sich durch die meist einseitig getragene Last gesundheitliche Schäden, insbesondere für das Skelettsystem ergeben. Die Warnungen vieler Schulärzte, die immer wieder Wirbelsäulenverformungen, Haltungsschäden und den Ansatz zu orthopädischen Leiden bei Schulkindern feststellen, dürfen nicht in den Wind geschlagen werden“ (JdG Hess 1963, 67).

Zusätzlich nimmt 1962 ein Urteil der Gewerbeaufsicht die Möglichkeit, gegen Kinderarbeit bei solchen Scheinverträgen vorzugehen. Der Oberstaatsanwalt hat ein Verfahren gegen zwei Zeitungsagenturen eingestellt mit der Begründung, dass kein strafbarer Tatbestand vorliege, weil die Zustellverträge mit den Eltern abgeschlossen worden seien (JdG Hbg 1964, 36; vgl. dazu auch: JdG Hess 1963, 67; JdG SH 1963, 26). Das führt dazu, dass auch andere Gewerbezweige ähnlich vorgehen. Dies lässt die Entwicklungsbedürfnisse der Kinder außer Acht. Ob die Eltern der Kinderarbeit zustimmen oder nicht, ändert nichts an der Gefährdung ihrer Kinder. Solche Verträge umgehen das Kinderarbeitsverbot (§ 7, JArbSchG 1960) und sind daher nichtig. Erst 1970 erklärt das schleswig-holsteinische Oberlandesgericht im Grundsatzurteil diese Form der Kinderarbeit für ungesetzlich, es handele sich um ein „mittelbares Arbeitsverhältnis“ des Kindes zum Verlag.

Landwirtschaft

Die Kinderarbeit in der Landwirtschaft verringert sich vor allem ab Mitte der 60er Jahre erheblich durch den Ruin Hunderttausender Kleinst- und Kleinbauern sowie der Mechanisierung bei den übrig bleibenden, größer werdenden Betrieben. Es gibt also nun viel weniger Landwirte, deren Kinder mitarbeiten können. Außerdem fällt vielfach Kinderarbeit durch die Mechanisierung weg. Kinder müssen seltener die häufig als langweilig empfundenen „typischen Kinderarbeiten“ übernehmen.

Dok. 1963: Landmaschinen übernehmen Kinderarbeiten

- Ein Rektor aus einer großbäuerlichen Bauern-Arbeiter-Gemeinde (Schleswig-Holstein) berichtet: „Während es vor einigen Jahren noch relativ schlimm war mit dem Urlaub für Erntearbeiten – im vergangenen Jahr wurde 5mal Urlaub beantragt gegenüber 63mal vor 5 Jahren -, können wir heute sagen, daß die Kinder längst nicht mehr in dem Maße beschäftigt werden" (Tschirschky/Bögendorff 1963, 73).
- Ein Lehrer aus einer kleinbäuerlichen Gemeinde (Eifel) stellt fest: „Die Kinderarbeit in unserer Gemeinde hat weitgehend abgenommen. Als ich vor 6 Jahren nach X kam, wurden die Kinder zur Zeit der Haupternte (Heuernte) zum Teil überbeansprucht. Das ist jetzt nicht mehr der Fall, denn Trecker, Heugreifer, Heuwender und so weiter sorgen für wesentliche Arbeitserleichterungen... Vom Frühjahr bis Herbst werden Kühe durch Schulkinder gehütet. Durch die Beschaffung von elektrischen Weidezäunen ist das Hüten in den letzten 3 Jahren allerdings stark zurückgegangen" (Tschirschky/Bögendorff 1963, 73).
- „Durch den Einsatz von Pflückmaschinen ist die Mithilfe von Kindern bei der Erbsen- und Bohnenernte in vielen Betrieben fortgefallen. Die Arbeitsunfälle von Kindern haben sich nach Mitteilung der Polizeibehörden durch den vermehrten Einsatz von Maschinen erhöht" (JdG SH 1964, 30; vgl. dazu auch: Theisen, 1968, 51f.).
- „Erstaunlich hoch ist trotz gesetzlicher Einschränkungen die Zahl der Jungen und auch der Mädchen, die einen Schlepper fahren. 1960 waren dies 30 Prozent der 9-11 Jahre alten Kinder und 57 Prozent der 12-13jährigen!" (Tschirschky/Bögendorff 1963, 80).

Tab. 14: Tödl. Kinder-Unfälle in Arbeitsstätten NRWs 1961-70

Jahr	tödl. Unfälle insges./ alle Altersgruppen	Anteil tödl. Unfälle der unter 15j.		Anteil tödl. Unfälle in der Landwirtschaft		Anteil tödl. Unfälle unter 15j. in d. Landwirtschaft	
	n	n	%	n	%	n	%
1961	1073	13	1,2	112	10,4	9	8,0
1962	1147	16	1,4	122	10,6	14	11,5
1963	1043	10	1,0	107	10,3	8	7,5
1964	955	12	1,3	100	10,5	8	8,0
1965	958	13	1,4	85	8,9	11	12,9
1966	856	20	2,3	103	12,0	17	16,5
1967	760	10	1,3	86	11,3	5	5,8
1968	783	11	1,4	94	12,0	7	7,4
1969	721	5	0,7	59	8,2	5	8,5
1970	735	1	0,1	56	7,6	1	1,8
1961-70	9031	99	1,1	924	10,2	77	8,3

(Eig. Berechnungen nach: Statistisches Landesamt NW 1961 - 70)

Infolge Technisierung der Landwirtschaft wandelt sich die Kinderarbeit stark. Mit dem Bedienen der Maschinen, wie Treckerfahren usw., entstehen neue Gefahrenquellen. Alle Arbeitsschutzbestimmungen – auch technischer Art – wie die, die die Handhabung von Maschinen durch Kinder betreffen, werden häufig übertreten. Über 5.000 Kinder verunglücken in der Bundesrepublik allein in den 60er Jahren in der Landwirtschaft jedes Jahr. Davon ca. 50 tödlich. Allein in NRW verunglücken 1961 bis 1970 in Arbeitsstätten durchschnittlich 10 Kinder im Jahr tödlich, und zwar überwiegend (78%) in landwirtschaftlichen Arbeitsstätten (Tab. 14).

Dok. 1960c: Landwirtsch. Berufsgenossenschaft berichtet über Unfälle arbeitender Kinder in landwirtschaftlichen Betrieben:

- „Die Zöpfe eines Ferienkindes, das kleine Handreichungen an einer Maschine verrichtete, werden beim Vorbeigehen von einem vorstehenden Wellenstumpf erfaßt und dem Kind vom Kopf gerissen.
- Ein zehnjähriger Sohn eines Landwirtes häckselte mit der Futterschneidemaschine Heu. Als er Heu von den ungeschützten Zahnrädern entfernen will, gerät seine rechte Hand in die Kammräder. Er erleidet schwere Quetschungen und verliert einen Finger...
- Ein 9jähriger bedient im Auftrag seines Stiefvaters die Schrotmühle. Er wird vom Treibriemen erfaßt und schwer verletzt.
- Ein 12jähriger (rückt)... sperrige Garben beim Dreschen zurecht... Er versucht dies vom Messerschutzkasten aus und gerät dabei in den Kasten. Ein Bein wird ihm abgehäckselt“ (Kinderarbeit in der Landwirtschaft 1960, 2).

Dass die Landwirtschaft bei den Beanstandungen der Gewerbeaufsichtsämter am wenigsten ins Gewicht (Tab. 12) fällt, ergibt sich aus den Ausnahmebestimmungen des JArbSchGes. „Entscheidend für die Notwendigkeit einer Ausnahme von dem allgemeinen Verbot der Kinderarbeit für die Landwirtschaft ist die Situation der Klein- und Mittelbetriebe“ (Theisen 1968, 54). Wie in den übrigen Wirtschaftsbereichen nutzen unterentwickelte Betriebe Kinderarbeit noch in größerem Maße, während in Großbetrieben „das Kind kaum noch in den Arbeitsprozeß einbezogen werden (kann), da hier die meisten Arbeiten mit Maschinen erledigt werden, zu deren Bedienung wegen der Schwierigkeit und Gefährlichkeit der Tätigkeit nur erwachsene Personen in Betracht kommen“ (Theisen 1968, 54).

Anders bei Kleinbauern, die sich teils Maschinen nicht leisten können, teils nur technisch wenig entwickelte Maschinen. Der Konkurrenzdruck wird in den 60er Jahren so stark, dass Kinderarbeit hier für das Überleben entscheidend ist und daher noch ausgedehnt wird. Überspitzt gilt: „hier zunehmende Technisierung, dort zunehmende Kinderarbeit“ (Fromme-Bechern 1960, 274). Abgesehen von Großbauern, deren Kinder kaum mitarbeiten, lässt sich der Unterschied zwischen Klein- und Mittelbauern so beschreiben:

- „In Gegenden mit gutem Boden arbeiten Kinder zur Zeit der Hackfruchternte für vier bis fünf Mark und ein Riesenstück Kuchen pro Nachmittag, um sich einen großen Schulausflug, ein vom Vater nicht bewilligtes Fahrrad oder eine Armbanduhr zu verdienen. In ärmeren Landstrichen schuften sie aus bitterer Not für die einfachsten Lebensbedürfnisse“ (Fromme-Bechern 1960, 274).

Auch Müller (1965, 712 ff.) berichtet: Kinder von Großbauern erhalten ein hohes Bildungsniveau und müssen relativ wenig mitarbeiten. Die Arbeitsbelastung der Kinder in mittelbäuerlichen Betrieben ist nahezu eine regelmäßige, besonders in Spitzenarbeitszeiten. Nur unter 10jährige werden noch verhältnismäßig geschont, anders aber bei unter 10jährigen Pflegekindern: Sie müssen schon vor dem Schulunterricht helfen und zeigen im Unterricht von Anfang ihre Ermüdung.

Dok. 1965 Härtere Kinderarbeit in kleinbäuerlichen Betrieben:

- „Die Jungen müssen vor Schulbeginn füttern und melken. Zwölfjährige tragen zentnerschwere Säcke. Gesundheitliche Schäden und Haltungsfehler sind unausbleiblich... Die bildungsmäßigen Auswirkungen dieser übertriebenen Kinderarbeit sind negativ. Zum unpünktlichen Erscheinen kommt die mangelhafte Erledigung der Hausaufgaben“ (Müller 1965, 713)
- In den Sommermonaten bleibt dem Landkind nur selten Zeit zum Spielen: „Seine Freizeit wird ohnehin durch lange Schulwege gekürzt. Die Eltern lassen ihre Kinder von 13 und 14 Jahren nur ungern noch zur Schule gehen, weil Arbeitskraft als Ersatz für fehlende Knechte und Mägde benötigt wird. Zu den eigenen Kindern der landwirtschaftlichen Betriebsinhaber gesellen sich fremde Kinder infolge schlechter wirtschaftlicher Lage ihrer Eltern oder aus irgendeinem Zwang der Verhältnisse“ (Müller 1965, 712).

3. Mehr Schüler-(Ferien-)arbeit

Schwankten die Schätzungen und Untersuchungen über die Ferienarbeit in den 50er Jahren noch etwa zwischen 30 und 60% der Schüler, so dürfte aufgrund nachlassender Arbeitslosigkeit die Ferientätigkeit insgesamt in den 60er Jahren deutlich zugenommen haben.

- 1955 sind nach einer Untersuchung von Fröhner (1956, 51) 32% der Schüler und Studenten in den Ferien erwerbstätig.
- 1957 geht aus einer Umfrage an einem beliebig ausgewählten bayerischen Gymnasium hervor, dass in der 7. Klasse 59%, in der 8. Klasse 77%, und in der 9. Klasse 63% der Schüler während der großen Ferien erwerbstätig gewesen sind. Das Stuttgarter Arbeitsamt schätzt den Anteil der in den Ferien arbeitenden Schüler aus oberen Klassen der Jungen-Gymnasien sogar auf etwa 70 bis 80% (Ferienarbeit von Schülern 1960, 111). Ein Lehrer einer 7. Volksschulklasse einer mittleren Stadt berichtete: Von 15 Jungen und 13 Mädchen haben 8 Jungen und 10 Mädchen einen sogenannten festen Job.

- Schätzungen über die Schülerarbeit 1960 und 1961 bewegen sich bei 30% – so auch in der Untersuchung von Mickel (1962): Von 372 Schülern eines Gymnasiums arbeiten 27% nebenher (Mickel 1962, 231).

Ab 1959 finden sich viele Beiträge in Eltern- und Lehrerzeitschriften zur Schülerarbeit. Das Ausmaß der Arbeit schulpflichtiger Kinder ist derart groß, das Lehrer, Elternvereinigungen, Ärzte, Psychologen und Sozialreferenten immer wieder auf negative gesundheitliche, schulische und soziale Folgen der Überbelastung hinweisen, zugleich aber auch Unverständnis zeigen, wenn Schüler sich durch Ferienarbeit Wünsche erfüllen wie z. B. ein Moped, einen Radioapparat, schicke Kleidung usw., was früher nicht üblich war (vgl. Dok. Konsummotive).

Dok.: Konsummotive 1959-62

- Kinder und jugendliche Schüler sind nicht nur billig, sondern auch „äußerst willig, anständig wie anstellig und wirklich darauf bedacht..., mit... Ehrgeiz die ihnen gestellten Arbeitsaufgaben zu meistern“ (Schulze 1961, 38).
- Es wird gefragt, ob es notwendig ist, „in einer vollbeschäftigten Wirtschaft das ‘Letzte Aufgebot’ heranzuholen“ (Freundl 1959, 168).
- Es wird immer betont, dass diese Kinder angeblich nicht aus wirtschaftlicher Not – das könnte man ja noch verstehen (!) -, sondern aus „nackte(r) Sucht nach Gelderwerb“ arbeiten und deshalb ihre Freizeit opfern (Ferienarbeit von Schülern – eine Psychose? 1959, 266).
- Ein Vermittler für jugendliche männliche Ungelernte des Arbeitsamtes Stuttgart (Jugendlichenvermittlung) erklärt: „Es sind... selten zwingende Gründe, die die Schüler zur Ferienarbeit greifen lassen. Die Unterstützung der Mutter etwa, die notwendigen Anschaffungen von Büchern oder Bekleidung wurden bei einer Befragung kaum erwähnt. Immer wieder hieß es jedoch: Finanzierung einer Ferienreise, Anschaffung eines Fotoapparates, eines Plattenschrankes, eines Mopeds oder zusätzlicher Verdienst von Taschengeld“ (Die Ferienarbeit 1961, 52).
- Mickel nennt in seiner Untersuchung als primäre Motive für die Ferienarbeit die Finanzierung einer (Studien-)Reise, Kleidung, Taschengeld, Fahrrad, Sparen u. a. (Mickel 1962, 237).

4. Gerichtliche Verfolgung

Von 1963 bis 1968 wird nach den Gewerbeaufsichtsberichten lediglich ein Unternehmer zu Gefängnis verurteilt:

- „Ein Betriebsinhaber, der vorsätzlich und fortgesetzt volksschulpflichtige Kinder beschäftigt hatte, wurde aus diesem Grund und wegen Überschreitung der zulässigen Arbeitszeit von Jugendlichen zu zwei Monaten Gefängnis ohne Bewährung und zur Zahlung einer Geldbuße von 5.000,- DM verurteilt“ (JdG Nds 1964, 38).
- Zu drei Monaten Gefängnis allerdings mit Bewährung und ohne Geldstrafe

> werden ein Betriebsinhaber und dessen als Betriebsleiter tätiger Sohn bestraft: Zwei Kinder eines italienischen Arbeiters werden in dem Betrieb der Metallindustrie an einer hydraulischen Kalibrierpresse beschäftigt, an der nicht mal die vorgeschriebenen Sicherheitseinrichtungen existieren. Das jüngere Kind, ein 10jähriges, verliert dabei durch einen Unfall die Hälfte des Zeige- und Mittelfingers der rechten und den halben Zeigefinger der linken Hand (JdG BW 1964, 84).

Da Gewerbeaufsichtsberichte die schwerwiegenden Verstöße anführen, lohnt sich die Durchsicht der Berichtsjahre 1963 bis 1968, um die Strafpraxis kennen zu lernen.

Von Gerichten verhängte Strafen: überwiegend Geldstrafen:	
zwischen 30 und 120 DM:	17 Fälle
zwischen 150 und 300 DM:	22 Fälle
zwischen 350 und 450 DM:	3 Fälle
zwischen 500 und 1000 DM:	6 Fälle
3 Monate Gefängnis mit Bewährung:	1 Fall
5000 DM und 2 Monate Gefängnis ohne Bewährung:	1 Fall

Dok.: Nachsichtige Verfolgung und milde Gerichtsurteile

Gewerbeaufsichtsämter klagen:

- „Leider muß festgestellt werden, daß die Gerichte bei der strafrechtlichen Bewertung von Zuwiderhandlungen dem Verbot der Beschäftigung von Kindern nicht immer die Bedeutung beimessen, die einerseits der Schutzbedürftigkeit der Kinder und zum anderen der häufig groben Mißachtung der Schutzvorschriften und der hierdurch gegebenen Gefährdung angemessen wäre. So wurde das Verfahren gegen den Verantwortlichen eines Speditionsbetriebes, der ein Kind während eines Zeitraumes von 7 Monaten mit Aushilfsarbeiten im Umschlagbetrieb beschäftigt hatte, wegen Geringfügigkeit eingestellt... Auch von den weiteren 6 Strafverfahren, die das betreffende Amt wegen unzulässiger Kinderarbeit eingeleitet hatte, sind 5 wegen Geringfügigkeit eingestellt worden." *(JdG BW 1966, 88; vgl. dazu: JdG BW 1963, 58; JdG RPf 1963, 48; JdG BW 1964, 84; JdG Bln 1964, 22; JdG BW 1965, 90; JdG Bln 1966, 26; JdG Hess 1966, 55; JdG BW 1967, 63)*
- So wird z. B. der Revisor eines Einzelhandelsunternehmens mit einer Geldstrafe von 50 DM bestraft, weil er längere Zeit die Arbeit eines Kindes mit dem Austragen und Ausfahren von Waren geduldet hatte. Vor dieser „Bestrafung" hatte das Gericht die Angelegenheit zweimal an das Gewerbeaufsichtsamt zurückgegeben mit der Bitte um Zustimmung zur Einstellung des Verfahrens

(JdG RPf 1965, 36): „Die Amtsanwaltschaft sowie der zuständige Richter vertraten die Ansicht, daß es sich bei der Beschäftigung des Kindes um ‚gelegentliche geringfügige Hilfeleistung, die aus Gefälligkeit erwiesen wurde', gehandelt habe und sie deshalb vom Geltungsbereich des JArbSchGes ausgenommen sei. Außerdem wurde von dort darauf hingewiesen, daß das Kind durch die Beschäftigung keinen körperlichen Schaden erlitten habe. Der Hinweis des Amtes, daß die unzulässige Beschäftigung eines Kindes nach den Vorschriften des JArbSchGes ein Vergehen sei, und eine Einstellung des Verfahrens wegen Geringfügigkeit deshalb ausgeschlossen sei, wurde zunächst nicht beachtet. Das Amt wies anschließend auf die Ausführungen von Prof. Dr. Wilhelm Herschel, Bonn/Köln, 'Austragen und Abholen von Waren durch Kinder' ('Arbeitsschutz' Nr. 6/64, S. 168) hin, worin betont wird, daß die subjektive Ansicht des Richters über Wert oder Unwert des Verbotes der Kinderarbeit die Entscheidung nicht beeinflussen darf" *(JdG RPf 1965, 36).*

- In einem anderen Fall, in dem ein Unternehmer 8 Kinder bei der Bearbeitung von Faserstoffen, Abfällen usw. eingesetzt hat, bittet der Oberstaatsanwalt zunächst das Gewerbeaufsichtsamt um Stellungnahme zur Einstellung des Verfahrens, „da die Eltern der beschäftigten Kinder mit der Handlung des Beschuldigten einverstanden waren. Seines Erachtens bestünde auch kein öffentliches Interesse an der Strafverfolgung. Das Gewerbeaufsichtsamt nahm unter Hinweis auf den Kommentar zum JArbSchG von Schulte Langforth und auf Nr. 75 Abs. 2 der 'Richtlinien für das Strafverfahren' dahingehend Stellung, daß das Einverständnis der Jugendlichen und deren Eltern mit den Zuwiderhandlungen strafrechtlich ohne Bedeutung und eine Nichtverfolgung der Straftat wegen geringer Schuld oder unbedeutender Folgen nicht möglich sei. Außerdem wurde auf die Bekanntmachung betr. die Beschäftigung jugendlicher Arbeiter bei der Bearbeitung von Faserstoffen, Tierhaaren, Abfällen oder Lumpen vom 8. Dezember 1909 (RGBl. I S. 969) hingewiesen, nach der die Beschäftigung jugendlicher Arbeiter wegen der Gefahr gesundheitlicher Schädigungen grundsätzlich verboten ist. Trotzdem stellte der Oberstaatsanwalt nach Einholung der Zustimmung des Richters das Verfahren wegen Geringfügigkeit ein. Die milde Beurteilung durch die Gerichte läßt nicht erwarten, daß Kinderarbeit in allen Bevölkerungskreisen als Vergehen bekannt und empfunden wird." *(JdG RPf 1965, 36; vgl. dazu auch: JdG Hess 1963, 68)*

Dok. 1960b: „Kartoffelferien"

„Die Ferienordnung des Landes NRW sieht im Jahr fünf Ferientermine vor. Die Hauptferien liegen bekanntlich im Sommer und dauern laut Verfügung jeweils sechs Wochen. Es gibt da allerdings eine Ausnahmesituation. Vorwiegend landwirtschaftliche Gebiete – und darin die ländlichen Gemeinden und Ortschaften – erhalten im Sommer nur fünf Wochen Ferien. Die noch fehlenden Tage werden den … ‚Kartoffelferien' zugeschlagen.
Wann diese schulische ‚Urlaubszeit' stattfindet, regelt m. W. die betreffende

Bezirksregierung im Einvernehmen mit den Bauernverbänden, und die Schulräte geben an die betroffenen Schulen die Fristsetzung weiter. Da kann es dann zu folgendem Kuriosum kommen: Bei gutem Erntewetter werden die Früchte schneller reif, als man es vorweg sagen kann, und dann finden – und das ist keinesfalls eine Erfindung – die Kartoffelferien bereits vierzehn Tage nach dem Ende der Sommerferien statt...
Viele Bauern sind in der Lage, ihre Kartoffelernte früher zu beginnen, als die Ferien anfangen. Das ist begreiflich, denn die festgesetzte Zeit kann nur im Durchschnitts-Rechenverfahren ermittelt werden, und dann bekommen die Lehrer und Lehrerinnen nicht nur in Einzelfällen, sondern von einer Vielzahl der Kinder vielleicht zum Schulbeginn einen Zettel überreicht, auf dem zu lesen steht: ‚Paul Schmidt half Kartoffeln lesen. Er konnte keine Schularbeiten machen...‘ Die Unterschrift stammt jedoch nicht von einem Elternteil des betreffenden Kindes, sondern... vom Bauern, auf dessen Feldern dieses Kind am Tage vorher gearbeitet hat...
Sind die Kartoffelferien dann vorüber, so hat die Ernte noch nicht ihr Ende erreicht. Im großen und ganzen wird mit nur halber Kraft manchmal sechs Wochen lang gearbeitet, soweit es um die Pflichten der Schule geht...
Die ‚Kartoffelferien‘ selbst aber stellen sich ungefähr so dar: das Kind, welches einem Bauern hilft, erhält für seine tägliche Arbeitsleistung von acht bis zehn Stunden Kartoffel lesen einen durchschnittlichen Verdienst von 8,- bis 10,- DM, manchmal auch mehr. Dazu bekommt es für den Arbeitstag freie Verpflegung. Das ist angemessen, wird man sagen, aber ich melde ganz erhebliche Bedenken an. Das Geld ist ein sauer verdienter Lohn, denn die Arbeit muß in den meisten Fällen, soweit sie das Gebiet betrifft, was ich selber kenne, fast im Akkordtempo getan werden...
Die Kinder sind gern bereit, körperliche Arbeit zu verrichten, und es wäre wenig pädagogisch, diese Arbeit in Bausch und Bogen zu verdammen. Daß die Jugendlichen – und wie oft sind diese ‚Jugendlichen‘ nicht älter als acht, neun, zehn Jahre! – aber schwerste Lasten schleppen, in rasender Eile Korb um Korb füllen, forttragen, und das mehr als acht Stunden am Tag, das will mir eine Überforderung des Helferdienstes deuchen, der nur erzwungen wird, weil hinter dieser rastlosen Vierzehntagesarbeit, die, wie gesagt, manchmal auch länger andauert, der Wille und der Wunsch stehen, sich ein riesiges Taschengeld zu verdienen...“

(Müller, A.: Kartoffelferien – eine kritische Betrachtung. In: Pädagogische Rundschau. 14. Jg. 1960 H. 11. S. 519 ff.)

IV. Kinderarbeit in den 70ern und 80ern

In der Literatur der 70er Jahre über die Lage der Kinder in der Bundesrepublik fällt auf, dass auf Kinderarbeit nicht eingegangen wird. Teilweise wird behauptet, es gäbe sie hier nicht mehr; sie sei nur noch ein Problem der „Dritten Welt." Zwar ist das Ausmaß der Kinderarbeit geringer als früher, aber sie ist nicht verschwunden. Zunächst fragt sich, inwieweit sie noch erlaubt ist.

1. Verschlechterung im JArbSchG 1976

Da beim JArbSchG 1960 die gewerkschaftliche Forderung auf ein generelles Kinderarbeitsverbot unberücksichtigt blieb, setzte sich die Gewerkschaftsjugend bereits 1960 für eine Novellierung ein. Der DGB forderte, das Mindestalter für die Beschäftigung auf 16 Jahre festzusetzen und Ausnahmeregelungen zu streichen. Erst ab 1. Mai 1976 gilt das neue JArbSchG (vgl. Dok. 1976), was jedoch nicht alle Forderungen erfüllt. Punktuell gibt es sogar Rückschritte (vgl. Übersicht 1b).

Dok. 1976: JArbSchG (Auszug) vom 12. April 1976

§ 1 Geltungsbereich...
(2) Dieses Gesetz gilt nicht
1. für geringfügige Hilfeleistungen, soweit sie gelegentlich
a) aus Gefälligkeit,
b) auf Grund familienrechtlicher Vorschriften,
c) in Einrichtungen der Jugendhilfe,
d) in Einrichtungen zur Eingliederung Behinderter erbracht werden,
2. für die Beschäftigung durch die Personensorgeberechtigten im Familienhaushalt.
§ 2 Kind, Jugendlicher
(1) Kind im Sinne dieses Gesetzes ist, wer noch nicht 14 Jahre alt ist.
(3) Jugendliche, die der Vollzeitschulpflicht unterliegen, gelten als Kinder im Sinne des Gesetzes.
§ 5 Verbot der Beschäftigung von Kindern
(1) Die Beschäftigung von Kindern (§ 2 Abs. 1 und 3) ist verboten.
(2) Das Verbot des Absatzes 1 gilt nicht für die Beschäftigung von Kindern
1. zum Zwecke der Beschäftigungs- und Arbeitstherapie,
2. im Rahmen des Betriebspraktikums während der Vollzeitschulpflicht,
3. in Erfüllung einer richterlichen Weisung...

(3) Das Verbot des Absatzes 1 gilt ferner nicht für die Beschäftigung von Kindern über 13 Jahre

1. durch Personensorgeberechtigte in der Landwirtschaft bis zu drei Stunden täglich,
2. mit Einwilligung der Personensorgeberechtigten
a) bei der Ernte bis zu drei Stunden werktäglich,
b) mit dem Austragen von Zeitungen und Zeitschriften bis zu zwei Stunden werktäglich oder
c) mit Handreichungen beim Sport bis zu zwei Stunden täglich, soweit die Beschäftigung leicht und für Kinder geeignet ist. Die Kinder dürfen nicht zwischen 18 und 8 Uhr, nicht vor dem Schulunterricht und nicht während des Schulunterrichts beschäftigt werden. Das Fortkommen in der Schule darf durch die Beschäftigung nicht beeinträchtigt werden.

(4) Für Veranstaltungen kann die Aufsichtsbehörde Ausnahmen gemäß § 6 bewilligen.

§ 6 Behördliche Ausnahmen für Veranstaltungen

(1) Die Aufsichtsbehörde kann auf Antrag bewilligen, daß

1. bei Theatervorstellungen Kinder über sechs Jahre bis zu vier Stunden täglich in der Zeit von 10 bis 23 Uhr,
2. bei Musikaufführungen und anderen Aufführungen, bei Werbeveranstaltungen sowie bei Aufnahmen im Rundfunk (Hörfunk und Fernsehen), auf Ton- und Bildträger sowie bei Film- und Fotoaufnahmen
a) Kinder über drei bis sechs Jahre bis zu zwei Stunden täglich in der Zeit von 8 bis 17 Uhr,
b) Kinder über sechs Jahre bis zu drei Stunden täglich … von 8 bis 22 Uhr gestaltend mitwirken und an den erforderlichen Proben teilnehmen. Eine Ausnahme darf nicht bewilligt werden für die Mitwirkung in Kabaretts, Tanzlokalen und ähnlichen Betrieben sowie auf Vergnügungsparks, Kirmessen, Jahrmärkten und bei ähnlichen Veranstaltungen, Schaustellungen oder Darbietungen.

(2) Die Aufsichtsbehörde darf nach Anhörung des zuständigen Jugendamtes die Beschäftigung nur bewilligen, wenn

1. die Personensorgeberechtigten … schriftlich eingewilligt haben,
2. der Aufsichtsbehörde eine nicht länger als vor drei Monaten ausgestellte ärztliche Bescheinigung vorgelegt wird, nach der gesundheitliche Bedenken gegen die Beschäftigung nicht bestehen,
3. die erforderlichen Vorkehrungen und Maßnahmen zum Schutze des Kindes gegen Gefahren für Leben und Gesundheit sowie zur Vermeidung einer Beeinträchtigung der körperlichen oder seelisch-geistigen Entwicklung getroffen sind,
4. Betreuung und Beaufsichtigung des Kindes bei der Beschäftigung sichergestellt sind,
5. nach Beendigung der Beschäftigung eine ununterbrochene Freizeit von mindestens 14 Stunden eingehalten wird,
6. das Fortkommen in der Schule nicht beeinträchtigt wird.

(3) Die Aufsichtsbehörde bestimmt,
1. wie lange, zu welcher Zeit und an welchem Tage das Kind beschäftigt werden darf,
2. Dauer und Lage der Ruhepausen,
3. die Höchstdauer des täglichen Aufenthalts an der Beschäftigungsstätte.
(4) Die Entscheidung der Aufsichtsbehörde ist dem Arbeitgeber schriftlich bekanntzugeben. Er darf das Kind erst nach Empfang des Bewilligungsbescheids beschäftigen.
(Bundesgesetzblatt 1976. Teil l, Nr. 42, S. 965 ff.)

Ein Fortschritt des neuen JArbSchGes liegt darin, dass Ausnahmen vom Kinderarbeitsverbot nicht mehr für Kinder ab 12, sondern erst ab 13 gelten (§ 5 Abs. 3, Dok. 1976). Dem kann sich der Gesetzgeber nicht entziehen, weil das 138. Übereinkommen der Internationalen Arbeitsorganisation von 1973, das die Bundesrepublik 1976 ratifiziert, bereits das Mindestalter von 13 Jahren bei Ausnahmeregelungen im Art. 7 vorschreibt:

- „Die innerstaatliche Gesetzgebung kann zulassen, daß Personen im Alter von 13 bis 15 Jahren bei leichten Arbeiten beschäftigt werden oder solche Arbeiten ausführen, sofern diese Arbeiten a) für ihre Gesundheit oder Entwicklung voraussichtlich nicht schädlich sind; und b) nicht so beschaffen sind, daß sie ihren Schulbesuch, ihre Teilnahme an den von der zuständigen Stelle genehmigten beruflichen Orientierungs- oder Ausbildungsprogrammen oder ihre Fähigkeit beeinträchtigen, dem Unterricht mit Nutzen zu folgen" (Bundesgesetzblatt 1976, II, 201).
- Dies ist nur eine Übergangsregelung. Der Grundsatz in Art. 2 dieses internationalen Übereinkommens heißt: „Das... Mindestalter darf nicht unter dem Alter, in dem die Schulpflicht endet, und auf keinen Fall unter 15 Jahren liegen" (Bundesgesetzblatt 1976, 11, 201).

Doch im Gegensatz dazu lässt der Gesetzgeber nicht nur die Arbeit über 13jähriger zu, sondern es dürfen nach § 7 Abs. 1 JArbSchG auch unter 15jährige, nicht mehr vollzeitschulpflichtige, 7 Stunden täglich und 35 Stunden wöchentlich arbeiten.

- Vom Geltungsbereich ausgenommen ist – wie im JArbSchG von 1960 – immer noch die Beschäftigung in Familienhaushalt durch die Personensorgeberechtigten (§ 1 Abs. 2 Nr. 2).
- Unter „Familienhaushalt" wird in landwirtschaftl. Familienbetrieben auch Haus und Hof verstanden (Bundestags-Drucksache 7/4544, 4).
- Wie bisher sind auch geringfügige (d. h. die Kraft des Kindes nur „unwesentlich beanspruchende") Hilfeleistungen, soweit sie gelegentlich (d. h. nicht regelmäßig, sondern aus besonderem Anlass) erbracht werden, vom Geltungsbereich

ausgenommen (§ 1 Abs. 2, Nr. 1 a).

- Vom Geltungsbereich des Gesetzes ausgenommen ist auch Kinderarbeit aufgrund familienrechtlicher Vorschriften (§ 1 Abs. 2 Nr. 1 b). Hierunter fällt eine Beschäftigung nach §§ 1619, 1757 BGB und § 12 Abs. 7 Höfeordnung. Aufgrund des Erziehungsrechts kann der Personensorgeberechtigte sein Kind mit Arbeiten beschäftigen, die geeignet sind, die sozialen Anlagen des Kindes zu fördern. So ist auch die Mitarbeit der Kinder im elterlichen Gewerbebetrieb erlaubt (Schlüter 1976, 148).

Übersicht 1a: Verschlechterungen im JArbSchG 1976:

1. Kinderarbeit in der Landwirtschaft: War in den Ausnahmen die Kinderarbeit bisher „nicht regelmäßig, sondern nur gelegentlich" (§ 9, JArbSchG 1960) erlaubt, so ist sie jetzt regelmäßig erlaubt (§ 5 Abs. 3 Nr. 2 JArbSchG 1976), und zwar durch Personensorgeberechtigte bis zu 3 Stunden täglich und mit Einwilligung der Personensorgeberechtigten bei der Ernte bis zu drei Stunden täglich.
2. Austragen von Zeitungen und Zeitschriften (bisher verboten) erlaubt das neue Gesetz regelmäßig 2 Std. werktäglich (hierzu gehören nicht Werbezettel, Wahlpropaganda u. ä., wohl aber Kirchen- und Gemeindeblätter u. ä.) (Schlüter 1976, 150). Damit lässt der Gesetzgeber hier erstmals Kinderarbeit für einen bestimmten Gewerbezweig zu und legalisiert die bisherige Praxis, das Kinderarbeitsverbot dadurch zu umgehen, dass vor den Zeitungsverlegern die Eltern als Vertragspartner auftreten und die Arbeit durch die Kinder verrichten lassen, womit faktisch ein Gesetzesverstoß vorlag.
3. Handreichungen beim Sport: Diese bisher auch verbotene Tätigkeit ist nun 2 Std. werktags erlaubt.
4. Behördliche Ausnahmegenehmigungen: Die Möglichkeit der Kinderarbeit durch behördliche Ausnahmen wird durch § 6 ausgedehnt. Bei Werbeveranstaltungen (bisher verboten) kann sie nun (und wird sie häufig!) genehmigt werden und zwar bis zu 2 Stunden täglich für 3-6jährige Kinder und bis zu 3 Stunden täglich für über 6jährige. Ausnahmegenehmigungen sind ebenso möglich bei Theatervorstellungen, Musikveranstaltungen u. ä. bei Hörfunk- und Fernsehaufnahmen und bei Film- und Fotoaufnahmen, jedoch nicht für Tanzlokale, Jahrmärkte u. ä.
Für die Tätigkeiten a) in der Landwirtschaft, b) beim Austragen von Zeitungen und Zeitschriften und c) bei Handreichungen beim Sport gelten **Einschränkungen**: Die Arbeiten müssen leicht und für Kinder geeignet sein, dürfen nicht vor 8 und nicht nach 18 Uhr stattfinden, dürfen nicht vor bzw. während des Schulunterrichts liegen und dürfen das Fortkommen in der Schule nicht beeinträchtigen. Die Arbeiten müssen dem Entwicklungsstand des Kindes entsprechen und durch angemessene Pausen unterbrochen werden. Unfallgefahren müssen ausgeschlossen sein.

Übersicht 1: Fortschritt im Kinderarbeitsverbot 1839 bis 1976 in Deutschland

<table>
<tr><th>Jahr</th><th>Gesetz</th><th>Beschäftigungsverbot f. Kinder unter:</th><th>Tägl. Höchstarbeitszeit f. Kinder ab:</th><th>Geltungsbereich und Ausnahmen</th></tr>
<tr><td>1839</td><td>Preuß. Regulativ</td><td>9 Jahren</td><td>9 J. 10 Std.</td><td>nur Fabriken u. Bergwerke</td></tr>
<tr><td>1853</td><td>Ergänzungsgesetz</td><td>12 J.</td><td>12 J. 6 Std.</td><td>nur Fabriken u. Bergwerke</td></tr>
<tr><td>1878</td><td>Gewerbeordnung</td><td>13 J.</td><td>12 J. 6 Std.</td><td>Betriebe mit Dampfkraft, Hüttenwerke, Bauhöfe u. Werften</td></tr>
<tr><td>1891</td><td>Gewerbeordnungsnovelle</td><td>13 J.</td><td>13 J. 6 Std.</td><td>wie oben; zusätzlich Werkstätten mit Motorenbetrieb</td></tr>
<tr><td>1903</td><td>Kinderschutzgesetz</td><td>13 J.</td><td rowspan="4">13 J. 3 Std.</td><td>alle gewerblichen Betriebe einschl. Heimarbeit</td></tr>
<tr><td>1938</td><td>Jugendschutzgesetz</td><td rowspan="3">14 J. und ältere, soweit noch vollzeitschulpflichtig</td><td>Generelle Ausnahmen für Land-, Forst, Hauswirtschaft, Garten-, Weinbau, See-, Binnenschifffahrt, Luftfahrt, Familienbetriebe. Ausnahmen von Einzelbestimmungen für Gaststättengewerbe, Einzelhandel, Bäckereien, Beherbergungs-, Verkehrswesen, Friseurgewerbe, Krankenpflege, Sport, Theater u. a.</td></tr>
<tr><td>1960</td><td>JArbSchG</td><td>Generelle Ausnahmen für: verwandte Kinder in Haushalt u. Landwirtschaft; Beschäftigungen zum Zwecke der Erziehung; Beschäftigung auf Kauffahrtteischiffen. Sonderregelungen f. Heimarbeit, Familienhaushalt, Landwirtschaft, Fischerei, Binnenschifffahrt</td></tr>
<tr><td>1976</td><td>JArbSchG</td><td>Generelle Ausnahmen für: verwandte Kinder im Haushalt; Beschäftigungen zum Zwecke der Erziehung u. Therapie. Sonderregelungen für Kindern über 13 J. (früher: über 12 J.): Kinderarbeit ist regelmäßig erlaubt in der Landwirtschaft, beim Zeitungs- u. Zeitschriftenaustragen (bisher verboten), Handreichungen zum Sport (bisher verboten). Ausnahmegenehmigungen für: Theatervorstellungen, Musikveranstaltungen, Werbeveranstaltungen (bisher verboten), Hörfunk- u. Fernseh-, Film- u. Fotoaufnahmen</td></tr>
</table>

Ursachen der Verschlechterung

Die Ausnahmeregelungen zeigen, dass die „Aufgabe des Gesetzgebers, … Kinder vor wirtschaftlicher Ausnutzung als billige Arbeitskräfte zu schützen, sie auch gegen ihren eigenen Willen und gegen die Interessen ihrer Eltern aus Gründen der Gesundheit, der ungestörten körperlichen Entwicklung und Schulausbildung, von jeder Erwerbsarbeit freizuhalten, ...völlig unzulänglich gelöst“ ist (Brauser/Schoden 1979, 80). Der Staat erweitert die mögliche Kinderarbeit, obwohl ein generelles Kinderarbeitsverbot z. B. in den Bundesländern Bremen, Hessen und Rheinland-Pfalz verfassungsrechtlich verankert ist.

Die Verschlechterungen sind auf den Einfluss von Arbeitgebern und Politikern zurückzuführen, die, wie Beispiele zeigen, den Kinderinteressen gleichgültig gegenüberstehen und offen das Interesse an billigen Kinderarbeitskräften formulieren (vgl. Dok. 1974).

Dok. 1974: Sturm gegen das Kinderarbeitsverbot

- „Kinder haben es in der Bundesrepublik immer schwerer, zum Taschengeld ein paar Mark hinzuzuverdienen. Für den Supermarkt an der Ecke Prospekte mit den neuesten Sonderangeboten oder für den Bäcker gegenüber Brötchen auszutragen – das gilt schon heute als Kinderarbeit und ist verboten... Die Rechtslage hat inzwischen zu einer vielfach beklagten ‘Materialisierung der selbstverständlichen Hilfeleistungen in Familie und Nachbarschaft’ geführt: Die Kinder tun kaum noch einen Handgriff umsonst – weil sie sonst keine Möglichkeit zu einem kleinen Nebenverdienst mehr haben“ (Zimmermann 1974).
- Die Modebranche läuft Sturm gegen Überlegungen, die Kinderarbeit bei Modenschauen künftig zu verbieten (Zimmermann 1974).
- „Der Zeitungsjunge ist in Gefahr! … Die CDU/CSU-Fraktion ist der Meinung, daß das Austragen von Zeitschriften durch Kinder ab zwölf Jahren … durchaus dazu dienen kann, daß sie lernen, Verantwortung zu tragen, ein vernünftiges Verhältnis zum selbstverdienten Lohn zu entwickeln und sich an kleine, ständig wiederkehrende Pflichten zu gewöhnen“ (CDU schlägt Alarm 1975, 5).
- Die CDU/CSU kritisieren auch, dass die Mithilfe bei Zeitungs- und Zeitschriftenverlagen zu rigoros geregelt sei, weil die „Eigenverantwortung der Familie“ im Reformvorschlag zu wenig berücksichtigt werde (Scheller 1974).
- Vertreter der Merkur-Zeitschriften-Buchhandel KG erklären Bundestagsabgeordneten, dass sich die Lücken im Zustellnetz „wegen geringfügigen Einsatzes von wöchentlich zwei bis drei Stunden bei etwa 18 Mark Verdienst nicht aus anderen Bevölkerungsschichten schließen“ lassen. Der Geschäftsführer verweist darauf, dass die „Zustellertätigkeiten auch aus erzieherischen Gründen den Wünschen vieler Eltern entsprächen“ (Frankfurter Rundschau,

21. 11. 74).

- Zeitungsverleger verlangen, dass „Zeitungsjungen gemäß internationalem Brauch vom 13. Lebensjahr an eingestellt werden können" (Der Tagesspiegel, 12. 6. 1975).
- Auch der Deutsche Bauernverband argumentiert gegen ein Kinderarbeitsverbot in der Landwirtschaft: „Die weitere Ausgestaltung des Jugendarbeitsschutzes darf... nicht dazu führen, die Beschäftigung von Kindern und Jugendlichen unter 15 Jahren grundsätzlich zu verbieten. Eine derartige Regelung verkennt, daß die landwirtschaftliche Familie auch heute noch eine Haus- und Lebensgemeinschaft darstellt, die sich gemeinsam dem Hof verpflichtet fühlt... Der Deutsche Bauernverband appelliert deshalb an den Gesetzgeber, das Elternrecht nicht weiter auszuhöhlen und den sich aus der Naturabhängigkeit und -verbundenheit der Landwirtschaft ergebenden Besonderheiten auch in Zukunft Rechnung zu tragen... Der Deutsche Bauernverband schlägt... vor: ...Dieses Gesetz gilt nicht... für die Beschäftigung durch die Personensorgeberechtigten. Damit ist die Beschäftigung im elterlichen Betrieb möglich... Kinder über zwölf Jahre und Jugendliche dürfen in der Landwirtschaft mit leichten und für sie geeigneten Hilfeleistungen, soweit sie nicht regelmäßig stattfinden, beschäftigt werden. Damit ist auch die Beschäftigung im nichtelterlichen Betrieb möglich..." (Präsidium des Dt. Bauernverbandes 1974. Zitiert nach: Quandt 1978, 144f.).

Arbeitgeberdruck führt zur Verwässerung des Regierungsentwurfs. Gegenüber dem JArbSchG von 1960 enthält das von 1976 aufgrund der nun regelmäßig möglichen Kinderarbeit und erweiterter Ausnahmeregelungen (z. B. der Einsatz von Kindern als Kundenfänger in Werbeveranstaltungen) Verschlechterungen, was die Verbesserungen in den Schatten stellt. In den Ausnahmen ist die Arbeit für über 13jährige Kinder faktisch als regelmäßige sanktioniert.

Der Widerspruch, dass nach § 5 Kinderarbeit verboten, und andererseits regelmäßige Kinderarbeit erlaubt ist, wird so noch schärfer. Unternehmer und Eltern können mithilfe des Gesetzgebers weiterhin Hunderttausende Kinder zwingen, für einen Bruchteil des Erwachsenenlohns teilweise bei leichter Arbeit, mit Beteiligung der Finanzämter (§ 52), regelmäßig zu arbeiten, so dass sie mit Schulunterricht und Hausaufgaben wie Erwachsene 8 Stunden und mehr unter großer Anstrengung stehen. Daher heißt es seitens der Industriegewerkschaft Metall zum neuen JArbSchG zu Recht: „Der Kampf für ein zeitgemäßes Jugendarbeitsschutzgesetz, orientiert an den Interessen der arbeitenden Jugend, geht weiter" (Hartenstein 1976, 11).

Besonders mit der Krise 1974/75 setzen Unternehmer die Jugend mit massenhafter Jugendarbeitslosigkeit und verringerten Ausbildungsplätzen unter Druck. Unternehmerverbände nutzen dies politisch, so dass sogar das im SPD-Referentenentwurf vorgesehene Kinderarbeitsverbot bezüglich der Werbung fällt (Dok. 1976a). Hinzu kommt: Recht und Rechtswirklichkeit klaffen auseinander. Auch die seltenen Kontrollen durch die Gewerbeaufsicht, die im Gesetz verankerten geringen staatlichen Sanktionsmöglichkeiten sowie die milden Richtersprüche sind Ausdruck der Gewinnorientierung. Ausgerechnet 1976, als über eine Million Jugendliche und Erwachsene arbeitslos sind, wird das Kinderarbeitsverbot gelockert.

Dok. 1974a: 1. Bundestags-Beratung am 26.9.1974 zum Kinderarbeitsschutz (im neuen JArbSchG)

Arendt, Bundesminister für Arbeit und Sozialordnung (SPD): „...Im Interesse der Gesundheit und Entwicklung junger Menschen wird vorgeschlagen, das Mindestalter für die Zulassung zur Arbeit von 14 auf 15 Jahre heraufzusetzen. Es wird damit an die Entwicklung der Schulpflicht und an internationale Übereinkommen angepaßt... Zwar sind – ähnlich wie bisher – Ausnahmen für Musik- und Theateraufführungen sowie für Aufnahmen in Rundfunk und Fernsehen aus kulturellen Gründen vorgesehen. Grundsätzlich wird Kinderarbeit jedoch nicht mehr zugelassen, auch nicht in der Landwirtschaft..."
Rollmann, CDU/CSU: „... die Beschäftigung... unter 15 Jahren soll verboten werden. Aber ist es eigentlich schädlich, wenn 12-, 13-, 14jährige Kinder und Jugendliche sich durch Botengänge, Autowaschen, Rasenmähen und Zeitungsaustragen an regelmäßige Pflichten gewöhnen und sich ein Taschengeld dazuverdienen?"
Holscher, FDP: „Es wird viel... von den Zeitungsjungen geredet. Ich will hier gar nicht die verständlichen Interessen der Verlage ansprechen, sondern Sie... bitten, die Dinge doch einmal aus der Interessenlage eines Schülers zu sehen. Ich habe auch als Schüler ein Kirchenblatt ausgetragen, etwa eine halbe Stunde am Tag, zwei-, dreimal in der Woche. Ich verstehe einfach nicht, warum einem Vierzehnjährigen untersagt sein soll, sein Taschengeld mit einer Stunde Zeitungsaustragen aufzubessern, während auf Antrag sogar Kinder im Bereich der Werbung, im Bereich der Rundfunk- und Fernsehanstalten bis zu vier Stunden und bis spät in die Nacht hinein auf oft sehr strapaziöse Weise beschäftigt werden können. Hierin sehe ich einen Widerspruch. Ich sehe auch nicht ein, daß in der Landwirtschaft, in Industrie und Gewerbe nicht gelten soll, was im Bereich der Post offenbar billig ist, nämlich eine Ausnahmeregelung im Interesse wirtschaftlicher Notwendigkeiten..."

(Deutscher Bundestag. 7. Wahlperiode. Bericht der 119. Sitzung 1974, S. 7919ff.)

Dok. 1976a: Erpressung durch Werbewirtschaft

Ministerium gibt nach
„Kinderarbeit im Fernsehen ... – Zu rasch klein beigegeben
Auf dem Weg vom Referentenentwurf zur Kabinettsvorlage fiel klammheimlich eine Passage weg, die jede Werbung in den Medien für Kinder und mit Kindern

drastisch beschränken sollte. Im § 10 des Referentenentwurfs hatte es geheißen: ‚Es ist verboten, bei geschäftlicher Werbung durch Schriften und Rundfunk
1. Kinder darzustellen, wenn die Werbeansprache Kinder einbezieht,
2. einen auf Kinder abzielenden Kauf- oder Konsumanreiz auszuüben,
3. Kinder zu einem erziehungswidrigen Verhalten aufzufordern.'
Kaum wurden diese nach Meinung von Pädagogen und Soziologen höchst vernünftigen Vorschriften in der Werbebranche bekannt, begann ein gewaltiges Lamento. Es hagelte Proteste, die in dem Vorwurf gegen Frau Focke gipfelten, sie betreibe einen ‚Rückfall in den kalten Krieg gegen die Werbung'.
Und die Werbewirtschaft setzte die Politiker unter Druck. Die angekündigten Selbstbeschränkungen bei der Alkoholwerbung würden auf Eis gelegt, und die Karte ‚Freiwillige Selbstkontrolle' wurde ausgespielt. Damit hatte die mächtige und einflußreiche Werbebranche sich schon gegen gesetzliche Regelungen zur Einschränkung der Nikotin-Reklamen durchgesetzt. Diesmal gab das Ministerium der Erpressung nach, obwohl nicht unbedingt ein Grund bestanden hätte. Denn Kinder sind ja schließlich keine Ware wie Bier und Schnaps oder Zigaretten und Pfeifentabak, sondern sie sollen ... als Werber eingesetzt werden.
Hier klein beizugeben war leichtfertig und falsch. Die Begründung, die für den Rückzug durchsickerte, eine Beschränkung der Kinderwerbung sei ‚juristisch nicht faßbar', klingt nur teilweise glaubwürdig. Bei intensiver Arbeit und Standhaftigkeit gegenüber der Werbe-Lobby hätte sicher eine Formulierung gefunden werden können, die unanfechtbar ist und trotzdem keine unzumutbaren Härten für die Wirtschaft einführt."
(Bruno Löwe. In: Vorwärts, 4.3.1976)

Dok. 1976b: Zeitungsboten – alle Millionäre?

- Kinderarbeit soll auch ganz nützlich sein
„Das generelle Verbot der Kinderarbeit ist in Gefahr. Ausnahmeregelungen wollen die Verleger, die Kirchen, die Bauern. Bei einem Hearing zum Jugendarbeitsschutz am 11. Juni zeigte sich erneut, wie mächtig die Front gegen das Kinderarbeitsverbot ist.
Der SPD-Abgeordnete Egon Lutz sieht eine breite inner- und außerparlamentarische Lobby gegen das Kinderarbeitsverbot. Am lautesten tobt der Protest gegen das Arbeitsverbot für schulpflichtige Zeitungsjungen. Er tobt durch beinahe die gesamte bürgerliche Presse. Denn die Verleger und ihre Redaktionen mißbrauchen schamlos ihr Meinungsmonopol zum Kampf in eigener Sache. Sie verniedlichen Kinderarbeit zum ‚Taschengeldgewerbchen', geben sich scheinheilig pädagogisch (Kinder könnten nicht früh genug die Relation Arbeit/Verdienst kennenlernen) und scheuen auch nicht vor Kitsch-Legenden (fast alle amerikanischen Millionäre hätten als Zeitungsboten angefangen).
Zur eigenen meinungsmächtigen Stellung haben sich die Verleger mit einer ganzen Reihe von Parlamentariern quer durch alle Fraktionen verbündet. Der Bundesverband Deutscher Zeitungsverleger hat seine Mitglieder aufgefordert, bei

den in ihrem Verbreitungsgebiet ansässigen Bundestagsabgeordneten gegen das Verbot zu intervenieren. Gar mancher Volksvertreter ist da – so sieht es Lutz – arg in die Bredouille geraten. Auf der einen Seite steht der Gesetzentwurf der Bundesregierung... mit einem Verbot jeglicher Beschäftigung von Kindern unter 15, stehen wissenschaftliche Gutachten über die Schädlichkeit von Kinderarbeit. Auf der anderen Seite haben sich die Verleger mit ihrer Forderung in ihrem Bereich die Verbotsgrenze auf 12 Jahre hinabzusetzen formiert. Die Parlamentarier, die nicht ganz unabhängig vom Wohlwollen ihrer Lokalzeitungen sind – wer kann es sich schließlich leisten, vom Heimatblättchen total ignoriert zu werden? – haben sich zum Teil die Verlegerargumentationen zu eigen gemacht. 140.000 Zeitungsboten gibt's in der Bundesrepublik. 70.000 davon sind – so geben die Verleger an – Kinder. Die 80 Mittagsblätter mit einer Gesamtauflage von rund einer Million werden weitgehend von Kindern ausgetragen. Aber auch Illustrierte – und nicht zuletzt Kirchenzeitungen." (Welt der Arbeit, 13.6.1976)

Mangelnde Erfassung der Verstöße

Die registrierten Kinderarbeits-Verstöße zwischen 1955 und 1978 erreichen 1960 mit 3.215 den Höhepunkt und 1975 mit 350 den Tiefpunkt (Grafik 1), der sich aus dem Einstellen der Schullisten und dadurch ergibt, dass die Krise als Grund genommen wird, weniger zu kontrollieren, weil Unternehmer drohen, bei wirksamen Kontrollen Ausbildungsplätze zu verringern.

Dok.: Arbeitgeber drohen – Gewerbeaufsicht schreckt zurück

- Die Gewerbeaufsicht Rheinland-Pfalz schreibt: „Um... ungünstige Auswirkungen auf die Ausbildungsbereitschaft der Betriebe zu vermeiden, hat das Ministerium..., andere Bundesländer handelten ebenso..., 1976 davon abgesehen, die bisher jährlich durchgeführte Sonderaktion 'Jugendarbeitsschutz'... durchzuführen" (Ministerium für Soziales, Gesundheit und Sport o. J., o. S.).
- „Um im Zeichen hoher Jugendarbeitslosigkeit ungünstige Auswirkungen auf die Ausbildungsbereitschaft der Unternehmer zu vermeiden, stand im Vordergrund der gewerbeaufsichtlichen Tätigkeit die Information, die Aufklärung und die Beratung der Jugendlichen und Arbeitgeber" (JdG RPf 1976, 31).
- Die Gewerbeaufsicht Rheinland-Pfalz führt 1976 an: „Bei etwa festzustellenden Verstößen sollte, sofern es sich nicht um schwerwiegende Fälle handelt, sehr sorgfältig geprüft werden, ob die Zielsetzung des Gesetzgebers nicht besser durch Ermahnungen des Arbeitgebers und entsprechender Nachkontrolle erreicht werden kann. Nur bei gravierenden Verstößen war ein Bußgeldverfahren einzuleiten" (Ministerium für Soziales, Gesundheit und Sport o. J., o. S.).
- In einigen Bundesländern (Saarland, Bayern u. a.) werden 1975 und 1976 keine Sonderaktionen durchgeführt, um den Unternehmern eine „Eingewöhnungsphase" in das neue JArbSchG zu gewähren (Bayerisches Staatsministerium, Bericht 1977, 3).

- Ferner ist die Gewerbeaufsicht immer schon personell schlecht ausgestattet. Die meiste Zeit verbringen die Aufsichtsbeamten, wenn nicht am Schreibtisch, mit der Prüfung von Dampfkesseln, Fahrstühlen und anderen technischen Geräten. „Mit der Kinderarbeit ist es, als wenn man eine Stecknadel in einem Heuhaufen suchen wollte. Wir sind hier weitgehend darauf angewiesen, daß Mitteilungen aus der Bevölkerung kommen. Dann werden wir durch Besichtigung und Strafanzeige tätig“ (Gewerbeaufsicht München. Zitiert nach: Semmler 1974, 24).
- Resignierend stellt dazu das Stuttgarter Arbeitsministerium fest: „Soweit keine Hinweise, Beschwerden oder Anzeigen von außen an die Gewerbeaufsichtsämter herangetragen werden, sind derartige Zuwiderhandlungen... kaum zu entdecken“ (Kinderarbeit 1972, 63).

1978 sind in der Bundesrepublik 2.721 Aufsichtsbeamten für 1,7 Millionen Betriebe mit 19 Millionen Beschäftigten zuständig und betreiben den Jugendarbeitsschutz nur beiläufig neben Unfall-, Mutter-, Arbeits- und Umweltschutz u. a. Ein generelles Kinderarbeitsverbot z. B. in der Landwirtschaft ließe sich nicht durchsetzen: „Wir können doch nicht von Hof zu Hof ziehen', sagt Ministerialdirektor Schreiner vom baden-württembergischen Arbeitsministerium“ (Kinderarbeit 1972, 67). Die Gewerbeaufsicht kann im Jahr nur etwa 20% der Betriebe an einem Tag einige Stunden aufsuchen. Kleinbetriebe und landwirtschaftliche Betriebe werden deshalb so gut wie nicht kontrolliert.

Da Kontrollen häufig in den Zeitungen angekündigt werden, richten sich Unternehmer darauf ein.

Dok.: Gewerbeaufsicht kündigt Kontrollen vorher an

- Am 17.1.1974 schreibt die Frankfurter Rundschau unter dem Titel „Gewerbeaufsicht überprüft Betrieb“: „Die staatlichen Gewerbeaufsichtsämter werden in den nächsten Wochen in einer Sonderaktion erneut zahlreiche Betriebe mit dem Ziel überprüfen, ob die Bestimmungen des Jugendarbeitsschutzgesetzes ausreichend beachtet werden... Besondere Aufmerksamkeit würden die Mitarbeiter der Gewerbeaufsicht kleineren Betrieben mit weniger als 20 Arbeitnehmern widmen.“
- In „Der Tagesspiegel“ vom 29.5.1974 kündigt die Senatsverwaltung für Arbeit und Soziales in einer amtlichen Mitteilung an, dass das Gewerbeaufsichtsamt „im kommenden Monat bei seinen Betriebsbesichtigungen vor allem prüfen (werde), ob die Vorschriften des Jugendarbeitsschutzgesetzes befolgt werden. Im Mittelpunkt der Kontrollen... werden die Betriebe des Kraftfahrzeughandwerks sowie des Garagen- und Tankstellengewerbes stehen.“
- Der Arbeitgeberverband der norddeutschen Zement- und Kalkwerke e. V. warnt seine Mitgliedsfirmen gezielt im Schreiben vom 31.3.1975: „Wie wir

von der Landesvereinigung der Industriellen Arbeitgeberverbände Nordrhein-Westfalens e. V. erfahren, hat das Arbeits- und Sozialministerium Nordrhein-Westfalens die Gewerbeaufsichtsämter angewiesen, in der Zeit vom 2. bis 13. Juni 1975 in einer Sonderaktion in Betrieben mit 1 - 199 Beschäftigten die Einhaltung der Vorschriften des Jugendarbeitsschutzgesetzes zu überprüfen. In diese Überprüfung werden Zement- und Kalkindustrie einbezogen" (zitiert nach: 'ran 1975, H. 7, 48).

- Bei einer Gewerbeaufsichtskontrolle in Konservenfabriken warnen sich Fabrikanten gegenseitig fernmündlich und verstecken die Kinder auf dem Speicher (Kinder für Konserven 1972).

Wird punktuell konzentriert Kinderarbeit aufzudecken versucht, so berichtet die Gewerbeaufsicht, wird auch mehr Kinderarbeit sichtbar:

- An einem Sonntag kontrollieren 18 Gewerbeaufsichtsbeamte in 16 Städten an Kirchen, Plätzen, Kreuzungen und Ausfallstraßen den Straßenverkauf von Zeitungen, Losen u. ä. und entdecken tatsächlich 8 arbeitende Kinder und 6 Jugendliche. Weiter gibt ein Händler zu, 40 Schüler mit dem Verkauf von Lotterielosen beschäftigt zu haben (JdG NW 1973, 73).
- Der Nachweis der Kinderarbeit bleibt schwierig: Ein Hauptschuldirektor teilt mit, der Inhaber eines Lebensmittelgeschäfts beschäftige nachmittags 10 schulpflichtige Kinder. Das Gewerbeaufsichtsamt ermittelt daraufhin lediglich ein Kind, das zugibt, über mehrere Wochen gegen Bezahlung in Geschäft und Lager ausgeholfen zu haben (JdG NW 1975, 262).

2. Kinderarbeit nach Branchen

Vermutlich ist die Dunkelziffer der Kinderarbeitsverbots-Verstöße mindestens so hoch, wie die aufgrund von repräsentativen Befragungen erhaltene Dunkelziffer für JArbSchG-Verstöße: Die Gewerbeaufsicht stellt 1968 50.898 JArbSchG-Verstöße fest (JdG 1968, 5). Geahndet werden davon nur 4,1% der Fälle (JdG 1968, 12). Jedoch: „Die Dunkelziffer der tatsächlichen Verstöße wird aufgrund von repräsentativen Befragungen von Experten auf etwa eine Million im Jahr geschätzt" (Todtenberg 1970, 155), das heißt, dass nur ca. 5% der tatsächlichen Verstöße bekannt werden. Für die Verstöße speziell gegen das Kinderarbeitsverbot dürfte der Prozentsatz noch niedriger sein, weil Kinder und Eltern meist eine Aufdeckung scheuen. Vermutlich arbeiten über 60.000 Kinder verbotenerweise. Berücksichtigt man ferner die Ergebnisse der branchenmäßigen Differenzierung der Verstöße (Tab. 12), ist davon auszugehen, dass in der gewerblichen Produktion ca. 20.000 und in Handel und Verkehr ca. 30.000 Kinder regelmäßig oder saisonal arbeiten. Für Dienstleistungen in Gastwirtschaften, Wäschereien, Reinigungsfirmen usw. läuft diese Schätzung auf 10.000 arbeitende Kinder hinaus. In diesen drei Wirtschaftszweigen ist demnach von mindestens 60.000 Kinderarbeitern auszugehen. Hinzu kommt noch Kinderarbeit in Wirtschaftsbereichen, um die sich die Gewerbeaufsicht kaum kümmert oder wo Kinderarbeit erlaubt ist: Heimarbeit, Landwirtschaft, Zeitungs- und Zeitschriftenhandel und Darbietungsgewerbe (Sport und Kultur) sowie Kinderprostitution. Folgende Beispiele, meist aus Gewerbeaufsichtsberichten, illustrieren die Kinderarbeit.

Gewerbliche Produktion

Kinder in der gewerblichen Produktion arbeiten vorwiegend in Fabriken und Betrieben der Nahrungsmittelherstellung, der Bekleidung, der Metall- und Holzverarbeitung und in Bauunternehmen. Behauptet wird, Kinderarbeit gäbe es in der Produktion höchstens noch in Familien- und anderen Kleinstbetrieben, nicht aber in mittleren Betrieben.

Dok.: Baugewerbe

- Bei der Baustellenrevision wird ein 14jähriger Schüler, der mit einem Bagger eine Grube aushebt, angetroffen. Nachfragen in der Schule ergeben, dass der Junge fünf Tage dem Unterricht mit der Entschuldigung ferngeblieben ist, dass er krank sei (JdG 1978, 78f.).
- Ein 11jähriges Kind arbeitet seit einer Woche täglich von 7 bis 18 Uhr mit 2 Stunden Pause im größeren Gerüstbau-Unternehmen. Es schleppt schwere Bohlen und trägt Werkzeuge auf ein Gerüst (JdG Bay 1973, 79).
- Ein 14jähriger Junge führt auf einer Baustelle ganztags Hilfsarbeiten aus (JdG BW 1964, 64). 2 Kinder arbeiten verbotenerweise als Hilfsarbeiter 8 Stunden täglich auf Baustellen an 6 Tagen in der Woche im Rahmen eines Betriebspraktikums (JdG Br 1978, 62).
- In einer Zementfabrik arbeitet ein 13jähriger Junge in der Produktion als Fahrer eines Gabelstaplers. (JdG 1972, 156)
- Ein 12jähriger Junge ist damit beschäftigt, Sand zu schaufeln, Paletten zu transportieren und Zement in Form zu gießen. In drei bis vier Stunden verdient er ca. 3 DM (JdG 1972, 156).
- Unter Aufsicht eines Lehrlings lässt ein Arbeitgeber – wie schon in den Jahren vorher – in den Sommerferien 5 Kinder im Alter von 12 bis 15 Jahren Montagearbeiten ausführen (JdG BW 1974, 64).
- Ein in Ferienarbeit auf einer Kanalbaustelle beschäftigter Schüler wurde von einem Bagger – tödlich – überrollt (JdG Bay 1971, 105).
- In einem Betrieb wird ein schulpflichtiges, 14jähriges griechisches Kind sechs Wochen lang täglich acht Stunden mit Installationsarbeiten beschäftigt (Bayerisches Staatsministerium, Bericht 1973, 6).

Dok.: Metallwarengewerbe, Schlosserei, Kunststoffverarbeitung

- Im kunststoffverarbeitenden Betrieb arbeiten 2 13jährige Mädchen (JdG BW 1977, 79).

- Ein metallverarbeitender Betrieb beschäftigt 4 Kinder mit Produktionsarbeiten bis zu 7 Stunden am Tag (JdG BW 1971, 69).
- Ein bayerischer Unternehmer lässt 25 Kinder an der Drehbank, Schleifmaschine, Exzenterpresse (teilweise ohne Schutzvorrichtungen) oder an der Werkbank im Akkord Rundeisen biegen, bohren, drehen, stanzen und zwei Kinder (9 und 10 Jahre alt) ohne Schutzbrillen schweißen. Dabei erleiden sie Bindehautentzündungen und müssen sich in ärztliche Behandlung begeben (JdG Bay 1971, 105f.).
- Ein Schlossermeister beschäftigt 5 Schüler einen längeren Zeitraum mit Feilen, Schleifen, Hilfs- und Handlangerdiensten (JdG BW 1971, 69).

Dok.: Holzbe- und –verarbeitung, Spielwarenherstellung

- Etwa 30 Kinder im Alter von 11 bis 15 Jahren haben – teilweise mit Lohnsteuerkarten – ca. 5.000 Stunden in einer Spielwarenfabrik für durchschnittlich 2 DM pro Stunde gearbeitet (JdG Bay 1974, 66).
- Durch ein Jugendamt wird bekannt, dass in einer Kistenfabrik Schulkinder während der Ferien Obstkisten zusammenzunageln und sonstige Arbeiten verrichten (JdG 1978, 69).
- Während der Schulferien werden im Holzverarbeitungsbetrieb zwei 14jährige Kinder angetroffen. Sie sind aushilfsweise an der Aufgabeseite einer Lackgießmaschine tätig (JdG Bay 1976, 52).
- Ein 14jähriges Kind richtet im Schreinereibetrieb an einer kombinierten Hobelmaschine bereits ein Jahr lang täglich von 13.30 bis 17.30 Uhr Hölzer ab, bis von einer Messerwelle ein Finger teilweise abgetrennt wird (JdG BW 1973, 57).
- Neun 13- bis 14jährige Kinder arbeiten in den Osterferien im Holzverarbeitungsbetrieb mit Lohnsteuerkarte (JdG BW 1973, 58).
- Ein Betrieb, der Hobbyartikel herstellt, beschäftigt regelmäßig von 13 bis 16.45 Uhr vier schulpflichtige Kinder mit Verpacken von Kippdübeln, Möbelrollen und kleinen Brettern für Wandregale beim Stundenlohn von 3 bis 3,50 DM (JdG 1976, 56).

Dok.: Papierverarbeitung

- Im Betrieb, der Verpackungen herstellt, werden bei einer Feiertagskontrolle 12 schulpflichtige Kinder und 17 Jugendliche bei der Arbeit angetroffen. Das Strafverfahren wird eingestellt, weil der Unternehmer noch nicht wegen Arbeitsschutzverstöße vorbestraft sei (JdG NW 1971, 138).
- In einer Großdruckerei arbeiten 2 Kinder von 20 Uhr bis 3 Uhr morgens jeweils in der Nacht von Samstag auf Sonntag, eine davon schon mehrere Monate lang (JdG Bay 1973, 79).
- Der Inhaber einer Buchbinderei beschäftigt in den Herbstferien 4 Kinder mit Klebearbeiten (300 DM Geldstrafe) (JdG RPf 1972, 38).
- Eine Fotofirma in Hamburg beschäftigt ca. 10 Kinder und Jugendliche zum Umpacken von Fotomaterial – teilweise im Akkord. An mindestens einem Tag

arbeitet wenigstens ein 9jähriges Kind 8 1/2 Stunden lang (Kinderarbeit – Ein wachsendes Problem 1979, XI; vgl. Dok. 1978).

Dok.: Textilgewerbe

- Zwei schulpflichtige Mädchen arbeiten monatelang täglich mindestens 8 Stunden am Fließband einer Hosenfabrik (Kleiner Wirtschaftsspiegel, Nr. 5, Mai 1976).
- In einer Kleiderfabrik wird ein 13jähriges türkisches Mädchen an zwei Tagen je 1 bis 2 Stunden lang mit Bündeln und Zählen von Hosen beschäftigt (JdG Bay 1971, 104).
- In einer Hosenfabrik arbeitet eine schwangere Hauptschülerin ganztägig (mindestens 8 Stunden) 5 Monate am Fließband. Sie ist mit Zusammennähen von Hosenteilen im Stücklohn beschäftigt, ohne die Schule zu besuchen. Ein anderes Kind geht vormittags zur Schule, arbeitet aber ebenfalls von Montag bis Freitagnachmittags 4 Stunden in der Zuschneiderei (500 DM Geldstrafe) (JdG Bay 1972, 99).

Dok.: Nahrungs- u. Genussmittelverarbeitung, Gartenbau, Tierzucht

- Zum Einbeuteln von Blumenerde beschäftigt ein Unternehmer 10 Kinder ein halbes Jahr dreimal wöchentlich drei Stunden (JdG Nds 1970, 48).
- In einer Geflügelfarm wird eine 12jährige Schülerin 1/2 Jahr 2- bis 3mal wöchentlich mit Sortieren von Eiern beschäftigt. Sie erhält hierfür Naturalien als Gegenleistung (JdG BW 1976, 56).
- Zwei etwa 14jährige ausländische Mädchen arbeiten im fischverarbeitenden Betrieb: Sie legen am Förderband Fischfilets von Hand in die Enthäutungsmaschine (JdG 1977, 57).
- Der Revisionsbeamte der bayerischen Gewerbeaufsicht wird stutzig, als er auf dem Gelände einer Konservenfabrik ein Kind über den Hof huschen und sich im Hauseingang verdrücken sieht. Er mutmaßt, dass neben den Frauen, die zum Gurkenschälen und Bohnenschnipseln für das Büchsengemüse eingesetzt sind, auch Kinder beschäftigt werden. Entschieden weist der Unternehmer diesen Verdacht von sich. Der Beamte verabschiedet sich, kehrt aber kurz darauf wieder zur Inspektion zurück und ertappt mehrere Kinder, wie sie Abfälle zusammenkehren und Konservenbüchsen aufräumen (Süddeutsche Zeitung, 28. 11. 79).
- Eine Keksfabrik beschäftigt während der Ferien 25 Kinder mit dem Verpacken von Keksen (JdG Nds 1970, 48).
- 2 Betriebe der Konservenindustrie beschäftigen je ein Kind (JdG Bay 1972, 98).
- Ein 14jähriges Kind arbeitet täglich 9 Stunden für 2,50 DM Stundenlohn in einer weiteren Konservenfabrik (JdG Bay 1973, 79).
- Ein 12jähriger Schüler klebt 6 Wochen Etiketten auf und stellt leere Flaschen auf ein Förderband, bis er sich im ungeschützten Kettenrad des Förderbandes

mehrfach sein linkes Bein bricht (JdG BW 1973, 57).

- Die Arbeit von 2 Kindern am Kartoffelverleseband in einer Nahrungsmittelfirma wird infolge eines Unfalles bekannt (JdG SH 1972, 20f.).
- In einer Brauerei werden 3 Kinder im Alter von 11 bis 14 Jahren mit Abladen von Leergut und anderen Hilfsarbeiten für kleinere Geldbeträge und Bier zum Trinken beschäftigt. Ein Kind wird mit einer Alkoholvergiftung in ein Krankenhaus eingewiesen (JdG BW 1974, 64).

Handel und Verkehr

Kinder im Bereich Handel und Verkehr arbeiten oft im Lebensmitteleinzelhandel, häufig in „Tante-Emma-Läden", auf Wochenmärkten und an Verkaufsständen. Sie führen einfache Tätigkeiten aus wie Waren austragen, Botengänge erledigen, Waren auf- und abladen. Sie springen als volle Arbeitskräfte in der Saison ein oder als Lückenbüßer für einzelne Stunden. In kleinen Geschäften gibt es noch viele Hilfsarbeiten für Kinderhände.

1977 und 1978 werden (laut Gewerbeaufsichtsberichten) im Einzelhandel 30,1% (220 Fälle) und im Großhandel 6,6% (48 Fälle) aller registrierten Kinderarbeitsverbots-Verstöße festgestellt (Bundestags-Drucksache 8/2794, 1). Von den im Einzelhandel 1976 in NRW registrierten 45 Kindern sind ca. 60% nachgewiesenerweise länger als einen Monat (3 Fälle: 11 Monate) tätig (JdG NW 1978, 234).

Dok.: Wochenmärkte, Obst- und Gemüsehandel, Altmaterialhandel

- Auf dem Wochenmarkt wird ein 12jähriger türkischer Junge an Markttagen ab 5.00 Uhr mit Ab- und Beladen und Verkauf von Waren beschäftigt (JdG BW 1977, 78).
- Ein Jahr lang wird ein 13jähriger italienischer Junge, der die Schule nicht besucht, ebenfalls auf einem Wochenmarkt mit Aufbau-, Aufräumungsarbeiten und Verkauf (von Blumen) beschäftigt (JdG BW 1976, 56).
- Ein Obst- und Gemüsehändler beschäftigt auch noch nach entsprechender Belehrung ein 14jähriges Kind u. a. mit Einräumen von schweren Obstkisten, die es am Rande einer ungesicherten Kellerluke abzustellen hat (JdG Bay 1978, 57).
- Ein Altmaterialhändler beschäftigt einen 14jährigen Volksschüler über einen längeren Zeitraum durchschnittlich drei bis viermal in der Woche, nachmittags mit Be- und Entladen der Fahrzeuge, als Beifahrer und als Boten (Bayerisches Staatsministerium, Bericht 1974, 5).
- Ein 14jähriger Sonderschüler wird fast täglich während der Schulzeit auf dem Lagerplatz und bei Sammelfahrten einer Rohproduktenhandlung beschäftigt (JdG NW 1972, 155).

Dok.: Einzelhandel, Supermärkte, Kaufhäuser, Bäcker

- Drei Kinder werden im größeren Einzelhandelsbetrieb an bis zu vier verkaufsoffenen Sonnabenden vor Weihnachten bis zu 8 1/2 Stunden täglich beschäftigt (JdG Br 1977, 56).
- Nach dem Schulunterricht stellen zwei 13- bis 14jährige Kinder mindestens seit einem Monat (wöchentlich etwa 10 Stunden) Lebensmittel an Geschäftskunden mit dem Fahrrad und Anhänger zu (JdG Bay 1977, 53).
- Im größeren Lebensmittelmarkt arbeitet ein schulpflichtiger Junge als Helfer im Lager. Beim Ankuppeln eines Lkw-Anhängers wird er zwischen Anhänger und Motorwagen eingeklemmt und schwer verletzt (JdG BW 1972, 41).
- Die Polizei deckt im Supermarkt die Beschäftigung von Kindern auf (JdG NW 1972, 156).
- 10 12- bis 15jährige Schüler sind im größeren Kaufmarkt mit Zusammenschieben, Einsammeln und Zurückbringen von Einkaufswagen und Warenauszeichnen beschäftigt (JdG Bay 1974, 66).
- Ein Einkaufszentrum beschäftigt mehrere Kinder in der Warenannahme mit Warentransport und Einsammeln von leeren Einkaufswagen 4 bis 6 Stunden täglich für 2 DM Stundenlohn (JdG Bay 1972, 98).
- Ein saarländisches Unternehmen beschäftigt 1977 vornehmlich Kinder mit Brezelverkauf. Die Kinder werden mit Pkw an die einzelnen Verkaufsorte gefahren. Nachdem trotz Belehrung die Kinderarbeit nicht eingestellt wird, wird ein Zwangsgeld von 500 DM verhängt (JdG S 1977, 84).
- 1978 werden im Saarland 6 Kinderarbeitsverbots-Verstöße an Brezelverkaufsständen festgestellt (JdG S 1978, 75).
- Ein Bäcker beschäftigt ein 13jähriges Kind mit Zählen und Verpacken von Brötchen. In einer anderen Bäckerei reinigen zwei Kinder regelmäßig am schulfreien Samstag gegen Entgelt die Backstube. Ihre Beschäftigung beträgt jeweils 3 Stunden (JdG NW 1977, 138).
- Nachweislich hat ein Bäckermeister einen 12jährigen Jungen mindestens einmal ab 3.00 Uhr nachts mit Zählen und Einpacken für Brötchen beschäftigt (JdG NW 1976, 237).

Dok.: Großhandel

- Ein Kind ist im Großhandelsbetrieb über längere Zeit mit schwersten Verlade- und Betriebsarbeiten beschäftigt. Es hat u. a. auf Lastzügen Behälter, die mit Speckschwarten gefüllt waren, zu entleeren. „Für diese ‚Schmutzarbeit' ist der Schüler eine billige Arbeitskraft. Die Speckschwarten, die ungekühlt gelagert werden, stinken erheblich und sind teilweise schon mit Maden durchsetzt" (JdG Bay 1974, 66).
- Ein Großhandelsbetrieb lässt zeitweilig 3 bis 4 Kinder im Alter von 14 Jahren 1 bis 2 Stunden in der Woche Betriebsmitteilungen kuvertieren (JdG Bay 1971, 104).

Dok.: Tankstellen, Verkehr

- Ein Tankstelleninhaber beschäftigt monatelang (wöchentlich an 4 Tagen für 3 Stunden) einen 14jährigen italienischen Jungen mit der Abfertigung der Kunden und Arbeiten in der Kfz-Werkstatt (JdG BW 1975, 61).
- An einer Tankstelle wird ein 15jähriger schulpflichtiger Sonderschüler als Hilfstankwart beschäftigt. Er versäumt die Schule (JdG BW 1977, 78).
- Ein 14jähriges Kind wird regelmäßig bis zu 3 Stunden täglich einschließlich samstags u. a. mit dem Abfüllen von Heizöl beschäftigt. Die Schule verständigt das Gewerbeaufsichtsamt, da die schulischen Leistungen erheblich nachlassen (JdG BW 1977, 78).
- Ein 14jähriges Kind wird zum Betanken der Fahrzeuge und zum Einseifen der Wagen vor Einfahrt in die Waschstraße sowie zum Kassieren eingesetzt. In Abwesenheit des Tankstellenleiters versucht der Schüler einen Wagen, der schon von der Transportkette gezogen wird, zurückzuschieben, weil sich eine Waschbürste nicht in die Normalstellung einstellt. Dabei gerät er in die transportierende Gleiskette, so dass ihm der linke Fuß oberhalb des Knöchels amputiert werden muss (JdG Hess 1976, 34).
- Ein 12jähriger Junge arbeitet täglich 12 Stunden in den großen Ferien in einer Autowaschanlage. Seine Eltern kassieren die Hälfte des verdienten Geldes (Semmler 1974, 24).

Dok. 1978: Fotobranche

- „Gestern, den 24.08.78, und heute, den 25.08.78, hat die Firma Mondo Foto oder Optica Foto, Kuhredder 51-55, 2000 Hamburg 65, ca. zehn Kinder und Jugendliche eingestellt. Ihre Aufgabe ist es gewesen, Fotomaterial umzupacken. Diese Tätigkeit wurde in Akkord ausgeübt, da sie nach Stückzahl entlohnt wurde... Ich fragte Frau Wiggert, als sie aus dem Packraum herauskam, ob sie wüßte, daß Akkordarbeit ...verboten sei... Nach Feierabend fragte ich ein neunjähriges Kind, wie lange es heute schon gearbeitet habe. Es meinte, von 8.30 bis 17.00. Ein sechzehnjähriges Mädchen sagte bezüglich des Antreibens von Frau Wiggert wörtlich: ‚Bis dann müßt ihr fertig sein...'... Ich habe heute morgen, am 28.08.78, ein Mädchen gefragt, welches noch mal erschienen ist. Sie sagt, daß sie am 25.08.78 durchgearbeitet haben. Daß sie eine Pause verlangen konnten, hat sie erst später erfahren. Sie sagt außerdem, daß sie morgens 5 DM für jeden umgepackten Karton bekommen haben... (Name und Anschrift des Verfassers sind der Redaktion der Solidarität bekannt.)"

(Kinderarbeit – Ein wachsendes Problem. In: Solidarität. 30. Jg. 1979, H. 1. S. XI)

Zeitungs- und Zeitschriftenvertrieb

- Ein Zeitungsagent (Verlagsinspektor) hat Kinder zum Zeitschriften-Austragen angeworben (den Zustellungsvertrag mit den Müttern abgeschlossen, in der Absicht, die Kinder einzusetzen) (JdG NW 1975, 262).
- Eine Ortsagentur schließt mit der Mutter eines schulpflichtigen Jungen einen

Scheinvertrag und beschäftigt ihn verbotswidrig mit Austragen von Zeitschriften (JdG NW 1975, 262).

- Ein Buchhändler mit selbständigem Zeitschriftenvertrieb lässt fortgesetzt Kinder Zeitschriften austragen (JdG NW 1972, 155).
- Ein Kind verunglückt beim Zeitungsaustragen tödlich (JdG Bay 1973, 79).
- Ein 12jähriger Junge trägt jeden Morgen mit dem jüngeren Bruder ab 6 Uhr an 94 Abonnenten Zeitungen aus (JdG BW 1974, 64).
- Durch Hinweis des Kreisjugendamtes erfährt ein Gewerbeaufsichtsamt von der Beschäftigung mehrerer Kinder durch einen Zeitschriftenvertrieb. Die Firma hat dafür in einer Tageszeitung inseriert. Ein 13- und ein 14jähriges Kind melden sich und liefern fast 1/2 Jahr Zeitschriften an etwa 90 Kunden für einen sehr bescheidenen Verdienst aus, wobei sie das Zeitungsgeld kassieren und für etwaige Mankobeträge aufkommen müssen. Jeden Samstag sind sie von 13 bis 18 Uhr beschäftigt. Außerdem tragen sie dienstagnachmittags regelmäßig Zeitungen aus. Als sie nach einem halben Jahr ihre Tätigkeit aufgeben, weil ihnen die Beschäftigung zu anstrengend ist, schließt die Firma mit der Mutter eines 13jährigen Jungen einen Agenturvertrag ab, wobei von Anfang an klar ist, dass das Kind die Zeitungen auszutragen hat. Infolge der Beschäftigung gehen die Schulleistungen zurück, worauf der Vertrag von der Mutter gekündigt wird. Die Firma macht ihr zum Schluss noch Schwierigkeiten wegen der Kündigung (Geldstrafe von 250 DM). (JdG NW 1978, 235)

Obige Beispiele entstammen Aufsichtsberichten vor dem JArbSchG von 1976, als das Austragen von Zeitungen und Zeitschriften noch verboten war. Danach werden Verstöße in diesem Wirtschaftszweig nur registriert, wenn unter 13jährige Kinder mehr als zwei Stunden am Tag, sonn- und feiertags und außerhalb der Zeit von 8 bis 18 Uhr beschäftigt werden. Dennoch werden 1978 allein in NRW 25 Kinder bei Verstößen angetroffen. Die Arbeitszeit in diesen Fällen liegt überwiegend vor dem Schulunterricht (JdG NW 1978, 235). In der Bundesrepublik werden 1977 und 1978 bezogen auf das Austragen von Zeitungen und Zeitschriften noch 128 Verstöße (17,5% aller Fälle) registriert (Bundestags-Drucksache 8/2794, 1). Dazu meint die Bundesregierung: „Die Verstöße... erklären sich aus der Tatsache, daß das Zeitungsaustragen für Kinder traditionell eine besondere Quelle zur Aufbesserung des Taschengeldes ist" (Bundestags-Drucksache 8/2794, 3). Der Zeitungs- und Zeitschriftenhandel beschäftigt nach eigenen Angaben (von 1974) Kinder, und zwar seien „mehr als die Hälfte der etwa 140.000 nebenberuflich tätigen Zeitschriften-Zusteller": Kinder (Frankfurter Rundschau, 21.11.1974); das sind mehr als 70.000.

Andere Dienstleistungen

Im Bereich Dienstleistungen wird gegen das Kinderarbeitsverbot hauptsächlich in Gastwirtschaften, Cafés, Wäschereien und Reinigungsfirmen vor allem durch Erledigung von Botengängen, Kundenbedienung und Reinigungsarbeiten verstoßen.

Dok.: Austragen von Prospekten und Waren, Haushalt, Privatklinik

- Laut Berliner Gewerbeaufsichtsbericht von 1972 liegt der Schwerpunkt aufgedeckter Verbote von Kinderarbeit bei der Verteilung von Waren und Werbeschriften (JdG Bln 1972, 34).
- Eine Direktwerbefirma beschäftigt vier Wochen lang einen 14- und einen 15jährigen Schüler mit dem Austragen von Prospekten für einen wöchentlichen Lohn von 35 DM bei einer Arbeitszeit von 7 Stunden täglich und 35 Stunden wöchentlich. Durch Reparaturen am Bus, mit dem die Kinder transportiert werden, verlängert sich die Abwesenheitszeit entsprechend. Eine Nacht verbringen die Kinder sogar in dem Kleinbus, um am anderen Tag gleich weiterarbeiten zu können (JdG BW 1978, 68).
- Eine praktische Ärztin lässt drei Monate lang zweimal wöchentlich 5 bis 6 Stunden ein 14jähriges Mädchen im Haushalt arbeiten (JdG BW 1975, 61).
- In einer Privatklinik arbeitet ein 13jähriges Kind während der Ferien täglich 8 1/2 Stunden (JdG Bay 1972, 99).

Dok.: Gaststätten, Cafés, Kantinen

- Die saarländische Gewerbeaufsicht stellt 1978 sechs Fälle verbotener Kinderarbeit in Gaststätten fest (JdG S 1978, 75).
- Ein 15jähriges, schulpflichtiges Kind wird zeitweise in einer Gaststätte – sogar über 22.00 Uhr hinaus – beschäftigt (JdG BW 1977, 79).
- Ein schulpflichtiges Kind wird in einer Diskothek seit mindestens vier Sonntagnachmittagen (15 bis 18 Uhr) beschäftigt (JdG BW 1978, 68).
- In einem Gaststättenbetrieb wird über längere Zeit hinweg ein 14jähriger italienischer Junge als Aushilfe stundenweise in der Küche beschäftigt (JdG BW 1975, 62).
- Ein volksschulpflichtiges Kind wird samstags und sonntags in einem Altenpflegeheim mit angeschlossenem Erholungsheim im Cafe-Betrieb beschäftigt (JdG BW 1977, 79).
- Eine Münchener Großgaststätte setzt einen 14- und einen 15jährigen jugoslawischen Jungen, beide schulpflichtig, als Spüler ein, pro Woche je etwa 60 Stunden, häufig endet der Arbeitstag 12 Uhr nachts (JdG Bay 1974).
- Eine 12jährige Sonderschülerin spült während der Sommerferien in einer Kantine und macht Tische, Stühle und Aschenbecher sauber von 8 Uhr früh bis 3 Uhr nachmittags für täglich 10 DM (Semmler 1974, 24).
- Ein Schüler sortiert längere Zeit Flaschen (JdG SH 1978, 35).
- Ein 13jähriger italienischer Junge arbeitet an einer Teigknetmaschine einer

Pizzeria. Dabei bringt er eine Hand ins Rührwerk, die amputiert werden muss (Süddeutsche Zeitung, 29. 11. 79).

- Ein Gastwirt beschäftigt einen Schüler der 7. Hauptschulklasse im Lokal mehrere Wochen lang über 8 Stunden täglich, verschiedentlich sogar bis 2.00 Uhr nachts und stellt Lohn lediglich für den Fall eines guten Geschäftsganges in Aussicht (JdG Bay 1976, 52).

Dok.: Gebäude- u. Chem. Reinigung, Sperrmüll, Altkleidersammlung

- Eine Gebäudereinigungsfirma beschäftigt fünf 13- bzw. 14jährige Kinder 4 Wochen in den Ferien täglich 2 bis 8 Stunden mit Reinigungsarbeiten (JdG Bay 1973, 79).
- Eine andere Reinigungsfirma beschäftigt eine 15jährige schulpflichtige Schülerin 10 Monate 4 1/2 Stunden täglich (JdG BW 1976, 56).
- Eine Gebäudereinigungsfirma beschäftigt ein Kind täglich 3 Stunden lang mit Toiletten säubern (Süddeutsche Zeitung, 29. 11. 79).
- 9 Kinder werden durch eine Reinigungsfirma in einem Kaufhaus mit Reinigungsarbeiten beschäftigt (JdG BW 1978, 69).
- 3 Kinder arbeiten mit Lohnsteuerkarte in einem Bau- und Fensterreinigungsbetrieb (JdG BW 1973, 58).
- Mehrere Kinder werden längere Zeit mit Hilfsarbeiten in der chemischen Reinigung im Akkord beschäftigt. Sie sind schädlichen Dämpfen und Dünsten ausgesetzt (JdG Nds 1976, 85f.).
- Durch die Anzeige des Jugendamtes wird ein Gewerbetreibender, der nichtgewerblichen Sperrmüll abfährt, überprüft, weil er 9- bis 10jährige Kinder beschäftigt (JdG NW 1972, 156).
- Privatunternehmer beschäftigen in erheblichem Umfang Kinder bei regelmäßigen Altkleidersammlungen (im Auftrag von karitativen Verbänden). Die Kinder verteilen Hinweiszettel, Kleiderbeutel, sammeln Kleidungsstücke ein und laden sie auf (JdG Br 1971, 36).
- Auf dem Frankfurter Flughafen passiert jeden Abend eine Frau in Begleitung ihrer 12jährigen Tochter die Sicherheitskontrollen, um von 23 Uhr bis 4 Uhr früh die Maschinen zu säubern. Das zu bewältigende Arbeitspensum ist so gewaltig, dass sie ohne die Mithilfe ihrer Tochter nicht zurecht käme… Die Mutter, die von ihrem geschiedenen Mann nur unregelmäßig Gehalt bezieht, ist auf diesen Job angewiesen – der Arbeitgeber spart eine zweite Arbeitskraft. Nach getaner Arbeit kann die 12jährige Tochter gerade drei Stunden schlafen, ehe sie dann müde und unkonzentriert zur Schule geht (vgl. Körner 1984, 14)

Heimarbeit

Die meisten Heimarbeiter arbeiten in der Schmuck- und Spielzeugherstellung, Elektrobranche und Kunststoffverarbeitung, Eisen-, Stahl- und Metallwarenherstellung und in der Textilindustrie (Frankfurter Rundschau, 4. 8. 1978). Hier ist noch schwerer überprüfbar, inwieweit das Kinderarbeitsverbot verletzt wird. 90% der Heimarbeiter sind Frauen, Kinder, pflegebedürftige Familienangehörige oder Körperbehinderte. „Heimarbeiter zu sein bedeutet... in der Regel: geringer Lohn, kaum Kündigungsschutz, keine Weihnachtsgratifikation und keine Sozialversicherung, da die meisten Einkommen unter der Versicherungsgrenze liegen" (Arbeitnehmer 1971, 84).

Bei Sonderaufträgen liefern Unternehmer doppelt und dreifache Mengen an. Hier „bewähren" sich kinderreiche Familien. Die Termine können oft nur eingehalten werden, weil die ganze Familie mit anpackt, vom Kleinkind angefangen. Wo es Heimarbeit gibt, stößt man auf Kinderarbeit. Ein Blick in die Zeitung zeigt, dass es selbst in Großstädten mehr Heimarbeit gibt, als man vermutet. Die Zahl „heim"arbeitender Kinder zu schätzen, ist schwer. Es gibt 1975 ca. 300.000 erwachsene Heimarbeiter (270.000 Frauen und 30.000 Männer) in der Bundesrepublik, nicht mitgerechnet mitarbeitende Familienangehörige; so berichtete das ZDF im Dokumentarspiel „Mensch Mutter" am 11. April 1977. Laut Gewerbeaufsicht arbeiten in vielen Fällen Kinder, häufig mehrere Kinder mit. Es kann daher 1980 von mindestens 50.000 „heim"arbeitenden Kindern ausgegangen werden. Die Mitarbeit der Kinder in der Heimarbeit ist vielfach wegen der materiellen Not der Familie entscheidend.

Dok.: Rosenkränze knüpfen

- „Frau T... macht Heimarbeit seit zwanzig Jahren, sie ist 37... fünf Kinder helfen ihr jetzt. Seit 15 Jahren rollt sie Topfreiniger. Material Perlon... Der Achtjährige rollt den Perlonstrumpf zusammen, sie näht ihn mit neun Stichen zu. Der Siebenjährige schiebt ein Etikett hinein, die Elfjährige bindet je 25 Stück zu einem fertigen Strang, und die Neunjährige rückt mit einer Nadel die Etiketten zurecht, damit sie 'vorschriftsmäßig – wie die Soldaten –' ausgerichtet sind. Und die Jüngste, die Vierjährige, trägt die Sachen heran, räumt sie weg, rollt auf. Fünf Stunden etwa helfen die Kinder am Tag" (Wallraff 1969, 42; Dok. 1969).
- Ein kunststoffverarbeitender Betrieb vergibt an vollzeitschulpflichtige Hauptschülerinnen Heimarbeit (JdG BW 1978, 68).
- Kinderarbeit wird in mehreren Betrieben unterbunden, die durch Heimarbeiterlisten dem Gewerbeaufsichtsamt bekannt werden (JdG Nds 1964, 38).
- Durch die Anzeige einer Sonderschule erfährt das Gewerbeaufsichtsamt, dass eine Erziehungsberechtigte den 14jährigen Sohn bis in die späten Abendstunden und sogar morgens vor dem Schulunterricht mit Heimarbeit beschäftigt. Der Junge hat außerdem für seine in Wechselschicht arbeitende Mutter Hausarbeiten zu verrichten und seine zwei kleinen Geschwister zu beaufsichtigen. Durch häufige Schulversäumnisse, schlechte Leistungen und wiederholte

Erschöpfungszustände des Schülers wurde die Schulleitung auf diese Missstände aufmerksam (JdG Bay 1972, 1998).

- Da in der Heimarbeit der Stundenlohn teilweise unter der Zweimarkgrenze liegt, könnten viele Familien nicht existieren, „wenn nicht selbst der Kanarienvogel Zwirnfäden mitzöge“- wie man im Bayerischen Wald, dem klassischen Heimarbeitergebiet, zu sagen pflegt. Wo Mütter Papierblumen drehen oder Schmuckkästchen falten, kleben und beziehen, packen die Kinder fleißig zu. Beispiel: Die Mutter des neunjährigen Gerd R. fertigt Knöpfe. Gerd: „Mein Vater hilft auch mit. Der ist Soldat und geht zur Bundeswehrschule. Meine Schwester ist 13, und die hilft fast jeden Tag. Und wenn sie nicht will, dann muß sie halt ins Bett, genau wie ich, wenn ich nicht arbeiten will“ (Deutsche Zeitung, 22.3.1974).
- In der süddeutschen Stadt Altötting knüpfen Hunderte von Heimarbeiterinnen – zusammen mit ihren Kindern – Rosenkränze für 1,30 DM (durchschnittlichen) Stundenlohn. Andere Kinder stellen mit ihren Müttern dort Topfreiniger her, und zwar in der Stunde etwa 100 Stück für 1,05 DM Stundenlohn (Merseburger. In: „Panorama“-Fernsehsendung im März 1971; vgl. auch: Arbeitnehmer. Heimarbeiter: Fäden zieht der Vogel 1971, 1984).

Dok. 1975: Interviews mit in Heimarbeit arbeitenden Kindern und ihren Eltern 1975

„In der ehemaligen Dorfschule von Karlshuld in der Nähe von Ingolstadt fertigen 10- bis 14jährige aus Federn, Holz und Draht sogenannte **Neckwedel**, Pfennigartikel für Jahrmärkte. Diese eintönige und ermüdende Arbeit ist zurzeit noch erlaubt. Denn der Kleinunternehmer Erich Strauss beschäftigt die Mütter als Heimarbeiterinnen – und die lassen ihre Kinder mitarbeiten. Der Gewerbeaufsichtsbeamte aus München kann nichts dagegen tun – er ist nur gekommen, um den Lohn zu kontrollieren...
Entgeltkontrolleur: ‚Schön ganz normal arbeiten, nicht schneller und nicht langsamer, damit man eine durchschnittliche Leistungszeit bekommt.' Die Durchschnittsleistung wird bei der Mutter gemessen, nicht bei der Tochter. Für Jugendliche sind Arbeiten, bei denen durch eine Temposteigerung ein höheres Entgelt erzielt werden kann, verboten. Was aber machen diese Kinder anderes als Stückakkord?
Entgelt-Kontrolleur: ‚Also, nach der Zeitaufnahme liegt die durchschnittliche Stundenleistung bei 180 Stück. Und Sie wissen ja, daß der Stundenlohn 2 Mark 91 beträgt, der Mindeststundenlohn bei Spielwaren Gruppe drei. Das ist in der Minute 4,84 Pfennig. Ergibt dann für tausend Wedel 16 Mark und 15 Pfennig...'
73 Mark 50 für tausend Wedel zahlt der Großhandel an den Unternehmer. Kleinunternehmer: ‚Ich bin überzeugt, daß ich keinen Heimarbeiter hab', der unter 180 in der Stunde liegt, da selbst sogar Kinder im Alter von 11 bis 14 Jahren, das hier festgestellt werden kann und festgestellt worden ist, in der Stunde über 200 Stück kommen...' Meist geschieht die Ausbeutung kindlicher Arbeitskraft im

eigenen Elternhaus – nicht selten, weil die Familie jeden Pfennig braucht.

Ein Beispiel aus Friedrichskoog in Schleswig-Holstein:
Für Sophie Jäger, Mutter von neun Kindern, ist das **Krabbenpuhlen** eine Erwerbsquelle, auf die sie angewiesen ist, ebenso wie Karl-Heinz Söhl, Vater von acht Kindern. Der gelernte Maurer ist arbeitslos. Für diesen Krabbenhaufen braucht Familie Söhl etwa vier Stunden – dafür gibt es ganze neun Mark.
Krabbenpuhler: ‚Mein Mann ist Schäfer von Beruf und die Schäferei geht jetzt ganz schlecht, die Wolle kostet nichts. Die Schafe sind im Preis gesunken, also muß ich schon das als Heimarbeit annehmen.'
‚Also, Sie sind praktisch darauf angewiesen.'
‚Ja.'
‚Was bringt es denn nun so ein, im Monat?'
‚Also, monatlich gesehen weiß ich nicht, aber jährlich so tausend DM.'
‚Was kriegen denn nun die Kinder hier, für's Krabbenpuhlen?'
‚Ja, die kriegen jeden Tag 50 Pfennig, wenn Badewetter ist, daß sie Baden gehen können ein bißchen mehr.'...
‚Was macht Ihr denn mit dem Geld? Sonja?'
‚Wir kaufen uns... Kuchen, Bonsche, Eis.'
‚Kriegen denn die Kinder von Ihnen Taschengeld, oder so was?'
‚Nein, die kriegen kein Taschengeld, Anziehsachen kauf ich dafür.'
‚Wie alt bist Du jetzt?'
‚Zehn.'
„Und seit wann machst Du das?"
‚Sechs Jahre.'
‚Sechs Jahre. Und helfen nun regelmäßig?'
‚Nein, also nur, wenn sie Zeit haben... Also, wenn ich denn mal welche hab noch und sie sind zu Hause, denn springen sie schnell mit ein und schälen eben mit. In der Freizeit allerdings, dann müssen sie mit ran.'
‚Ist es eigentlich gut, wenn Kinder so mithelfen...'
‚Nein, eigentlich nicht... Das regt auf. Man muß ja immer auf die Finger gucken. Das ist ... eine Nervensache. Man soll die Kinder damit ja auch nicht zu lange. Wenn sie zwei Stunden mal puhlen, dann muß man auch sagen, 'nun haut man ab und geht weg, ne.'
‚Aber wenn zuviel geschält wird, ist es doch ein bißchen Nervenbelastung. Kribbelig wird man ein bißchen dabei, ja?'
‚Geht Euch das auch so, oder belastet Euch das gar nicht?'
‚Ne, wenn man nicht zuviel puhlt.'
‚...seid Ihr nun begeisterte Krabbenpuhler?'
‚Ne.'...
‚Nun soll 'ne Maschine kommen, angeblich, die das Krabbenpuhlen ersetzt. Was sagen Sie denn dazu, Frau Söhl?'
‚Ja, das wäre ganz schlecht. Nicht bloß für uns, sondern für mehrere. Es gibt hier

viel Leute, die auch angewiesen sind...'
‚Puhlen alle, die hier in Friedrichskoog wohnen, praktisch Krabben?'
‚Alle, ich tät sagen, doch zum größten Teil.'
‚Und überall helfen auch die Kinder mit?'
‚Ja, das ist hier … so Brauch und Sitte, daß die Kinder mit ran müssen.'
Vom Krabbenkutter über den Familientisch der Familie Söhl, die Fischereigenossenschaft, den Groß- und Einzelhandel bis hin zum Verbraucher erlebt die Nordseekrabbe eine ganz erstaunliche Wertsteigerung. Für ein Kilo Krabbenfleisch müssen drei Kilo Krabben entschält werden. Die Fischer bekommen 4,50 Mark, die Heimarbeiter drei Mark. Der Konsument zahlt im Laden für das Kilo Krabbenfleisch 28 Mark."

(Schröder-Jahn, J.: Kinderarbeit. Informationen über ein altes Übel. Manuskript einer Fernsehsendung des NDR vom 28.2.76, S. 4ff.)

Dok 1980: Ausbeutung hinter verschlossenen Türen

„Düsseldorf. Die staatlichen Kontrolleure müssen passen. Denn was sich hinter verschlossenen Wohnungstüren abspielt, können sie nicht wissen, erfahren es auch nur selten: Minderjährige Kinder werden ‚in Heimarbeit' beschäftigt – wie es das Gesetz verbietet! Von Bezahlung ist zumeist keine Rede. Die Familienkasse muß gefüllt werden.
Das gibt's nicht nur in Entwicklungsländern: Minderjährige Kinder werden massiv ausgebeutet. Während andere spielen, müssen sie daheim hart arbeiten: kleben, flechten, häkeln, sticken usw. Die Schularbeiten können oftmals nur ‚schnell, nebenbei' erledigt werden. Zeit ist Geld. Und die Familie braucht Geld. Das Einkommen reicht nicht aus. Oder der Vater ist arbeitslos. Die Gewerbeaufsicht ist machtlos. Aber einer profitiert: Der Unternehmer. Denn Heimarbeit ist billig...
Vor allem die Schwächsten dieser Gesellschaft, kinderreiche Familien, sind bei den Unternehmern besonders beliebt: Ihre Heimarbeitsproduktivität ist hoch, das Entgelt gering – sozialer Schutz weitgehend unbekannt. Und Mangel an Ausbildungsplätzen fördert die Bereitschaft, Kinder gesetzeswidrig ‚probeweise' arbeiten zu lassen."

(„Kinder in Heimarbeit." In: 'ran 1980, H. 2, S. 8)

Dok. 1984: Statt Kinderarbeitsverbot Ausbeuter verurteilen

»Ich fertige in Heimarbeit Topfreiniger und kann aber nur ausreichend verdienen, wenn ich ein ungeheures Pensum schaffe. Das geht eben nur, wenn alle Kinder mithelfen, und zwar ohne Pause den ganzen Nachmittag lang«, erzählt eine Mutter, die sich und die vier Kinder fast ausschließlich über Heimarbeit ernähren muß. Für sie ist unbegreiflich, weshalb die Gewerbeaufsichtsämter oder Pädagogen die Kinderarbeit als »moralisch verurteilenswert und gesundheitsschädlich« hinstellen und verbieten wollen. Sie sieht den Sachverhalt ganz anders. »Verurteilt werden müßten die Ausbeuter, die uns wenig Lohn für die monotone Arbeit geben, keine Sozialleistungen zahlen, und genau wissen, daß wir es nur durch die Mithilfe der Kinder schaffen, die sind verantwortlich, nicht ich als Mutter«, argumentiert sie verbittert (vgl. Körner 1984, 16).

Ausbeutung in Kinderheimen

Staat, Kirche und Gesellschaft sehen in den 50er Jahren die Kinderarbeit in Heimen als pädagogisch wertvoll an, um Kindern Fleiß, Ausdauer, Ordnung, Gewissenhaftigkeit und Geschicklichkeit einzutrichtern, als eine gute Erziehungsmaßnahme und als Schutz vor Sünde, so dass manche Heime in den 50ern sich kaum von Arbeitshäusern des 19. Jahrhunderts unterscheiden. In vielen Kindererziehungsheimen wird Kinderarbeit unter staatlicher Aufsicht betrieben, manche sind praktisch Filialbetriebe großer Industriebetriebe (vgl. Dok. 2007 und 2007a). Große Konzerne beuten massenhaft Kinder in Heimen aus.

- Eine Fernsehsendung zeigt ein Heim, in dem jedes Kind täglich 3.000 bis 4.000 Kugelschreiber zusammensetzen muss, und berichtet: „Kinderarbeit von noch Schulpflichtigen: Kugelschreibermontage cirka 6 Stunden am Tag. Zur Hochsaison, beispielsweise Weihnachten, bis zu 10 Stunden, auch am Sonntag! Durchschnittlicher Tageslohn: zwei Anerkennungsgutscheine im Wert von 5 Zigaretten und zwei Flaschen Cola. Kinderarbeit bis zur Erschöpfung...“ („Flucht vor den Heimen“, Februar 1971).

Dok. 2007: In Kinderheimen der 50er Jahre

„Der Petitionsausschuss hat im Dezember ehemalige Heimkinder der 50er und 60er Jahre angehört, die Entschädigung für Schläge, Misshandlungen oder Kinderarbeit fordern… Was die Betroffenen dort vorgetragen haben, treibt alle im Ausschuss bis heute um… Menschen, die mittlerweile 50 oder 60 Jahre alt sind, haben beschrieben, wie sie als Kinder in Heimen Traumata erlitten haben, die bis heute ihr Leben bestimmen. Wie schwer viele (daran)… tragen, zeigt sich an Beziehungsstörungen, an körperlichen Schäden und daran, dass manche bis heute selbst in der eigenen Familie über ihre Kindheit nicht sprechen können.“ (Der Tagesspiegel, 06.2.2007)

„**Ehemalige Heimkinder wollen Gerechtigkeit.** Prügel, Demütigungen, Einzelhaft: In den 50er und 60er Jahren wurde in manchen kirchlichen Kinder- und Jugendheimen in der Bundesrepublik eine erschütternde Erziehungspraxis angewandt. Viele … wurden damals als billige Arbeitskräfte ausgenutzt. Heute sind die Betroffenen im Rentenalter und fordern eine Entschädigung vom Staat. Noch heute leiden Betroffene wie Heidelore Rampp unter den Folgen ihrer Heimerziehung: ‚Geschlossene Türen lösen bei mir Panik aus. Ich kriege Angst, ein ungutes Gefühl im Bauch. Ich habe dann Schweiß auf der Stirn und den Drang, sie sofort aufzumachen.‘ Die glückliche Kindheit war für Heidelore vorbei, als ihre Mutter plötzlich starb. Der Vater fühlte sich mit dem Kind überfordert und gab sie mit zwölf in eine Erziehungsanstalt im Schwarzwald, geleitet von evangelischen Diakonissen.

Heidelore Rampp: Fünf Jahre Heim-Terror
Die führten ein Regiment der Angst: Erniedrigungen, Befehle, harte Strafen und Arbeit von früh bis spät. Zudem herrschte Rede- und Ausgangsverbot. Zur Bestrafung wurde Heidelore weggesperrt, in einen dunklen Raum. Als Einzelhaft beschreibt sie es heute. Fünf Schwestern waren für 60 Mädchen verantwortlich. Das Motto hieß Zucht und Ordnung, Liebe und Zuwendung für die Kinder gab es nicht. Heidelore Rampp fühlte sich damals sehr einsam, träumte von Zuhause und ihrer Mutter. Aber reden durfte sie mit niemandem.
Heidelore … wurde geschlagen und wollte mit dem Vater reden. Sie riss aus, zeigte ihm ihre blauen Flecken. Der Vater… schickte sie zurück. ‚Und dann sagte er, du wirst hingefallen sein oder du hast eine blühende Fantasie. Die tun dir doch nichts, das sind doch alles Schwestern. Komm, jetzt reiß' Dich zusammen, das hat auch wieder mal ein Ende', erinnert sich Heidelore Rampp. Mit 16 kam sie ins Heim Leonberg bei Stuttgart. Auch dort mussten die Mädchen neun Stunden täglich hart arbeiten, Herrenhemden und Bettwäsche für Firmen und Privatkunden nähen. Lohn erhielten die Mädchen nicht. Die heute 62-Jährige Heidelore… kämpft nun dafür, dass auch die Arbeit im Heim bei der Rente angerechnet wird… Geraubte Kindheit. Wolfgang Focke, der mit drei Jahren ins Heim kam, hat ein ähnliches Schicksal ... ‚Man hat mir … die Jugend gestohlen', sagt Wolfgang Focke, ‚ich erwarte als eine … Entschuldigung, dass man uns unsere Würde, die man uns genommen hat, zurückgibt.' Die Würde verlor der Junge früh. Von Betreuern und Zöglingen wurde er über Jahre sexuell missbraucht, wird geprügelt, eingesperrt, erniedrigt, lernte nie lesen und schreiben. Im Steinbruch und in der Landwirtschaft musste er bis zu 16 Stunden täglich schuften, ohne Lohn. Jetzt bekommt er 290 Euro Rente."

(„Entschädigung für gestohlene Jugend" In: ZDF ML Mona Lisa, 23.09.2007)

Dok. 2007a: Arbeitszwang in den Heimen

„Die Arbeit in den Heimen. Zeitreise zurück in die fünfziger, sechziger Jahre. Heimkinder. Mehr als eine halbe Million gibt es damals von ihnen, untergebracht in so genannten Fürsorgeheimen. Die systematische Ausbeutung von Heimzöglingen als billige Arbeitskräfte.
‚Die Augen sind in Ordnung. Die Zähne sind in Ordnung. Wie beim Pferd, beim Pferd da gucken die auch die Zähne an.' Gerald Hartford, voll arbeitsfähig. Als 16-Jähriger musste er im Heim Metallfedern in Matratzen einschrauben, Autoscheinwerfer zusammenbauen. O-Ton, Gerald Hartford, Ehemaliges Heimkind: ‚Wir wurden dazu gezwungen. Wenn man da nicht in der Lampenhalle oder Matratzenbude war, dann wären wir im Bunker gewesen, dass man zu sich selber findet.' … Arbeitszwang zur Erziehung. Hunderttausende Jugendliche waren, wie Gerald Hartford, in den fünfziger und sechziger Jahren in Westdeutschland im Heim. Und die Arbeitskraft der Zöglinge war gefragt. Es können bei weitem nicht alle Angebote an Stellen mit Zöglingen besetzt werden, heißt es in alten Heimakten. Hier schreibt ein Heim, dass der Arbeitseinsatz von 45 Jugendlichen

in der Industrie jeden Monat 5.000 Mark bringe. Das Geld kommt direkt aufs Heimkonto... Lohn wird ... nicht gezahlt... Etliche Konzerne zählen ehemalige Heimkinder im Internet auf, für die sie arbeiten mussten: große Namen aus dem Wirtschaftswunderdeutschland."

(»Drangsaliert und ausgebeutet. Heimkinder klagen an« In: „REPORT MAINZ", 17.09.2007)

Dok. 2007b: Arbeit im Namen des Herrn
Berichte aus Kinderheimen der 50er und 60er Jahre

„Die Sünde bekämpften die unbarmherzigen Schwestern in Dortmund ... mit akkordähnlicher Arbeit. Gisela musste mit Dutzenden von anderen ... Mädchen ab 14 Jahren unentwegt nähen und stopfen, waschen, mangeln und bügeln. Bei der Arbeit herrschte Sprechverbot, nur Marienlieder waren erlaubt. ‚Mein Platz war an der großen Heißmangel. Das stundenlange Stehen in großer Hitze – selbst im Sommer ohne zusätzliche Getränke –, das ständige Falten riesiger Bettwäsche ließ sämtliche Glieder schmerzen. Die Kolonne trottete abends schweigend durch die Gänge zurück wie geprügelte Hunde.' Aufstehen mussten die Mädchen morgens um sechs. Strammstehen zum Morgengebet. Dann waschen, ein hastiges Frühstück, Einteilung zur Arbeit. Mittags gab es nach fünf Stunden die erste Pause... Bis zu zehn Stunden schuftete die 15-jährige unbezahlt im immer gleichen Takt. Am Samstag mussten sie bis mittags arbeiten. Sonntags wurden Taschentücher zum Verkauf in der Nähstube umhäkelt. Die hauseigene Großwäscherei war für die Vincentinerinnen ein lukratives Geschäft. Die Arbeit bringe, so schrieb 1962 der Dortmunder ‚Kirchliche Anzeiger' ganz offen, ‚um den Steuerzahler etwas zu beruhigen', einen ‚nicht unerheblichen Teil der Kosten ein. Hotels, Firmen, Krankenhäuser und viele Privathaushalte zahlten gut – und fragten nicht, wer da fürs Reinwaschen missbraucht wurde. ‚Die Kunden bekamen uns nie zu sehen, es gab extra einen Abholraum, zu dem war uns der Zutritt streng verboten.' ... ‚Wir waren jugendliche Zwangsarbeiter', sagt Gisela Nurthen verbittert." (S. 24f.)

„‚Herz-Jesu-Missionare' (betrieben)... in Börgermoor bei Papenburg im Emsland das abgelegene katholische Erziehungsheim ‚Johannesburg'... (Dort) mussten Jugendliche im Moor Torf stechen. Ehemalige Zöglinge berichten, es habe Ohrfeigen gegeben, wenn sie es wagten, aus Protest ‚Wir sind die Moorsoldaten...' zu summen." (S. 60)

„Im Kalmenhof in Idstein beaufsichtigten ... ehemalige Nazis mit SS-Tätowierungen die Feldarbeit der Jungen, kein Einzelfall." (S. 66)

Die „Diakonie Freistatt bei Diepholz... mit seiner Presstorfproduktion, mit seinen Schlossereien und Schmieden war als reiner Wirtschaftsbetrieb konzipiert... Die 14- bis 21-jährigen (mussten) im Sommer wie im Winter im Moor Torf stechen und pressen... bis 1970... (Es) versuchten viele Zöglinge zu fliehen. Diese mussten nach ihrer Ergreifung den Torf in schweren ‚Kettenhosen' stechen, die nur Trippelschritte erlaubten." (S. 72)

„In der Hausordnung des Heims ‚Zum Guten Hirten' in Münster war das Schweigegebot bei der Arbeit jahrzehntelang festgeschrieben." (S. 75)
„In den meisten Heimen gab es Produktionswerkstätten für Billigartikel...: Es wurden Kugelschreiber, Lackstifte, Verpackungen und Ähnliches produziert. In Don-Bosco-Heimen stellten Minderjährige in zehnstündigen Schichten 4.000 Kugelschreiber pro Tag her." (S. 76)
„Am Nachmittag mussten die acht- bis 14-jährigen Schüler meist in der Landwirtschaft arbeiten... Schädlinge absammeln, Unkraut jäten, Rüben verziehen, Kartoffeln ernten, mit dem Rechen Heu machen. Mehr als 40 Kinder schufteten dann in Reih und Glied... ‚Bei der Ernte stand ich als 14-jährige von sechs Uhr in der Früh bis nachts um elf auf der Dreschmaschine', empört sich ... Resi Tewald... Von den Äckern mussten die Kinder Steine ... sammeln." (S. 123f.)
Im Guxhagener „Mädchenheim Fuldatal ... muss sie (die 15jährige Monika Rohde) zunächst graue Strümpfe stricken für die Bundeswehr, von acht bis zwölf und von 13 bis 17 Uhr. ... In der Wäscherei und Näherei arbeiteten die Mädchen nicht nur für das eigene Heim, sondern auch noch für ein Krankenhaus, und in der Industrieabteilung fertigten sie Kartonagen für Kasseler und Melsunger Firmen. Die Gärtnerei beliefere... eine Klinik und ein Jugendheim." (S. 182ff.)
„'K 71! Lappen, Eimer, Schrubber! Mitkommen!' Die Kinder Im ‚Bubenhaus' (des Kalmenhofs in Idstein) waren es gewöhnt, mit Nummern gerufen zu werden statt mit Namen. Der kleine Volker wusste mit seinen elf Jahren längst (Bescheid) ... Also holte er gehorsam Wischeimer, Schrubber und Lappen... und folgte dem Erzieher... Es war immer Blut, was er aufwischen musste. Viel Blut im ‚Bubenhaus', im ‚Mädchenhaus', in den Duschräumen, auf den Treppen, im Keller... Nur wenn er im Keller sauber machen sollte, fühlte sich Volker unwohl... Er und die anderen Kinder in den oberen Stockwerken konnten die Opfer ja auch vorher schreien hören. Dort unten im Keller wurde man mit dem Kopf gegen die Wand geschlagen... In den fünfziger Jahren bot der Kalmenhof Platz für mehr als 1.100 Kinder. 1969 waren es ... knapp 600 Zöglinge. Das Heim sollte sich rechnen... Zum Kalmenhof gehörte ... Hof Gassenbach, mit über 700 Hektar... zu einem erheblichen Teil von Zöglingen bewirtschaftet, selbst die jüngsten Kinder mussten mithelfen. Während der Kartoffelernte arbeiteten Zwölfjährige im Akkord auf den Feldern – ohne Entgelt. Wer nicht schnell genug war, wurde mit dem Stock geprügelt. Auf dem Langgut gab es eine Milchküche, in der ‚Melkbuben' schon um vier Uhr früh mit der Arbeit beginnen mussten. Es gab Kuh- und Schweineställe, Gärtnereien, Zuchtställe und einen Kartoffelauslesebetrieb... Die Kalmenhofzöglinge dienten obendrein als billige Arbeitskräfte bei Idsteiner Bürgern. Sie kehrten die Straßen, gruben Gärten um und trugen Kohlensäcke aus... Hart arbeiten mussten die Kinder auch im Wald für die Försterei, Direktor Göschel ließ sie sogar einen Fischteich ausheben, dessen eifrigster Nutzer er selber war." (S. 149ff.) „Heinz und Elfriede Schreyer mussten sich manches Mal Sprüche anhören wie: 'Dich haben sie wohl vergessen zu vergasen!' ... Zwei der

besonders brutalen Erzieher (hatten) alte Nazitätowierungen, einer brüstete sich ständig offen mit seiner Zeit bei der SS. Heinz Peter Junge erlebte öfter, wie sie besonders grausam … behinderte Kinder als ‚Krüppel' verspotteten und züchtigten, wenn sie auf dem Kartoffelacker bei der Ernte nicht mithalten konnten." (S. 171)

(Wensierski, Peter: Schläge im Namen des Herrn. München 2007)

Dok. 1968: Kinderarbeit in der Fürsorgeerziehung

Dietmar Krone wurde 14jährig 1968 in eine geschlossene Erziehungsanstalt eingewiesen. Er berichtet:

„Wir mussten schwerste Kinderarbeit für einen Stundenlohn von 4 Pfennig leisten, an der sich der Heimträger bereichert hat. Unser Heim hat zum Beispiel Rasierapparate für ‚Braun' montiert und für ‚Miele' und ‚Rowenta' gearbeitet. Rentenbeiträge wurden nicht eingezahlt, so dass mir heute fünf Jahre fehlen. Das Schlimmste war aber die ständige Angst vor Prügeln und Vergewaltigungen. Heute ist belegt, dass in dieser Zeit nur vier Prozent der Erzieher eine pädagogische Ausbildung hatten. Ich erinnere mich an unsere Nachtwache, einen ehemaligen Seemann. Der suchte sich abends einen Jungen aus, gab ihm einen Pudding mit Valium und nahm ihn dann mit in sein Büro ... Als ich einmal zwei Teller fallen ließ, wurde ich von einem betrunkenen Erzieher zusammengetreten. Dabei brach mein Schultergelenk und ich hatte Muskel- und Sehnenabrisse. Statt ärztlicher Behandlung bekam ich drei Tage Dunkelzelle. An den Folgen leide ich bis heute. …

Es gab keinen Kontakt nach außen. Post wurde kontrolliert und wer floh und aufgegriffen wurde, wurde windelweich geprügelt und für zehn Tage in die Dunkelzelle gesperrt. Wenn Besuchergruppen zu uns ins Heim kamen, spielte man heile Welt. Dann wurden wir aus der Werkstatt geholt, tauschten unsere Arbeitskleidung gegen eigene Sachen, die Tische wurden eingedeckt und der Fernseher eingeschaltet. Sobald die Besucher weg waren, mussten wir die Zeit in der Werkstatt nacharbeiten. Kinder, die wegen ihrer Traumatisierung nicht mehr ansprechbar waren, kamen in die geschlossene Psychiatrie. Wer von dort ins Heim zurückkam, war vogelfrei, weil er ja ‚aus der Klapse' kam. Manche haben den Druck nicht ausgehalten und sich umgebracht. Nach der Entlassung wollte natürlich jeder die schrecklichen Erlebnisse so schnell wie möglich vergessen und was Neues anfangen. … Wir wollen ein Wort der Entschuldigung hören. Das ist für die Verarbeitung wichtig, denn wir haben immer nur zu hören gekriegt: ‚Ein Heimzögling lügt. Ihr seid nichts wert.' Unsere Forderungen sind, dass wir als Opfer von Menschenrechtsverletzungen anerkannt werden und dass diese menschenverachtende Erziehungspraxis geächtet wird, damit so etwas Schreckliches nie wieder passieren kann."

(PARITÄTISCHER Rundbrief Berlin, Nr. 4, April 2007)

Landwirtschaft

In den 70er Jahren nimmt die Kinderarbeit in der Landwirtschaft stark ab, da in großen Betrieben Kartoffeln und Rüben inzwischen maschinell geerntet werden. In den weniger werdenden Kleinbetrieben arbeiten noch vor allem 12- bis 14jährige Kinder mit, jüngere seltener. Eine Abnahme der Kinderarbeit ist jedoch nicht bei allen landwirtschaftlichen Arbeiten zu beobachten. Unkraut hacken bei Rüben und Kartoffeln z. B. wird auch in Großbetrieben noch von Kindern gemacht. Nicht selten werden noch ganze Schulklassen zum Kartoffeln sammeln, Unkraut jäten usw. eingesetzt.

Dok.: Landwirtschaftliche Arbeiten

- Zur Gewinnung von Torf stellt ein Unternehmer Kinder nahezu klassenweise zum Akkordlohn ein. Für die gleiche Leistung erhalten die Kinder den halben Lohn der Erwachsenen (JdG Nds 1972, 67f.).
- Ausschließlich von Kindern lässt ein Landhandelsbetrieb das Reinigen, Aussortieren und Abfüllen in Säcke mithilfe von Maschinen durchführen (JdG Nds 1972, 68).
- 8 Kinder arbeiten im Landhandelsbetrieb am Verleseband und an der Absackvorrichtung für Kartoffeln (JdG Nds 1974, 77).
- Zum Abernten von Grünkohl setzt ein Landwirt viele Kinder – darunter 11jährige Schüler – ein (JdG Nds 1974, 77).
- Während der Sommerferien beschäftigt ein Landwirt 6 Kinder unter 13 Jahren achteinhalb Stunden täglich mit Erntearbeiten: Edelschafgarben bündeln. Gleichzeitig werden 15 über 13 Jahre alte Kinder an einer kraftbetriebenen Entblätterungsmaschine beschäftigt (JdG BW 1977, 79).
- Drei schulpflichtige Kinder ernten Salatfrüchte ab. In den letzten Jahren hat der Landwirt acht Kinder regelmäßig mehrere Werktage in der Woche und sonntags zu ähnlichen Arbeiten herangezogen (JdG Bay 1976, 52).
- Ein Landwirt setzt ein Kind zum Erdbeerpflücken ein (JdG SH 1977, 27).
- Ein Landwirt beschäftigt zwei 11jährige Kinder seit mehreren Monaten und ein 12jähriges Kind seit einem bis eineinhalb Jahren (JdG SH 1975, 27).
- Pflegekinder werden immer noch als Hütekinder eingesetzt (Frankfurter Rundschau, 9.11.1979).
- Einem 13jährigen Schüler werden beim Jauchefahren von der rotierenden Gelenkwelle beide Arme aus den Gelenken gerissen (JdG Nds 1976, 86).

Da seit dem JArbSchG von 1976 Kinderarbeit für über 13jährige regelmäßig erlaubt ist, verringert sich die Anzahl gemeldeter Kinderarbeitsfälle. Die Gewerbeaufsicht registriert 1977 und 1978 insgesamt 78 Verstöße (Bundestags-Drucksache 8/2794, 1).

Vermutlich arbeiten in der Landwirtschaft insgesamt mindestens 100.000 Kinder. Jürgen Schröder-Jahn kommt in einer Sendung des Norddeutschen Rundfunks am 28.02.1976 über „Kinderarbeit" zu dem Schluss, dass „Hunderttausende von Bauernkindern arbeiten... und das nicht nur zur Erntezeit". Was das für die Kinder bedeutet und wie der Schulbesuch darunter leidet, zeigen folgende Interviews:

Dok. 1972: Interviews in Dörfern Niedersachsens 1972 mit in der Landwirtschaft arbeitenden Kindern, Eltern und Lehrern

„**Erster Interview-Besuch** – bei einer … geschiedenen Frau und ihren beiden Söhnen, in einem ehemaligen Gesindehaus... Die beiden Jungen, Herbert und Wolfgang, sind munter und emsig bemüht, mir behilflich zu sein. Falls sie nicht 10 und 12 Jahre alt sind, wie die Mutter angibt, sondern 13 und 14, wie der Schulleiter mir sagte, wären sie etwas schmächtig. Sie helfen dem Bauern, der ihrer Mutter sein ehemaliges Gesindehaus vermietet hat, täglich 2 1/2 Stunden. Der Bauer hat 65 Kühe, die im Sommer auf verschiedene Weiden verteilt sind. Dort treiben die Jungen sie zur Melkanlage, schirren sie an, schmieren nach dem Melken die Euter mit Fett ein, putzen die Kühe, die es nötig haben, und schirren alle wieder ab. Im Winter helfen sie im Stall bei der Fütterung der Kühe. Sie schnitzeln Steckrüben, mischen Heu, Silogras und Rübenblätter, legen das Futtergemisch in die Tröge, beseitigen den Mist und putzen jeden Abend 10 bis 20 Kühe. Außerdem harken sie zum Wochenende den Hof, mähen gelegentlich den Rasen im Garten des Bauern, putzen Fenster und helfen beim Geräte-Reinigen. Jeder... bekommt dafür in der Woche 10,- Mark, das sind 60 Pfennig für die Stunde. In Niedersachsen bekommen Hilfsarbeiter in der Landwirtschaft sonst einen Stundenlohn von 3,- Mark. Doch die Arbeit dieser beiden Jungen wird hauptsächlich als Gegenleistung für eine billige Wohnung bewertet...
Die Frage, was sie mit dem verdienten Geld machen, beantworteten die beiden Jungen mit einem kleinen Warenkatalog, der vor allem Sportkleidungsstücke und Ersatzteile für Fahrräder enthält...
Zweiter Interview-Besuch. In einem Dorf... bin ich zu Gast bei einer Bauernfamilie mit fünf Kindern. Das Anwesen hat 35 Hektar, hauptsächlich Vieh- und Weidewirtschaft... Kurt und Hans-Jürgen, 12 und 10 Jahre alt, helfen ebenfalls beim Kühemelken und -füttern, im Sommer auf der Weide, im Winter im Stall. Sie tun es für ihre Eltern, und die erklären mir, weshalb sie die Kinder für diese Hilfsarbeiten in Anspruch nehmen. Sie können dafür keine erwachsenen Interessenten finden. Und seit die beiden Jungen täglich beim Melken und Füttern helfen, können die Eltern die Zeit aufbringen, um mit den Kindern öfter mal etwas zu unternehmen… – Ausflüge, Schwimmengehen, Besuch im Zoo...
Die beiden wechseln sich bei der Arbeit ab – wer gerade nicht bei den Kühen mithilft, tut stattdessen was im Haushalt: holt Holz, hält den Hof sauber, holt Futter für das Vieh. So arbeitet jeder von ihnen täglich etwa 1 1/2 Stunden in der Wirtschaft der Eltern. Die geben dafür in der Woche 5,- Mark...
Einer der Lehrer … berichtet von der Hackfruchternte: Das hat erheblich

nachgelassen, daß Kinder dabei mithelfen – einfach deshalb, weil in den großen Betrieben Kartoffeln und Rüben jetzt überall maschinell geerntet werden. Nur in den kleineren Wirtschaften ... helfen ... Kinder ... noch mit, allerdings die 12- bis 14jährigen – die kleineren selten, nur da, wo die Eltern nun gar keine anderen Kräfte finden. Etwas anderes ist es mit dem Unkraut hacken bei den Rüben und Kartoffeln – in feuchten Sommern muß das ja mehrmals gemacht werden... Da sind dann, auch bei größeren Betrieben, noch oft Kinder dabei. Wo ein Erwachsener eine Reihe schafft, wird ein Kind mit 'ner halben fertig. Wenn sie das ein paar Tage hintereinander gemacht haben, dann ist morgens in der Schule nicht viel mit ihnen anzufangen..." (Richter, B.: Kinderarbeit in der Bundesrepublik. Manuskript einer NDR-Sendung vom 21.6.1973, S. 5ff.)

Eigengewerbe, Werbung, Schausteller, Sport

Die Gewerbeaufsichtsämter genehmigen 1977 und 1978 allein für Veranstaltungen (gemäß § 6 JArbSchG) für Film, Funk, Fernsehen, Theater, Musikaufführungen, Modeveranstaltungen etc. 2.280 Anträge, die 23.000 Kindern die Arbeitsaufnahme erlauben. 364 (1,6%) der Kinder erhalten eine Ablehnung (Tab. 15).

Tab. 15: Genehmigte Kinderarbeit bei Veranstaltungen 1977 u. 1978

Art der Veranstaltung	**Genehmigungen**	**Betroffene Kinder**
Film, Funk, Fernsehen	935	6.392
Theater, Oper, Ballett	945	6.881
Musikaufführungen, Chöre	253	7.095
Werbeveranstaltungen, -fotos	121	1.900
Karnevalsveranstaltungen	26	395
Insgesamt	**2.280**	**22.663**

(Bundestags-Drucksache)

Dabei findet das JArbSchG erst Anwendung, „wenn Kinder und Jugendliche zur Mitwirkung an öffentlichen Veranstaltungen ähnlich wie Arbeitnehmer verpflichtet werden und mit ihrer Mitwirkung Gewinn erzielt wird" (Bundestags-Drucksache 8/2794, 3). Nicht jede Vermarktung von Kindern z. B. im Rahmen eines Kinderchors gilt also als zu genehmigende Kinderarbeit: Entscheidend ist, wie häufig ein Chor öffentlich auftritt, ob der jeweilige Anlass – wie bei einer Kaufhauseröffnung oder bei Betriebsfeiern – über eine reine Leistungsschau hinausgeht und ob die Auftritte in bestimmte Veranstaltungsprogramme fest eingebaut sind, so dass die Chormitglieder einer arbeitnehmerähnlichen Bindung unterliegen (vgl. Abgeordnetenhaus von Berlin, Drucksache 7/1388, 32f.).

Aus Ehrgeiz der Eltern wird häufig die Belastungsgrenze überschritten und leider hat die für Arbeitserlaubnisse zuständige Gewerbeaufsicht große Ermessensspielräume. Häufig ist das Training für Aufführungen und Wettkämpfe überspitzt. Täglich zwei bis drei Stunden neben der Schulzeit zu üben, führt zum vollen 8-Stunden-Tag, der die Belastungsgrenze der Kinder überschreiten kann.

Im „Darbietungsgewerbe" ist eine neue, kaum zu ahndende, Spezies von Kinderarbeit entstanden:

Dok.: „Selbstständige Kinderarbeit"

- „Obschon sie oft Stunden singend schuften, ist ihnen nur selten beizukommen, weil sie nicht beschäftigt werden, sondern ihre Manager selbst beschäftigen" (Kinderarbeit 1972, 67); denn – das JArbSchG gilt nur für schulpflichtige Arbeitnehmer, nicht für „Arbeitgeber" im Kindesalter.
- So wird ein Fotograf, der zwei 12jährige Kinder für eine Illustrierte als Modelle aufgenommen hat, freigesprochen, weil es sich um „Freiberufler" handele, die nicht unter § 1 JArbSchG fallen, obwohl eines der Kinder des öfteren von verschiedenen Fotografen aufgenommen wird (JdG Bay 1974, 66).
- „Bei der Tätigkeit von Kindern... als Solisten bei Musikaufführungen usw. handelt es sich, wenn sie selbst als Veranstalter auftreten, um eigenwirtschaftliche Tätigkeit... Wenn Kinder im Walde Beeren sammeln und sie einem Händler abliefern, so ist das eine selbständige... Tätigkeit, die nicht unter das Gesetz fällt..., auch dann nicht, wenn der Händler die Kinder zum Beerensammeln aufgefordert und die Abnahme zugesagt hat... (Lediglich) wiederholtes Auftreten oder tägliches Auftreten während längerer Zeit bei demselben Veranstalter ... kann sich zu einer solchen persönlichen Abhängigkeit in Bezug auf die Arbeit entwickeln, daß von einer ähnlichen Dienstleistung gesprochen werden muß" (Schulte Langforth 1965, 161).

Kinderarbeit liegt auch vor, wenn ein Kind im Fernsehen beispielsweise für Zahnpasta oder Schokolade wirbt. Hier ist zwar keine unmittelbare Gesundheitsgefährdung zu befürchten, wohl aber eine Verhaltensstörung durch den frühzeitigen – oft auch durch ehrgeizige Eltern angestrebten – „Fernsehruhm" (Landesausschuß für Jugendarbeitsschutz 1980). Nach Aussagen eines Spot-Herstellers für das Werbefernsehen werden die Kinder „sehr oft sogar von den Arbeitsämtern vermittelt" (Fernsehen 1973, 199). Viele „Werbekinder" sind bei einer Künstleragentur gemeldet, manche bei mehreren, die sie profitbringend vermitteln. Jeder Auftrag wird angenommen, egal worum es geht. Zum Nutzen der mächtigen Werbewirtschaft, die mit Druck gegen Politiker (Löwe 1976; vgl. Dok. 1976a) erzwang, dass das frühere Kinderarbeitsverbot in der Werbung im JArbSchG von 1976 für über 13jährige aufgehoben ist.

Dok.: Schausteller

- In Berlin (West) wird 1972 verbotene Kinderarbeit schwerpunktmäßig im Vergnügungs- und Schaustellergewerbe (Oktoberfest, Weihnachtsmarkt) festgestellt (JdG Bln 1972, 34).
- Ein Schausteller beschäftigt ein 12jähriges Kind drei Wochen beim Auf- und Abbauen eines Fahrgeschäftes und Kassieren (JdG SH 1978, 35).
- In Bayern werden Verstöße gegen das Kinderarbeitsverbot auf Volksfesten u. ä. relativ häufig registriert (JdG Bay 1975, 58).
- Bei einem Fahrbetrieb springen 3 Kinder während der Fahrt auf und ab, um Fahrkarten einzusammeln (JdG Bay 1972, 99).
- Fünf Schaustellerbetriebe beschäftigen sieben Kinder mit Losverkauf und als Kassierer. Ein 11jähriger Junge gibt Luftgewehre aus und lädt sie (Bayerisches Staatsministerium, Bericht 1973, 6).
- Bei einer Kirchweih in einer Großstadt sind schulpflichtige Kinder mit dem Einsammeln der Fahrausweise, Verkauf von Losen und Bedienen in Imbissstuben beschäftigt (Bayerisches Staatsministerium, Bericht 1974, 5).
- Mehrere Kinder verkaufen bis 23.30 Uhr Lose (JdG Bay 1974, 66).
- Insbesondere während der Ferienzeit reinigen Kinder Fahrgeschäfte, sammeln Fahrchips ein, verkaufen Waren und Lose oder verrichten sonstige Hilfsarbeiten. In einigen Fällen arbeiten Kinder beim Auf- und Abbau von Fahrgeschäften (JdG Bay 1977, 53).
- Mehrere Kinder verkaufen täglich 4 bis 8 Stunden Lose (JdG Bay 1978, 57).
- Ein Unternehmer beschäftigt 40 Schüler mit dem Verkauf von Lotterielosen (JdG NW 1973, 73).
- Ein Schausteller beschäftigt an drei Tagen von 14 bis 18 Uhr ein Kind im Fahrgeschäft (JdG Br 1976, 46).

Das Aufsammeln von Tennisbällen, Kegelaufstellen, überhaupt Handreichungen bei sportlichen Veranstaltungen, aber auch der verbotene Verkauf von Karten, Getränken oder Süßigkeiten bei Sportveranstaltungen sind häufig. Die Zahl 20.000 arbeitender Kindern für den Bereich Sport und Kultur dürfte für 1980 eher niedrig geschätzt sein.

Dok.: Sportveranstaltungen

- Auf einem Ponyhof sind verbotenerweise fünf schulpflichtige Kinder seit über zwei Jahren beschäftigt mit: Füttern und Pflege (z. B. Striegeln) Ausmisten der Stallungen, Ausführen der Pferde – auch mit Reitgästen – und Kassieren von Entgelten. Der Inhaber geht einer anderweitigen Beschäftigung nach. So ersetzen die Kinder eine erwachsene Arbeitskraft und ermöglichen es ihm, den Ponyhof-Betrieb aufrechtzuerhalten. Meist sind sie ohne Aufsicht und dabei – beim Ausführen der Tiere auf Straßen – erheblichen Gefahren ausgesetzt. Im Verlauf der Tätigkeit lassen bei einem Teil der Kinder die schulischen Leistungen deutlich nach. Wegen der Mitwirkung im Ponyhof schwänzen sie gelegentlich den Unterricht (Abgeordnetenhaus von Berlin. Drucksache 7/1122, 37).

- Bei der Olympiade 1972 genehmigt das Bayerische Arbeitsministerium Kinderarbeit für 400 zwölfjährige Kinder. Die Gewerbeaufsicht protestiert, aber das Ministerium deklariert die Boten- und Handlangerdienste sechs bis sieben Stunden pro Arbeitstag als „gelegentliche geringfügige Hilfeleistungen". Der Vertreter des olympischen Organisationskomitees begründet die Sondergenehmigung einleuchtend: Es würden „Sechzehn- bis Achtzehnjährige nicht für zwei Dollar pro Tag arbeiten" (Kinderarbeit 1972, 62).

Kinderprostitution

Prostitution bereits von Kindern ist in den 70er Jahren häufiger geworden. Eine Zahl von 5.000 (für 1980) ist sicher niedrig geschätzt. Nach dem „Streuner-Report", in dem das Landeskriminalamt in Düsseldorf alle NRW-Ausreißerinnen statistisch erfasst hat, geht jede vierte Ausreißerin auf den Strich. Insgesamt laufen in der Bundesrepublik jährlich 20.000 Mädchen von zu Hause weg (vgl. Endstation: Straßenstrich 1975, 28). Nur selten wird die Kinderprostitution öffentlich.

Dok.: Mädchen auf dem Strich

- In Berlin (West) gehen 300 13- bis 16jährige Mädchen auf den Strich (vgl. Kinderprostitution 1979, 22).
- In Frankfurt gehen z. B. junge Mädchen durch Baracken von Mann zu Mann für 20 Mark, und der Zuhälter wartet mit der Pistole draußen. Auch die Zahl ausländischer Strich-Mädchen steigt. Gesundheitsämter stellen in vielen Fällen „Gewerbescheine" zur besseren Kontrolle der Hygiene aus. In der Hautklinik zur Behandlung von Geschlechtskrankheiten „liegen jetzt ... gelegentlich auch schon 13- bis 14jährige Mädchen, die als 'Amateure' aufgegriffen worden sind" (Der Tagesspiegel, 19. 3. 78).
- Ein Strafverfahren zeigt, dass mehrere 13jährige Mädchen gegen Geld über einen längeren Zeitraum mit einem 40jährigen Mann Geschlechtsverkehr führen. Die Mädchen erklären, warum: „Daß wir dafür Geld bekamen und uns etwas kaufen konnten." „Wir haben nur an das Geld gedacht." „Es war schon schönes Geld und so" (Der Tagesspiegel, 27. 6. 79).
- Eine Ausreißerin in Solingen sucht Unterkunft bei einem 19jährigen. Der Mann, seit längerer Zeit arbeitslos, wittert „eine bequeme Erwerbsquelle: 'Du mußt anschaffen gehen', befahl er der... noch 13jährigen Petra. Mit Faustschlägen und Fußtritten sorgte er dafür, daß sie sich nicht widersetzen konnte." Der Zuhälter zwang noch weitere ausgerissene Kinder, täglich mit 15 bis 20 Männern zu schlafen. Sie wurden Tag und Nacht bewacht (Endstation: Straßenstrich 1975, 27f.).
- Die Münchener Sittenpolizei berichtet: „In allen Großstädten gibt es

Zuhältergruppen, die sich auf minderjährige Ausreißerinnen spezialisiert haben... Die Spezialbehandlung, die den Mädchen zuteil wird, übersteigt die Klischee-Vorstellungen von Schauerromanen“ (Endstation: Straßenstrich 1975, 28).

- So wird ein 14jähriges Mädchen von seinem Zuhälter krankenhausreif geschlagen, weil es zu seinen Eltern zurück will. Einer anderen 14jährigen zertrümmern die „Beschützer“ einen Aschenbecher auf dem Kopf. Einem dritten Mädchen wird eine brennende Zigarette auf ihrer Haut ausgedrückt, um sie gefügig zu machen (Endstation: Straßenstrich 1975, 28).

Meist sind die Einnahmen gering; der Zuhälter kassiert, die Arbeit ist hart und widerlich. Das wissen die Mädchen – aber aus der Abhängigkeit ihres Unternehmers kommen sie kaum los. Gibt er ihnen keine Zuneigung, dann häufig Prügel, notfalls Drogen, damit sie süchtig und ihm willfährig bleiben. Die Gründe zunehmender Kinderprostitution sind vielfältig:

- „Fremdbestimmung von Eltern, die ... desorientierte... und zur stupiden Arbeit kaum noch motivierbare Kinder schafft, Arbeitslosigkeit, Jugendarbeitslosigkeit und speziell berufsbildende Benachteiligung von Mädchen. Und damit zusammenhängend Leistungsdruck und Selektion bis in die Hauptschule und sinnentleerte Arbeit als Regelfall für Arbeiterkinder. Die Schwierigkeit, ... sich (eine) Lebensperspektive zu schaffen... An Geld und/oder seelischer Stabilität arme Eltern, oft auch Heimleben... Die Heime sind die größten Lieferanten für den Strich... ‘Die Menschen, die das hier verbieten könnten, sind doch abends unsere Kunden’, sagt jemand aus einem Hamburger Bordell“ (Kinderprostitution 1979, 22f.).

3. Zusammenfassung: Kinderarbeit 1980

Tab. 16: Arbeitende Kinder 1980 nach Wirtschaftsbereichen

1. Gewerbliche Produktion	20.000
2. Handel und Verkehr	30.000
3. Dienstleistungen (außer Zeitungs- u. Zeitschriftenvertrieb)	10.000
4. Heimarbeit	50.000
5. Landwirtschaft	100.000
6. Zeitungs- und Zeitschriftenvertrieb	70.000
7. Darbietungsgewerbe (Sport, Kultur, Kinderprostitution)	20.000
Arbeitende Kinder insgesamt: mindestens	**300.000**

(Eigene Schätzung)

1980 mehr als 300000 arbeitende Kinder in Deutschland. Die Zahlen der Tab. 16 sind in jedem Falle Mindestzahlen. Von den 3,1 Millionen 12- bis unter 15jährigen Kindern (Stichtag 31. Dezember 1976) arbeiten also mindestens 10%. Da ein Teil der Kinder nicht kontinuierlich während des ganzen Jahres oder der Saison arbeitet, ist anzunehmen, dass pro Jahr auf einen „Kinderarbeitsplatz“ mehrere Kinderarbeiter kommen und dass daher mehr als 10% aller Kinder dieser Altersgruppe von Kinderarbeit betroffen sind. In der Landwirtschaft, Heimarbeit und bei Einzelhändlern dürfte die Kinderarbeit erheblich höher liegen. Mehrere Schätzungen nehmen allein für die Landwirtschaft mehrere hunderttausend arbeitende Kinder an. Die Kinderarbeit bei Kleingewerbetreibenden kann kaum hoch genug eingeschätzt werden. Alles zusammengenommen, kann man sogar annehmen, dass mehr als eine halbe Million Kinder arbeiten: „Hunderttausende, wenn nicht Millionen von Kindern arbeiten, weil es aus familiärer Not oder wie auf dem Lande, gar nicht anders geht. Zeitungsjungen sind zum Begriff geworden, das ‘Jobben’ während der Schulferien, Erntehilfe, Heimarbeit usw. sind ‘normale’ Kinderarbeiten“ (Welt der Arbeit, Nr. 9, 28. 2. 1975).

Grafik 1: Kinderarbeitsverbots-Verstöße Bundesrepublik 1953 – 78

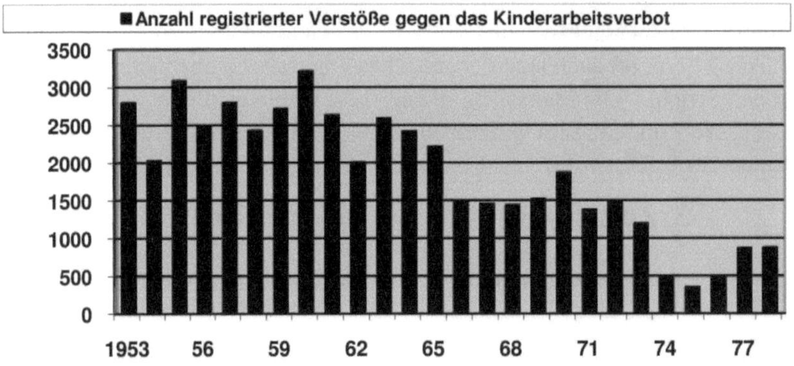

(Eigene Berechnungen nach: JdG 1953 bis 1978)

Kinderarbeit ist keine Randerscheinung. Ignoranz oder Verharmlosung sind fehl am Platze. Die Schätzungen der Internationalen Arbeitsorganisation, wonach „eine Million in stärker entwickelten marktwirtschaftlich organisierten Ländern“ (IAO 1978, 1) arbeiten, ist zu niedrig. Allein in der EG dürften mehr als drei Millionen Kinder arbeiten!

Aber auch bereits die „nur“ belegbare Zahl von 300.000 arbeitenden Kindern in der Bundesrepublik 1980 zeigt die Bedeutung. Unterstellt man, dass jedes Kind im

Durchschnitt täglich 2 bis 3 Stunden arbeitet und das durchschnittlich 3 Monate im Jahr, so ergibt das rechnerisch etwa 25.000 Vollarbeitsplätze für Erwachsene. Diese Überlegung mutet zynisch an: Bedenkt man, dass es oft die Arbeitslosigkeit der Eltern ist, die Kinder zur Lohnarbeit nötigt. Und das alles in der Bundesrepublik, die sich als Sozialstaat mit dem Prädikat „sozial" behängt. Das JArbSchG verdient gemessen an den Kinderinteressen diesen Zusatz nicht.

4. Schuldige ohne Strafe

Wenn schon – wie oben festgestellt – die JArbSchG-Verstöße nur in geringem Umfang (ca. 5%) registriert werden, müssten die als Straftaten bezeichneten Fälle doch größtenteils zu Geldstrafe und/oder Gefängnis führen. Wenigstens heißt es in § 58 JArbSchG, wer **vorsätzlich** Kinder beschäftigt und ein Kind in Gesundheit oder Arbeitskraft gefährdet, wird in den 70ern und 80ern mit einer Geldstrafe bis zu 20.000 DM (ab 2006 bis zu 15.000 Euro) oder mit Gefängnis bis zu einem Jahr bestraft. Wer **fahrlässig** handelt, wird mit Geldbuße oder mit Gefängnis bis zu sechs Monaten bestraft.

Die erste Barriere: Es muss sich ein Kläger finden. Eltern stimmen oft der Kinderarbeit zu. Meist klagt das Gewerbeaufsichtsamt. Zweitens muss den Unternehmern, die sich gewöhnlich mit Unkenntnis, Personalknappheit oder mit der Annahme, das Kind sei älter, herausreden, der Vorsatz nachgewiesen werden. Daher werden sie zunächst auf das Kinderarbeitsverbot hingewiesen und erst im Wiederholungsfall – wenn überhaupt – dem Strafrichter überantwortet. Wie wenig wirklich verurteilt werden, zeigen die Gewerbeaufsichtsberichte. Die meisten Unternehmer zahlen höchstens, für die schwersten Verstöße, einige Hundertmarkscheine, die sie mit dem Sondergewinn durch Kinderarbeit leicht verschmerzen und einplanen können. Nach den Gewerbeaufsichtsberichten wird verbotene Kinderarbeit meist durch Unfälle bekannt. Dann kommt es auch am ehesten zu einer Strafe, oft Geldstrafe, weil nur Fahrlässigkeit nachgewiesen wird.

Dok.: Richter betrachten Gefährdung als geringfügige Sache

- Viele Richter, so die Kritik der Gewerbeaufsicht, bestrafen Unternehmer wegen verbotener Kinderarbeit nicht, weil sie die Verletzung der Schutzbedürftigkeit, die hohe gesundheitliche Gefährdung der Kinder **als geringfügige Sache** betrachten und daher viele Verfahren wegen angeblicher Geringfügigkeit einstellen. Sie sind offensichtlich von der Bedeutung des Kinderarbeitsverbots nicht überzeugt (JdG NW 1972, 156).
- Die Staatsanwaltschaft sieht in dem Fall, in dem ein 15jähriges Kind über 22 Uhr hinaus in einer Gaststätte (mit Schulversäumnissen) beschäftigt ist, „eine Gefährdung als nicht gegeben" an (JdG BW 1977, 79).

- Vielfach beschweren sich Gewerbeaufsichtsämter über das Einstellen der Verfahren (JdG SH 1976, 35) oder über die lange Dauer der Verfahren (JdG SH 1974, 20).
- In einem Fall erstattet das Gewerbeaufsichtsamt Strafanzeige gegen einen „Subunternehmer, der ein 13- und ein 14jähriges Kind, einen 17jährigen Jugendlichen und eine 22jährige Erwachsene in der Zeit von 22 bis 6 Uhr mit Akkordarbeit beschäftigt hat. Der Arbeitgeber – schon mehrmals vorbestraft – wurde vom Amtsgericht zur Geldstrafe von 300 DM verurteilt" (JdG NW 1971, 138).
- In einem Betrieb, der Verpackungen herstellt, werden schulpflichtige Kinder bei der Arbeit angetroffen. Bezogen auf die Kinderarbeit stellt das Amtsgericht das Strafverfahren nach einem Jahr auf Kosten der Staatskasse ein. Die als Zeugin geladene Gewerbeaufsichtsbeamtin wird nicht einmal befragt (JdG NW 1971, 138).
- In Berlin (West) kommen alle Unternehmer bei den von 1976 bis 1979 registrierten 58 Verstößen im schlimmsten Falle mit Geldbuße davon: Es ergehen 28 Geldbußbescheide und 4 Verwarnungen mit Verwarnungsgeld. Die Geldbußen schwanken zwischen 30 und 1.125 DM Es kostet dem Unternehmer, der Kinder ausbeutet und dabei zufällig entdeckt wird, im Durchschnitt nur 224 DM 'Buß'geld. (Abgeordnetenhaus von Berlin. Drucksache 8/331, S. 16f.).
- 1972 bis 1975 arbeiten etwa 30 11- bis 13jährige Kinder rund 5.000 Stunden in einer Spielwarenfabrik. Für 13 dieser Kinder hat die Gemeinde Lohnsteuerkarten ausgestellt (JdG Bay 1974, 66).

Der Gesetzesbruch wird nicht nur durch milde richterliche Urteile oder Verfahrenseinstellung, sondern auch durch die Behörden begünstigt: 1976 wird erstmals im JArbSchG bestimmt, dass Gemeindebehörden die Gewerbeaufsicht über die Ausstellung von Lohnsteuerkarten an Kinder unterrichten müssen (§ 52). Theoretisch könnte diese (versteuerte) Kinderarbeit besser kontrolliert werden. Die Gemeindebehörden kommen aber der Mitteilungspflicht nicht oder nur zögernd nach (JdG NW 1976, 138). Ohne weitere Prüfung stellen sie Steuerkarten für die Kinder aus, da das JArbSchG nicht in ihren Kompetenzbereich falle. Nun wird eben mit behördlichem Wissen verbotene Kinderarbeit geleistet. Unternehmer nutzen das aus und argumentieren, Kinderarbeit sei legal, wenn Lohnsteuerkarten vorgelegt werden.

5. Soziale und ökonomische Gründe

Die Erfahrung mit dem JArbSchG zeigt, wie sehr der Kinderarbeitsschutz Unternehmerinteressen unterliegt. Auch die Verbesserungen ergeben sich nicht aus einer plötzlichen humanen Unternehmerhaltung:

Übersicht: Historische Gründe für verbesserten Kinderarbeitsschutz

- veränderte ökonomische Wachstumsbedingungen,
- das Interesse an Rekrutierung brauchbarer Soldaten,
- die technische Entwicklung und das Arbeitskraftangebot,
- die Länge der Schulzeit – und nicht zuletzt
- das politische Kräfteverhältnis zwischen Arbeiterbewegung und den Unternehmen nahe stehenden Verbänden und Parteien.

Mit der in den 70er Jahren stark erhöhten Arbeitsproduktivität, durch vermehrten Maschineneinsatz, verringert sich tendenziell die Kinderarbeit (wenn auch manche Maschinen neue, unfallgefährlichere Arbeitsmöglichkeiten eröffnen) wie durch die automatischen Aufstellvorrichtungen in Kegelbahnen, die Automatisierung im Kirmesbetrieb, die Pflückmaschinen bei der Erbsen- und Bohnenernte, die Kartoffelerntemaschinen und Mähdrescher, die elektrischen Weidezäune, die Hütekinder ersetzen, usw. Auch in Großbetrieben geht die industrielle Kinderarbeit geht zurück. Kinder verlieren ihre Bedeutung als rentable, billige Arbeitskräfte in dem Maße, wie sie für den intensiver werdenden Arbeitsprozess ungeeignet werden:

- durch verstärkte Sicherheitsbestimmungen am Arbeitsplatz infolge gewerkschaftlicher Maßnahmen und Vorschriften der Berufsgenossenschaften,
- durch kompliziertere Maschinen (höheres technisches Verständnis) und
- durch den Widerstand gegen die Kinderarbeit.

Die Kinderarbeit scheint sich auch infolge wirtschaftlicher Krisen zu verringern (Grafik 1). Nicht zufällig sinken die registrierten Kinderarbeits-Verstöße in den zyklischen Wirtschaftskrisen (1958, 1963, 1966/67, 1971, 1974/75). Sind sie mit hoher Arbeitslosigkeit wie z. B. 1974/75 verbunden, können Unternehmer statt Kinderhände nun genügend billige Jugendliche einsetzen:

> So arbeitet eine 16jährige Hauptschulabgängerin Februar 1977 beim Würstchenbudenbesitzer als „Verkäuferin“ für den Stundenlohn von 98 Pf., ohne Kranken- und Sozialversicherung (Stundenlohn 1977, 22f.).
>
> Ein weiteres Indiz ist der Rückgang an Ferienjobs für Schüler und Studenten 1974. In Hannover werden 1974 40% weniger Sommerferienstellen für Schüler und Studenten als 1970 angeboten (Hannoversche Allgemeine Zeitung, 12.5.1975).
>
> Trieb es in den 60er Jahren von Jahr zu Jahr mehr Schüler während der Ferien in die Fabriken, Büros und Läden (1968 130.000, 1971 bereits 320.000 „Ferienjobber“) (nach: Kinderarbeit 1972, 65), so geht etwa seit 1972 das Ferienjob-Angebot stark zurück: „Selbst Firmen, die in früheren Jahren ganze Schulklassen oder Schülergruppen während der Ferienzeit beschäftigt hatten, hielten sich deutlich zurück“ (JdG 1972, 69). Die Stellenangebote richten sich jetzt eher an ältere Jugendliche.

Dass sich Kinderarbeit noch lohnt, zeigt die Begründung verschiedener Wirtschaftszweige für die als Reform ausgegebene Verschlechterung des JArbSchGes: Kleinere Handwerksbetriebe und Ein-Mann-Betriebe, Landwirte und Weinbauern, und insbesondere der Vertrieb der Zeitungen und Zeitschriften würden ohne Kinder in Schwierigkeiten geraten. Die geringen Lohnkosten, vielfach nur 2 bis 3 DM Stundenlohn, und die Gefügigkeit der Kinder sind die Gründe für den lohnenden Kindereinsatz.

> Ein Unternehmer stellt in seinem Werkstattraum Spielautomaten auf, damit er das von Kindern verdiente Geld gleich an Ort und Stelle wieder einnehmen kann (Kinder für Konserven 1972).

Zwar hat die Kinderarbeit insgesamt tendenziell abgenommen (vor allem in der Landwirtschaft), doch mit der zunehmenden Verarmung vieler Arbeiterfamilien seit der Krise 1974/75 werden mehr Kinder genötigt, zum Lebensunterhalt der Familie beizutragen.

> *„In der Bundesrepublik gibt es auch heute immer noch Kinderarbeit. Die Zahl von 100.000 bis 200.000 regelmäßig oder saisonal arbeitenden Kindern ist eher zu niedrig als zu hoch gegriffen." Im Zusammenhang mit der Wirtschaftskrise „hat das Problem der Kinderarbeit zugenommen". Zu diesen Feststellungen kam die nationale Kommission für die Vorbereitung und Durchführung des internationalen Jahres des Kindes in der Bundesrepublik.*
> *Vor allem Arbeiterkinder, Hauptschülerinnen und Hauptschüler sowie die Kinder ausländischer Arbeitnehmer seien von der verbotenen Kinderarbeit betroffen. Die Kommission: Kinderarbeit bedeute eine zusätzliche „erhebliche Verringerung von Bildungschancen" ('ran 1979, H. 3, S. 11).*

Inzwischen hat die Hälfte aller Familien mit vier oder mehr Kindern heute Anspruch auf Sozialhilfe, weil ihr Einkommen unter dem Existenzminimum liegt (Geißler 1975, 31). Hunderttausende Kinder wachsen in Obdachlosensiedlungen auf, haben nicht mal ihr eigenes Bett. Der Spiegel-Report über Obdachlosigkeit schätzt die Obdachlosen auf 600.000 bis 800.000 (Spiegel-Redaktion 1973, 33). Kinder stellen bis zu 70% der Bewohner in Obdachlosensiedlungen.

- So muss sich z. B. das Jugendamt in München mit einem 12jährigen türkischen Trebegänger befassen, aus dessen Lebensgeschichte hervorgeht, dass er bereits vier Jahre zuvor, als damals achtjähriger Junge, seiner Familie beim Geldverdienen helfen musste. Sein älterer Bruder brachte ihn zur Zeitungsausträger-Arbeit mit. In der kinderreichen Familie habe damals ein fürchterliches Elend geherrscht, so schlimm, dass sich einem das Herz umdrehen müsste. (vgl. Frankfurter Rundschau, 27.4.1981)

Den Zusammenhang zwischen niedrigem Familieneinkommen und der Notwendigkeit, die Kinder zum Unterhalt beitragen zu lassen, zeigen Einzelfälle, in denen Eltern sich gezwungen sehen, ihre Kinder zur Lohnarbeit zu nötigen. Der „Spiegel" verkennt deshalb die Situation der Kinder, wenn er schlussfolgert: „Verstoßen wird gegen das Verbot der Kinderarbeit gleichermaßen durch gewinnsüchtige Arbeitgeber wie geldhungrige Kinder" (Kinderarbeit 1972, 63 u. 65).

Eine besondere Häufung verbotener Kinderarbeit wird beobachtet, wenn in einem Bundesland das 9. oder 10. Pflichtschuljahr eingeführt wird, was das Schutzalter automatisch um ein Jahr erhöht (JdG Nds 1962, 41; JdG S 1962, 20). Während noch in den 60er Jahren primär die 12-, 13- und 14jährigen unter den arbeitenden Kindern anzutreffen waren, sind es nun vor allem die 13-, 14- und 15jährigen. Ca. 15% der arbeitenden Kinder sind zwischen 10 und 12 Jahre alt. Jüngere werden kaum festgestellt. Das ergibt die Untersuchung über die Auswirkung des neu geregelten Kinderarbeitsverbotes von 1976 in NRW. Insgesamt sind hier 143 Kinder von festgestellten Verstößen gegen § 5 Abs. 1 JArbSchG (Kinderarbeitsverbot) betroffen, und zwar in 35 Gewerbegruppen (JdG NW 1978, 155f. und 233ff.): In den meisten Fällen dauert die Kinderarbeit 2 - 3 Stunden täglich, in ca. 10% 6 - 8 Stunden pro Tag, zum Teil in den Schulferien. In vielen Fällen arbeiten die Kinder monatelang. Bei ca. der Hälfte der Fälle arbeiten die Kinder 1 Monat und länger (JdG NW 1978, 234f.).

Bezüglich der sozialökonomischen Lage der arbeitenden Kinder und ihrer Familien sind drei Gruppen zu unterscheiden:

1. Arbeitende Kinder im Familienbetrieb:

Klein- und Mittelbauern, Kleingewerbetreibende, kleine selbständige Kaufleute und Besitzer von Klein- und Kleinstbetrieben haben immer schon ihre Kinder zur Arbeit herangezogen und es als selbstverständlich angesehen, dass die Kinder im elterlichen Einzelhandel, Handwerksbetrieb, in der Gaststätte und auf dem Bauernhof mitarbeiten.

2. Arbeitende Kinder aus lohnabhängigen Familien:

Kinder aus lohnabhängigen Familien mit Einkommen am oder unter dem Existenzminimum müssen arbeiten: z. B. aus kinderreichen Arbeiterfamilien, Heimarbeiterfamilien, Familien, in denen der Vater arbeitslos ist, und obdachlosen Familien. Die eh geringen Lern- und Berufschancen der Kinder werden durch belastende, schädigende Arbeit zusätzlich vermindert. Laut Gewerbeaufsichtsberichten werden insbesondere Sonder- und Hauptschüler bei verbotener Kinderarbeit angetroffen, z. B.: „In einem Betrieb wurde ein 14jähriger Junge beschäftigt, den seine Eltern von der Schule abgemeldet hatten, um sich durch die Arbeit des Kindes eine zusätzliche finanzielle Einnahmequelle zu verschaffen" (JdG BW 1972, 41). Z. B. duldet die Firma Müller Druck GmbH in Schwandorf, dass Kinder ihren Müttern bei der betrieblichen Arbeit helfen, um den geringen Lohn aufzubessern (Unsere Zeit, 13. 7. 77). In regionalen Einzelstudien zeigt sich, dass Hauptschüler zu mehr als 50% noch neben der Schule arbeiten gehen: Insgesamt nutzen Jungen Jobben stärker als Mädchen. Über 70% der Jungen geben an zu jobben; bei den Mädchen über 50%. Die Mädchen gehen seltener den Weg, sich in die „Grauzone" des Arbeitsmarktes hineinzuschmuggeln (Projektgruppe 1975, 167).

3. Arbeitende Kinder ausländischer Arbeitnehmer:

Die Gewerbeaufsicht berichtet seit 1963 immer wieder über arbeitende Kinder ausländischer Arbeitnehmer. 1960 waren in der Bundesrepublik erst rund 279.000 Ausländer beschäftigt, 1961 549.000, 1962 711.000 und 1963 bereits 829.000. Mit dem Nachholen ihrer Familien erhöht sich die Kinderarbeit. Manche sind wenig in die hiesigen Verhältnisse integriert oder aufgrund von Sprachschwierigkeiten vom Unterrichtsgeschehen ausgeschlossen. Manche Eltern wollen – angesichts der kürzeren Schulpflicht im Heimatland – nicht einsehen, dass ihre Kinder bis zum 15. Lebensjahr zur Schule gehen müssen und geben falsche Geburtsdaten an, um ihre Kinder älter erscheinen zu lassen. In Berlin überlegt der Schulsenator 1973 für ausländische Kinder als Sonderregelung die Verkürzung ihrer Schulpflicht aus Mangel an Schulplätzen, so dass sie bereits mit 14 Jahren nicht mehr unter das Kinderarbeitsverbot fallen (Suhrbier 1973).

- Die Anfang 1970 aufgrund von Pressemitteilungen über die Schulpflichtverletzung und Beschäftigung von Kindern italienischer Arbeiter durchgeführten Nachforschungen der Gewerbeaufsicht ergeben über 80 Kinderarbeits-Verstöße, wovon 4 Verstöße auf Kinder italienischer Arbeiter entfallen (JdG RPf 1970, 27).
- Die Arbeit von Kindern ausländischer Arbeiter nimmt zu, teils aus finanziellen Gründen, teils um die Kinder in ihrer Nähe und Aufsicht zu wissen. Relativ häufig sind die Kinder in Betrieben beschäftigt, in denen auch die Eltern arbeiten (JdG Bay 1976, 52; JdG Bln 1974, 32): So soll z. B. eine 13jährige Türkin auf Drängen der Eltern in einer Konservenfabrik beschäftigt werden (JdG SH 1972, 21).
- Ein schulpflichtiges italienisches Mädchen ist in einer Kleiderfabrik beschäftigt, in der auch die Mutter arbeitet. Weil die Mutter angab, dass ihre Tochter die Schulpflicht in Italien erfüllt habe, wird ...von einer Bestrafung des Fabrikanten abgesehen, weil er nach Vorlage der Lohnsteuerkarte die Einstellung in gutem Glauben vorgenommen habe (JdG Bay 1971, 104).
- Ein 13jähriger spanischer Junge ist bei einer Draht- und Plastik-Firma als

Hilfsarbeiter 40 - 45 Stunden wöchentlich für brutto 2,40 DM beschäftigt. Als die Sache auffliegt, wird er von einer anderen Firma für 2,67 DM Stundenlohn 40 Stunden in der Woche beschäftigt. Lohnsteuer und Krankenkassenbeiträge werden abgeführt. Die Behörden rühren sich nicht. Wie das erste Unternehmen bestreitet auch das zweite zunächst, dass der Junge bei ihnen gearbeitet habe (Baroth 1977, 55f.).

Da gerade diese Kinder ohnehin von wachsenden schulischen Anforderungen verstärkt beansprucht werden, bedeutet Kinderarbeit für sie verringerte Bildungschancen. Das verstärkt den Teufelskreis, dass Kinder mit ungünstigen Lebensbedingungen vermehrt zu früh arbeiten.

6. „Probearbeit"

In den 70er Jahren rückt ein weiterer Kinderarbeitsbereich in den Vordergrund: die „Probearbeit". Haupt- und Sonderschüler sehen sich aufgrund steigender Jugendarbeitslosigkeit und Lehrstellenmangels gezwungen, vorzeitig zu arbeiten, ohne Lohn und Sozialversicherung.

Dok.: Ohne Entgelt zur Probe

- Ein schulpflichtiger Sonderschüler arbeitet, ohne die Schule zu besuchen als Hilfstankwart für monatlich netto 380 DM. „Der Tankstelleninhaber zeigte sich einsichtig und war sogar (!) bereit, den Jungen nach Ablauf des Schuljahres zu übernehmen. Um dem behinderten Jungen die Lehrstelle zu erhalten, wurde von der Verhängung eines Bußgeldes abgesehen und lediglich eine Verwarnung ausgesprochen" (JdG BW 1977, 78f.).
- Zwei vollschulpflichtige Mädchen werden in Friseursalons, bei denen sie sich um Ausbildungsplätze bemühten, über Monate nachmittags beschäftigt, teilweise sogar im Haushalt der Betriebsinhaberin (JdG Br 1978, 63).
- Die Hauptschülerin Karin Meier lässt sich vom Arbeitsamt in Hildesheim Ausbildungsplätze anbieten. Sie wählt für sich das Schuhhaus „Salamander" aus. Ohne Lohn und Arbeitsvertrag arbeitet sie dort über 2 Wochen lang jeden Tag nach der Schule von 14 Uhr bis zum Feierabend – ohne die Lehrstelle zu bekommen (Schülerausbeutung 1977, 34f.).
- Probearbeit kommt ans Licht, als in einer Düsseldorfer Hauptschule sich eine Schülerin einer Abschlussklasse von den Hausaufgaben befreien lassen will: „Sie müsse täglich bis 21.00 Uhr bei einem Arzt Karteikarten sortieren. Auf Befragen enthüllte das Mädchen, drei Schüler sortierten bei dem Arzt um die Wette: dem Besten habe der Arzt eine Lehrstelle in Aussicht gestellt" (Der Tagesspiegel, 3. 7. 77). Eine anschließend durchgeführte vertrauliche Umfrage in weiteren Hauptschulen macht weitere Fälle über ähnliche Probearbeitsverhältnisse bekannt. Nach der Umfrage berichten zehn von elf Hauptschulen über Kinder, die zur „Probe" arbeiten. „Von 21 Schülern und Schülerinnen

weiß man..., daß sie auf diesem Weg an den kostbaren Ausbildungsplatz zu kommen glauben. Vierzehn davon bekommen keinen Pfennig für ihre 'Probearbeit'" (Düsseldorfer Nachrichten, 16. 6. 77). Walter Haas dazu: „Da treibt das Profitstreben ganz tolle Blüten" (Der Tagesspiegel, 3. 7. 77). DGB-Bundesjugendsekretär Walter Haas stellt fest: „Wir haben es mit einer bundesweit eingerissenen Unsitte zu tun" (Der Tagesspiegel, 11. 10. 77).

- Eine Lehrerin trägt in einer Podiumsdiskussion von Vertretern der drei Düsseldorfer Ratsfraktionen mit der Schülermitverwaltung verbürgte Probearbeits-Fälle vor. „Absolventen der Hauptschulklassen hätten auch schon darum gebeten, vom Schulunterricht freigestellt zu werden, um zum Nulltarif für einen Lehrvertrag zu arbeiten" (Neue Ruhr-Zeitung, 16. 6. 77). Vertrauenslehrer und Schülermitverwaltung befürchten, „daß die Zahlen arbeitender Schüler weit höher liegen als angegeben und daß unter dem Druck des Lehrstellenmangels mit einer hohen 'Dunkelziffer' zu rechnen ist" (Neue Ruhr-Zeitung, 15. 6. 77).
- Arbeitsminister Farthmann (NRW) bestätigt „mehrere hundert Fälle", in denen Firmen Hauptschüler zu – verbotenen – „Probearbeiten" neben der Schule „eingeladen" haben. In der Hoffnung auf eine spätere Lehrstelle arbeiten die Kinder häufig ganz ohne Entgelt ('ran 1979, H. 3, S. 11).

Überwiegend unentgeltlich nutzen Friseure, Ärzte, Zahnärzte, Apotheker, Schuster und andere Handwerker die Not der Schüler aus. Viele Eltern zeigen allerdings kaum die Unternehmer an; denn sollte es tatsächlich nach einer solchen „Testarbeit" zu einem Lehrvertrag kommen, schweigen die Betroffenen aus Furcht vor dem Verlust des hart umkämpften Ausbildungsplatzes. Teilweise schalten diese Schüler und ihre Eltern jedoch die Gewerbeaufsicht gegen diese verbotene Probearbeit ein, wenn das Unternehmer-Versprechen nicht eingehalten wird.

Ab Mitte der 60er Jahre machen Haupt- und Sonderschüler oft Betriebspraktika. Bei steigender Arbeitslosigkeit und Konkurrenz der Bewerber untereinander sehen sich die Arbeitgeber weniger genötigt, eine solche Lehrlingswerbung zu betreiben. 1977 und 1978 sind gar Gewerbeaufsichtsämter „in einigen Fällen gebeten worden, Betriebe, die Betriebspraktika durchführen, nicht zu besuchen, da diese sonst nicht mehr bereit sein könnten, solche Praktika durchzuführen" (Bundestags-Drucksache 8/2794, 2). Sinnvolle Praktika sind den Schülern zur Berufsorientierung nützlich. Die Unternehmerscheu vor Kontrolle zeigt, dass es hier um die Ausbeutung und Überlastung der kindlichen Arbeitskraft geht, was schon frühere Gewerbeaufsichtsberichte zeigen.

- Häufig gelangen die Schüler über die Betriebserkundung bzw. das Praktikum an eine Nachmittagsarbeitsstelle zur „Probe": In vier Fällen arbeiten Kinder nach Abschluss eines Betriebspraktikums in dem jeweiligen Betrieb weiter (JdG NW 1977, 138).

- Lehrherren bieten Praktikanten an, „weiterhin nachmittags nach der Schule zu kommen, um noch ‚einen tieferen Einblick in das betriebliche Geschehen' zu nehmen" (Rademacher 1978, 43).

Häufig sind diese Angebote bei Lehrberufen ohne Zukunft. Der Schüler erhält keine feste Zusage. Der Arbeitgeber vermeidet, von Arbeit zu sprechen, vielmehr wird vom „Test für die Eignung" oder vom „Umschauen im Betrieb" gesprochen. Die Eltern der Schüler sind mit der Probearbeit einverstanden, weil sie so auf einen Ausbildungsplatz für ihr Kind hoffen. Gerade Sonder- und Hauptschüler mit weniger Aussichten auf einen Ausbildungsplatz werden zunehmend gezwungen, ihre Leistungen und Arbeitsvermögen schon vor ihrem Schulabschluss/-abgang „unter Beweis zu stellen", damit sie überhaupt noch mitkonkurrieren können. So verringert sich ihre Chance, wenigstens einen guten Schulabschluss zu machen.

- Schon in den fünfziger Jahren grassierte die „Probelehre". Das Frankfurter Gewerbeaufsichtsamt warnt damals vor der verbotenen „Probearbeit" und weist darauf hin, dass in vielen Fällen Mädchen und Jungen bereits ein halbes Jahr vor ihrer Schulentlassung bei verschiedenen Lehrmeistern in einer „Probelehre" arbeiten (Der neueste Dreh 1954).

Unternehmer machen aus der Not der lehrstellensuchenden Jugend ein Geschäft. Von der Eignung des betreffenden Jugendlichen für den erwählten Beruf könnte er sich immer noch in der Probezeit überzeugen. In diesem Zusammenhang wird eine Ausbildungsplatzabgabe gefordert. Sie sieht z. B. der Bayerische Jugendring (1979, 1f.) darin die Möglichkeit, ausreichend Ausbildungsplätze zu sichern, um Kindern Zukunftsängste zu nehmen. Auch der DGB will verstärkt für Kinderrechte eintreten: „Im Rahmen der Durchsetzung der Jugendarbeitsschutzbestimmungen wird verstärkt auf das Problem der Kinderarbeit hingewiesen werden. Eine besondere Rolle wird das Probearbeiten von Schülern der letzten Klassen von Haupt- und Sonderschulen spielen" (DGB-Informationsdienst, 8. 12. 78).

Neben der „Probearbeit" ist seit 1977 ein neuer Unternehmer-Trick bekannt, mit dem indirekt die Lehrzeit um ein Jahr verlängert wird: Der „Anwärter" auf einen Ausbildungsplatz, eine weitere Variante des Erdienens von Lehrstellen. Schulentlassene arbeitslose Jugendliche werden als Hilfskräfte mit der Aussicht auf einen Ausbildungsplatz eingestellt. Sie arbeiten als Hilfsarbeiter, werden aber nur bezahlt wie Auszubildende im 1. Lehrjahr, erhalten also wesentlich weniger Geld, als ihnen nach Tarifvertrag zusteht (Grandrath 1979, 8f.). „Man nennt sie Hilfskräfte, Assistenten oder Volontäre, um sich um den Tariflohn für Hilfsarbeiten zu drücken" (Der Tagesspiegel, 11.10.1977).

7. Gesundheitliche Folgen

Die meisten Kinder arbeiten 2 bis 3 Stunden am Tag neben der Schule. Und das monatelang, wie Gewerbeaufsichtsämter berichten (JdG NW 1978, 234f.). Kinder, die regelmäßig auch nur 1 bis 2 Stunden täglich arbeiten, haben – mit 4 bis 5 Stunden Schule und der Hausaufgabenzeit – einen Achtstundentag wie Erwachsene. Die Romantik derer, die meinen, ein Verbot des Austragens von Zeitungen und Zeitschriften durch Kinder, das in der Diskussion um das JArbSchG u. a. gefordert aber nicht durchgesetzt wurde, sei der „Tod des Zeitungsjungen“, verschleiert die Realität. Der Zeitungsträgerbereich umfasst in der Regel 80 - 110 Zeitungsexemplare; eine Zeitung wiegt etwa 100 Gramm, am Wochenende bis zu 500 Gramm. Insbesondere Zeitungen auf dem Lande werden beim Verlag häufig abgeholt. Diese Arbeit ist für Kinder Schwerstarbeit. Die Berufsgenossenschaft Druck- und papierverarbeitende Industrie, die nur einen Teil der Zeitungsausträger versichert, registriert 1974 76 Kinderunfälle. Ein 10jähriges Kind verunglückt tödlich (Heide 1976, 154). Kinder im Wachstumsalter tragen durch regelmäßige große Belastung, wie es der 8-Stundentag für sie darstellt, bleibende Gesundheitsschäden davon.

Verheerend ist auch die kindliche Nachtarbeit in der Bäckerei (JdG NW 1976, 237), in der Gaststätte (JdG BW 1977, 79) oder morgens ab 5.00 Uhr auf dem Wochenmarkt (JdG BW 1977, 78). Zur Schule zu gehen, wird von den Kindern selbst als leichter angesehen. Sie fühlen mehr oder weniger selbst, in welchem Zwangsarbeitsverhältnis sie stehen (Fernsehsendung 1976).

Häufig ist die Arbeit unfallgefährlich. Bei Arbeitsunfällen brauchen Unternehmer oft nicht mal Schmerzensgeld – auch nicht bei unerlaubter Beschäftigung – zu zahlen. Manche beruhigen ihr Gewissen damit, dass den Kindern Unfallversicherungsschutz zusteht, wie im folgenden Fall:

> „In einer Mosterei arbeitet ein 13jähriger Junge gelegentlich mit Billigung des Geschäftsführers zur Aushilfe. Er hat dabei den Auftrag, auf einer Rollenbahn, an die sich ein Förderband anschließt, Kartons zu etikettieren. Dabei gerät er in das sich drehende Rad des sträflich ungesicherten Förderbandes. Er wird schwer verletzt und aller Voraussicht nach sein Leben lang gehbehindert bleiben. Die Berufsgenossenschaft hat den Unfall als Arbeitsunfall anerkannt... Damit sind die Eltern des Jungen nicht zufrieden; sie verlangen vom Geschäftsführer die Zahlung eines Schmerzensgeldes. Diese Forderung hat das Bundesarbeitsgericht jedoch abgelehnt.“ (Für Unfall bei verbotener Kinderarbeit 1976, 96)

8. Mehr berufliche Bildung

Zur Ausbildung gehört auch theoretischer und praktischer Technologieunterricht, verbunden mit der Arbeit. Abgesehen von den Prinzipien eines Arbeitsprozesses lernen Kinder, Elementarwerkzeuge zu handhaben. Solch eine schulisch angeleitete produktive Betätigung lässt sich mit schulischer Bildung vereinbaren, wenn das Lehrplanpensum der Schule den körperlichen und geistigen Entwicklungsstand der Kinder berücksichtigt und sie nicht überfordert. So gestaltete frühe Erfahrungen aller Kinder in der Arbeitswelt könnten zur schnelleren und allseitigen Entwicklung führen. Soweit Schulpraktika u. ä. unter heutigen Bedingungen dem nahe kommen, sind sie für Kinder wichtige Bildungselemente. Jedoch: Einer polytechnischen Erziehung der Kinder sind durch die Profitorientierung enge Grenzen gesetzt, zumal Unternehmer kaum an einer Investition in einer langfristigen beruflichen Bildung von Kindern interessiert sind und genügend qualifizierte Arbeitslose bereitstehen.

Gegen das Argument, Kinder würden durch die übliche Kinderarbeit bereits für berufliche Anforderungen qualifiziert, hilft ein Blick auf die typischen Arbeiten:

Dok. 1973: Typische Arbeiten von Hauptschülern, nach Rangfolge:

Eine Befragung (1973) von 136 Hauptschülern aus der 8. Klasse in Mittelstadt bestätigt, dass Klein- und Mittelbetriebe und darunter vor allem Handel und Verkehr sowie Dienstleistungen Kinder beschäftigen:

- Botengänge: Blumen oder Wäsche austragen, Besorgungen machen;
- Putzarbeiten: wie Treppen oder Fenster putzen;
- Lagerarbeiten: wie Waren in Regale einsortieren, Lagerhallen aufräumen und entrümpeln;
- Handlangerdienste: wie Tennisbälle aufheben, auf dem Markt am Obststand mitarbeiten, in der Gaststätte Gläser spülen;
- Arbeiten im Garten und der Landwirtschaft: wie in der Weinernte helfen, in der Gärtnerei aushelfen;
- Pflegedienste: wie alte Leute und Kinder versorgen.

(Projektgruppe 1975, 166).

Dok. 1973a: Bernd hilft im Kaufhaus

„Nur Job oder Hineinwachsen in die Arbeitswelt?
Vor 150 Jahren schrieb ein zorniger junger Mann namens Friedrich Engels in seinen ‚Briefen aus dem Wuppertal': ‚In Elberfeld allein werden von 2500 schulpflichtigen Kindern 1200 dem Unterricht entzogen und wachsen in Fabriken auf, bloß damit der Fabrikherr nicht einem Erwachsenen, dessen Stelle sie vertreten, das Doppelte des Lohnes zu geben nötig hat.'
Zu jener Zeit war es allgemein üblich, daß fünf- bis zehnjährige Kinder zehn bis vierzehn Stunden am Tag in der Fabrik arbeiteten. Hundert Jahre lang kämpften sozial engagierte Menschen gegen diesen Mißstand, bis die Kinderarbeit schließlich verboten wurde. Heute noch schütteln einige Eltern mißbilligend den Kopf, wenn Bernd, mein Nachbarsjunge, samstags zwischen 11 und 14 Uhr in einem Kaufhaus einen Job ausübt. Samstags ist dort Hochbetrieb; da hilft er beim Auspacken, beim Ein- und Ausräumen der Waren. Er macht seine Sache

so gut, daß der Geschäftsführer ihn gern jeden Tag ein oder zwei Stunden beschäftigen würde...
In Dänemark wurde unlängst festgestellt, daß die Mehrzahl der 13- bis 17jährigen neben der Schule einen bezahlten Job ausübt... Und diese ... behaupten, daß sie nicht ausschließlich des Geldes wegen arbeiten, sondern weil ihnen die Arbeit Spaß macht. Das Geld, so versichern sie, gibt ihnen darüber hinaus ein stärkeres Selbstbewußtsein.
Das Verbot der Kinderarbeit war ein Schutz gegen eine Form der Ausbeutung, wie sie nur in einem Obrigkeitsstaat möglich war. In einer Demokratie stellt sich die Frage nach dem Kinderschutz anders: Sollen wir die Kinder vor der Arbeitswelt schützen, oder sollen wir die Arbeitswelt so humanisieren, daß wir die Kinder nicht vor ihr zu schützen brauchen? Wir schützen die Kinder heute vor der Arbeitswelt, aber gleichzeitig zwingen wir sie dazu, sich viel zu viele Stunden täglich am Schreibtisch sitzend zu beschäftigen. Diese Schularbeit hat nicht selten alle Merkmale der Schwerarbeit.
Weil totes Wissen allein die Kinder nicht bildet, ... sprachen sich Marx und Engels gegen ein allgemeines Verbot der Kinderarbeit aus. Sie betrachteten ‚die frühzeitige Verbindung produktiver Arbeit mit Unterricht (bei strenger Regelung der Arbeitszeit nach den verschiedenen Altersstufen und sonstigen Vorsichtsmaßregeln zum Schutz der Kinder) als eines der mächtigsten Umwandlungsmittel der heutigen Gesellschaft'.
In einigen Städten der USA macht man zur Zeit Experimente mit der ‚Open school', einer Mischung zwischen bezahlter Arbeit und Unterricht. Die Kinder arbeiten stundenweise in Fabriken, in Supermärkten, in allen möglichen Betrieben. Indem sie die Arbeitswelt erleben und anschließend im Unterricht durchdenken, erkennen sie – deutlicher als das in der Theorie möglich wäre – die Rolle der Gewerkschaften, der Regierung, der Parteien, die Probleme des Wählers, des Verbrauchers; hier bekommt der begleitende Unterricht einen Sinn. In einem Wechsel zwischen Theorie und Praxis wird den Kindern klar, warum man eigentlich lernt. Und zugleich werden sie, ihrem Alter entsprechend, in kleinen Schritten in den Produktionsprozeß einbezogen.
Durch dieses schrittweise Hineinwachsen in die Arbeitswelt würde der junge Mensch bewußter die Probleme ... erkennen, die auf ihn warten. In der Welt von morgen, in die unsere Kinder hineinwachsen, warten nämlich Aufgaben, die mit dem Schulwissen allein nicht mehr zu lösen sind."

(Ruth Dirx: In: Die Zeit. H. 50. 7.12.1973)

Dok. 1879: Marx und Bebel begründen Kinderarbeit als progressiv

- „Wir betrachten die Tendenz der modernen Industrie, Kinder und junge Personen, von beiden Geschlechtern, zur Mitwirkung an dem Werke der sozialen Produktion herbei zu ziehen, als eine progressive, heilsame und rechtmäßige Tätigkeit, obgleich die Art und Weise, auf welche diese Tendenz unter der Kapitalherrschaft verwirklicht wird, eine abscheuliche ist." (Marx 1971, 193). Marx schlug vor, dass jedes Kind vom 9. Lebensjahr an produktiv arbeitet.

Für 9- bis 12jährige empfiehlt er höchstens 2 Stunden, für 13- bis 15jährige höchstens 4 Stunden und für 16- bis 17jährige höchstens 6 Stunden Arbeit, keine Nachtarbeit und keine Arbeit in gesundheitsschädigenden Gewerben, im Bergbau und in der Schwerindustrie (Arbeiten an Hochöfen usw.). Arbeit nur in Verbindung mit Erziehung: l. geistig, 2. körperlich, 3. mit polytechnische Ausbildung (Marx 1971, 193).

- „Die Kinderarbeit, die heute eine der infamsten Ausbeutungsformen ist, dürfte in der sozialistischen Gesellschaft einfach Erziehungsmittel sein und demgemäß der Kraft und den Fähigkeiten des Einzelnen angepaßt und in der Zeit so beschränkt werden, daß sie nur gesundheitsfördernd, nicht hemmend, wirken kann“ (Bebel 1879, 122).

Produktionsanlagen und Maschinen müssen den körperlichen und geistigen Eigenschaften der Kinder Rechnung tragen, mit erhöhten Anforderungen für die Sicherheit vor Unfallgefahren. Schädigende Wirkungen auf menschliche Sinne (Geräusche, blendende Lichtreflexe etc.) müssen ausgeschaltet werden (vgl. Karras 1958, 138).

Kinderarbeit aus Profitgier wird bereits seit 150 Jahren bekämpft. 1869 fordert das sozialdemokratische Parteiprogramm des Eisenacher Kongresses das volle Kinderarbeitsverbot und 1890 will das sozialdemokratische Parteiprogramm in Halle ebenfalls die gewerbsmäßige Arbeit unter 14jähriger Kinder verbieten und die Arbeit 14- bis 18jähriger auf maximal 6 Stunden täglich begrenzen (vgl. Härtung 1970, 247). Noch ist aber das letzte Kapitel der Kinderausbeutung nicht geschrieben. Dazu zehn Forderungen von 1980:

Dok. 1980: Zehn Forderungen

1. Das völlige Kinderarbeitsverbot, das die Arbeiterbewegung seit 1869 fordert, ist endlich durchsetzen. Mindestalter für Lohnarbeit: 16 Jahre (DGB-Forderung).
2. Behördliche Ausnahmegenehmigungen sind einzuschränken und gesetzliche Ausnahmeregelungen zu streichen.
3. Mehr unangemeldete Kontrollen, damit das Kinderarbeitsverbot stärker eingehalten wird.
4. Da die Kontrolle an der personellen Unterbesetzung sowie an fehlenden Machtbefugnissen der Gewerbeaufsicht scheitert, muss diese besser ausgestaltet werden.
5. Gerichte sollten Strafbestimmungen im Kinderinteresse auslegen.
6. Der Staat sollte jährlich einen Bericht zum Umfang der Kinderarbeit und zur Lage arbeitender Kinder erstellen, unter Einschluss der Gewerbeaufsichtsmaßnahmen und Gerichtsurteile.
7. Wieder Schullisten über Kinderarbeit (Tätigkeitsart, Dauer, Arbeitszeit, Arbeitgeber etc.) erstellen.

8. Kinder in der Schule auf das Kinderarbeitsverbot und schädliche Folgen der Kinderarbeit hinweisen und ermutigen, bei Problemen die Verstöße nicht zu verschweigen.
9. Kinder ausländischer Herkunft durch mehr Kindertagesstätten und Sprachförderung stärker integrieren, um sie nicht zum Reservoir billigster Hilfsarbeiter zu verurteilen.
10. Für ein wirksames Kinderarbeitsverbot müssen sich Kollegen mithilfe der Jugendvertretung und des Betriebsrats in Branchen, in denen viele Kinder beschäftigt sind, dem Kinderschutz widmen, Kinderarbeitsfälle mit den schädlichen Folgen öffentlich machen und Lehrer, Sozialarbeiter, Ärzte, Gewerbeaufsicht und Gewerkschaften einbeziehen. Auch Jugendorganisationen sollten sich für die Kinderrechte einsetzen.

V. Kinderarbeit seit der Wende bis 2010

Die Aufweichungen des JArbSchGes 1976, 1984 und 1998, die Ausdehnung der Pflichtschuljahre auf zehn und der Druck der Millionen-Arbeitslosigkeit ab 1976 dürften dazu geführt haben, dass in den 80ern in allen Bereichen (außer Landwirtschaft) deutlich mehr Kinder arbeiten. Inzwischen gehen über 500.000 der schulpflichtigen Kinder verbotenerweise regelmäßig oder sporadisch einer bezahlten Arbeit nach und über ¾ der Kinder haben am Ende der Pflichtschulzeit Erfahrungen mit bezahlten Jobs. Das belegen die sechs folgenden Bundesländer-Studien:

1. Studien in 6 Bundesländern

Wie es zu der NRW-Studie kam, beschreibt der Vorsitzende des Ausschusses für Jugendarbeitsschutz in Münster:

Dok. 1988: Ausschuss für Jugendarbeitsschutz Münster wird aktiv

- „Kontakte des Ausschussvorsitzenden Heiner Schäffer mit der Familie von der Haar aus Berlin, die sich schon lange mit der Thematik – bezogen auf die Bundesrepublik Deutschland – beschäftigen und die u. a. ein Buch ‚Kinderarbeit in der Bundesrepublik Deutschland' geschrieben haben, führten dazu, dass die Idee des Ausschusses intensiver diskutiert und vorbereitet wurde. Ein von dem Ehepaar von der Haar entwickelter und eingesetzter Fragenbogen wurde in Münster an 3 Schulen zu einem Probelauf genutzt. Nach Auswertung der herausgegebenen Fragebogen stellte sich für alle Beteiligten ein unglaubliches Ergebnis heraus. 20 von 60 befragten Schülern und SchülerInnen arbeiteten regelmäßig nachmittags nach der Schule zum Erwerb von mehr Taschengeld oder auch „zur Mitfinanzierung des Familienbudgets". Nach diesem fast unglaublichen Ergebnis, welches alle Auschußmitglieder erschreckte, beschloß der Ausschuß, unverzüglich die Umfrage im Gewerbeaufsichtsamtsbezirk durchzuführen."

(Ausschuß für Jugendarbeitsschutz 1988, S. 12f)

In NRW 1987

1987 beantworten an 173 Schulen in Münster und den Kreisen Warendorf und Steinfurt 2.491 Schüler der Klassen 8 bis 10 auswertbar (bereinigt und gewichtet) Fragebögen (S. 23). Danach haben 40,9% im letzten/jetzigen Schuljahr und 8,9%

früher gearbeitet. Also haben etwa „die Hälfte der Befragten in ihrem bisherigen Leben Kinderarbeit außerhalb des eigenen Haushalts ausgeführt… Ca. 20% aller Befragten (haben) gegen die gesetzlichen Bestimmungen zur Kinderarbeit verstoßen …; das sind 48% aller KinderarbeiterInnen“ (S. 28).

Tab.: Kinderarbeit 1987 Münsterland		
N = 2491 davon:	nicht gearbeitet	1471
	Kinderarbeit	1019
	davon erlaubte	534
	davon verbotene	485
Quote der Kinderarbeit		40,9%
Quote der verbotenen Kinderarbeit		19,5%
Anteil verbotener an gesamter Kinderarbeit:		47,6%

(Ausschuß für Jugendarbeitsschutz 1988, S. 27)

Laut Umfrage wird meist „gleich in mehrfacher Hinsicht gegen die gesetzlichen Bestimmungen verstoßen“:

> „Kinderarbeit ist in dieser (Unternehmer-)Perspektive ein Kalkül mit billigen und flexiblen Arbeitskräften ohne soziale, rechtliche etc. Absicherung. Werden hierbei die gesetzlichen Schutzbestimmungen verletzt, ist dies zugleich ein perfides Kalkül. Ein Blick nach Großbritannien … zeigt, wie Kinderarbeit auch im Zusammenhang einer Politik der ‚Deregulierung‘, des Auflösens und Unterhöhlens erkämpfter Mindeststandards in den Arbeitsverhältnissen, verstanden werden kann. Das Elend wächst dabei eher unsichtbar in den Poren der Wohlstandsgesellschaft“ (S. 29).
>
> „In den Fällen verbotener Kinderarbeit wird in … etwa 63% der Fälle … in zwei- oder mehrfacher Hinsicht gegen die gesetzlichen Bestimmungen verstoßen – auch drei- und vierfache Verstöße sind keine Seltenheit.“ (S. 29) Der Gaststättenbereich weist durchschnittlich 3% Verstöße pro verbotenem Kinderarbeitsfall auf, die Landwirtschaft 2,3%, Baustellen 2,2% und Handel 2,1% (vgl. S. 31). Wenn Kinder etwa länger als erlaubt arbeiten, arbeiten sie oft verbotenerweise auch noch nach 18 Uhr.
>
> „An der Spitze liegen Hauptschulen mit durchschnittlich 2,12 Verstößen pro verbotenem Kinderarbeitsfall, während Realschulen und Gymnasien mit 1,86 bzw. 1,87 Verstößen etwas darunterliegen …. Bei den zu Beginn der Arbeit 11-jährigen (ergeben sich) durchschnittlich 3 Verstöße“ (S. 30).

Tab.: Art der JArbSchG-Verstöße (N=485)	Anzahl	Anteil
Mehr als 3 Std. täglich	262	27,2%
2-3 Std. täglich (ohne Landwirtschaft)	100	10,4%
Bis 2 Std. täglich (ohne Zeitung/Landwirtsch.)	57	5,9%
Arbeit nach 18h	158	16,4%
Unter 13 Jahre	91	9,4%
Arbeit vor 8h	86	8,9%
Schulische Auswirkungen	59	6,1%
Am Sonntag (ohne Landwirtschaft)	57	5,9%
Verletzungen	46	4,8%
Starke körperliche Belastung	34	3,5%
Starke nervliche Belastung	10	1%
Während der Schule	3	0,3%

(Ausschuß für Jugendarbeitsschutz 1988, S. 32)

Tab.: Kinderarbeit nach Wirtschaftszweigen			
(Mehrfachbeschäftigung möglich)	Gesamte Kinderarbeit gKA	%	Anteil vKA/ gKA* %
Produktion	52	5,1	38,5
Landwirt. /Tierpflege	82	8,1	68,3
Handel	113	11,1	42,5
Büro	20	2,0	14,3
Baustelle	63	6,2	53,2
Gaststätten	32	3,2	62,5
Zeitungsvertrieb	172	16,9	45,3
Werbematerial verteilen	104	10,2	67,3
allg. Dienstleistungen	125	12,3	44,8
priv. Dienstleistungen	323	31,7	52,0
Sonstiges	105	10,3	41,0
gesamt	1019		47,6

* vKA = verbotene Kinderarbeit, gKA = gesamte Kinderarbeit

(Ausschuß für Jugendarbeitsschutz 1988, S. 33)

„Im Bereich der Landwirtschaft liegen Schwerpunkte bei der zu starken körperlichen Belastung, bei den Verletzungen, bei der Arbeit nach 18 Uhr und bei der Beschäftigung unter 13-jähriger. Verletzungen und hohe körperliche Belastungen spielen auch im Baubereich eine besondere Rolle; hier kommt der Arbeitsbeginn vor 8 Uhr bzw. die mehr als 3-stündige Arbeitszeit hinzu... Mädchen verstoßen eher gegen das absolute Arbeitsverbot unter 13 Jahren und werden stärken an Sonntagen zur Arbeit herangezogen... Jungen üben demgegenüber eher längere Arbeiten aus, damit auch Arbeiten vor 8 Uhr und Arbeiten, die eine starke körperliche Belastung mit sich bringen... Die bei den HauptschülerInnen durchschnittlich höhere Zahl von Verstößen pro verbotenem Kinderarbeitsfall bezieht sich auf mehr als 3-stündige Arbeiten, Arbeiten nach 18 Uhr, starke körperliche Belastungen, Verletzungen und schulische Auswirkungen." (S. 32f.)

„Das Lohnniveau der Schülerinnen (5,64 DM) liegt insgesamt deutlich unter dem der Schüler (7,75 DM). Sie sind bei denen, die nichts verdienen, und in der unteren Lohngruppe bis 4 DM überrepräsentiert (65,1%), in der Lohngruppe über 8 DM unterrepräsentiert (33,1%)" (S. 40).
Mit Steuerkarte arbeiten 6,8%. Jeder Vierte davon verbotenerweise (S. 42). Vermutet wird, „daß gerade Kinder aus sozial schwachen und unterprivilegierten Schichten ... eher zur Kinderarbeit als auch im besonderen zu verbotener Kinderarbeit tendieren. Hinweise für diese These lassen sich aus der Verteilung der Kinderarbeit nach Schularten gewinnen... Deutlich über dem Durchschnitt liegen sowohl die Quote der gesamten Kinderarbeit (45,7%) als auch die Quote der verbotenen Kinderarbeit (24,1%) bei den Hauptschulen. Auch der Anteil der verbotenen Kinderarbeit an der gesamten Kinderarbeit ist hier mit 52,7% am höchsten... 30% der Hauptschüler, die verbotene Kinderarbeit geleistet haben, nennen als Branchen Landwirtschaft, Handwerk und Baustellen, aber nur 13% der Realschüler und 6% der Gymnasiasten." (S. 47f.)

(Ausschuß für Jugendarbeitsschutz 1988)

Tab. Verbotene Kinderarbeit nach Beginn der Arbeit N=485			
Beginn der Arbeit mit	Absolut	%	
... 9 Jahren	6	1,2	
... 10 Jahren	13	2,7	
... 11 Jahren	29	6,0	33,7%
... 12 Jahren	43	8,8	
... 13 Jahren	73	15,0	
... 14 Jahren	135	27,8	
... 15 Jahren	123	25,3	66,3%
... 16 Jahren	49	10,1	
... 17 Jahren u. älter	15	3,1	

(Ausschuß für Jugendarbeitsschutz 1988, S. 51)

„Die Tabelle ... macht deutlich, daß zwei Drittel der Kinder, die gegenwärtig verbotene Kinderarbeit verrichten, diese im Alter von 14 Jahren und älter begonnen haben. Viel erschreckender ist jedoch, daß das restliche Drittel schon vor Vollendung des 14. Lebensjahres verbotene Kinderarbeit geleistet hat. Hochgerechnet ... würde dies bedeuten, daß von den ca. 6.200 Schülern, die verbotene Kinderarbeit geleistet haben, ca. 2.000 mit dieser im Alter von dreizehn Jahren oder jünger begonnen haben, 75 Kinder haben schon mit 9 Jahren begonnen, zu arbeiten." (S. 51)

Tab. Persönliche Gründe für Kinderarbeit

(Mehrfachantworten)	gesamte		erlaubte		verbotene	
	KA	%	KA	%	KA	%
Geld verdienen (allgemein)	504	51,3	245	47,5	259	55,6
„aus Spaß"	309	31,5	146	28,3	163	35
nicht genug Taschengeld	118	12	64	12,4	54	11,6
Geld verdienen: mit Zweck-Angabe	87	8,9	38	7,4	49	10,5
Beruf/Arbeitswelt kennenlernen	64	6,5	50	0,7	14	3
Sonstiges*	195	19,9	116	22,5	79	17
Gesamt	982		516		466	

*Sonstiges: um Eltern zu helfen; Nachbarschaftshilfe; Umgang mit Geld lernen...

Keine Angaben von persönlichen Gründen: 38.
(Ausschuß für Jugendarbeitsschutz 1988, 61)

„Das dominante Motiv für die Arbeit (ist) das ‚Geld verdienen' ... Mehr als 60% der KinderarbeiterInnen nennen diesen Grund ... mit Angabe des Zweckes zusammengefaßt... Um den ‚Beruf/die Arbeitswelt' kennenzulernen, haben nur 6,5% gearbeitet, ... nur 3% im Bereich der verbotenen Kinderarbeit." (S. 60f.)
Die arbeitenden Kinder (N=833/Mehrfachantworten) verwenden den Verdienst (außer für „gespart" (43,8%)) für: Bekleidung (20%), Audio-/Visuelle Geräte (Plattenspieler etc.) (6,5%), Kino, Diskothek, Ausgehen, Feten (5,4%), kleinere Konsumartikel (5,4%), Schallplatten, CD's (5%), Sonstiges (Aufbesserung Taschengeld, Fahrrad, Sportartikel, Urlaub, Klassenfahrt, Bücher, Lebensmittel, Süßigkeiten, Genussmittel, sonstiges) (41,3%) Mofa, Moped, Motorrad (4%). (vgl. S. 59).
„Die Pause und der Feierabend gehören... bei den Schülern zu den häufig genannten positiven Arbeitserlebnissen... Den Beruf und die Arbeitswelt kennenzulernen spielt bei den positiven Erlebnissen nur eine untergeordnete Rolle, es wird nur vier mal genannt." (S. 64).
„Eine konkrete unangenehme Tätigkeit nannten 155 SchülerInnen als das schlimmste an ihrer Arbeit (15,2%), hierbei überwogen die männlichen Schüler (91). Das schlechte Wetter bei der Arbeit fanden 12,7% der SchülerInnen als unangenehm. Von diesen 130 SchülerInnen arbeiten die meisten im Zeitungsvertrieb (73), gefolgt von den privaten Dienstleistungen (26) und der Werbung (25). Von den SchülerInnen, die sich bei der Arbeit verletzt haben, immerhin 46,

empfinden nur zwei die Unfallgefahr als schlimm bei der Arbeit. Die anderen scheinen die Unfallgefahr am Arbeitsplatz nicht zu erkennen oder unterschätzen sie. Langeweile und Monotonie (13), Dreck und Lärm (17) sowie Streß (21) am Arbeitsplatz wurde häufig … als unangenehm genannt. Die Schüler fanden ihre Arbeit dagegen häufig körperlich schwer (15).“ (S. 64)

„Soweit die SchülerInnen Angaben über die Begründungen ihrer Eltern machten, stand das Geldverdienen im Vordergrund… Eine bessere Lehrstellenchance wird nur in drei Fällen von den Eltern als Begründung ihrer Zustimmung genannt.“ (S. 70).

(„Kinderarbeit. Eine Untersuchung in der Region Münsterland.“ Ausschuß für Jugendarbeitsschutz, Münster, 28.11.1988, S. 71ff.

Dok. 1988a: Aussagen Betroffener zur Kinderarbeit im Münsterland

„Die folgenden Aussagen wurden den Fragebögen und dem ‘Notizbuch’, das bei der Ausstellung zum Jugendarbeitsschutz auslag, entnommen…:

Druckerei: ‘Ich habe 5 Monate lang nachmittags in einer Druckerei gearbeitet. Die Arbeit hat mir zwar nicht immer Spaß gemacht, aber das Geld konnte ich gut gebrauchen...’

Babysitten: ‘Auch heute gibt es noch Arbeit, bei der Kinder ausgenutzt werden. Ich habe als Babysitter gearbeitet. Ich war 14, und eine Geschäftsfrau gab mit für 4 Stunden 2,50 DM. Ich brauchte Geld und nahm an...’ ‘Der Umgang mit den Babys war manchmal nervlich’

Gärtnerei: ‘Ich fand… (die Arbeit) nicht anstrengend sondern sehr schön.’

Bauernhof/Baustelle: körperlich anstrengend?: ‘manchmal wenn es zu schwer wurde weil ich nicht stark bin’… Verletzungen: ‘Geschulten, Putz in den Augen gekriecht, Rücken tat weh’

Baumschule: ‘Weil meine Eltern solche Anschaffungen wie Mofa usw. nicht zahlen können’

Zeitungsvertrieb: ‘Die große Kilometerzahl zu Fuß oder mit dem Fahrrad abzufahren und dann noch die schweren Zeitungen ich rate jedem ab’ ‘Ich habe den Haushalt unterstützt’... ‘zu spät gekommen, gefehlt, müde, unkonzentriert’

Fliesengeschäft: ‘körperlich: Pakete schleppen...’

Eis verkaufen: körperlich/ nervlich anstrengend?: ‘Manchmal … im Sommer, wenn es so heiß ist. Wenn alle Freunde am Schwimmen … sind’

Kellnern: ‘Das Kellnern war körperlich anstrengend (den ganzen Tag nur laufen, wenige Pausen)’... ‘Wenn ich das ganze Wochenende gearbeitet habe, war ich montags etwas müde’

Gartencenter: ‘Ich wurde immer von Typen angemacht.’

Gebäudereinigung: ‘Meine Mutter hat mitgeholfen’

Erdbeerpflücken: ‘das ewige Bücken (Rückenschmerzen)’

Getränkemarkt: ‘körperlich… bei den Kisten heben werden die Muskeln gefördert’

Automechaniker: 'Akkord'
Gastwirtschaft: körperlich anstrengend?: 'Ja, viel stehen'
landwirtschaftlicher Betrieb (der Eltern): Verletzungen: 'Ja... zu viel zum erklären'
Zoohandlung: 'Ich habe des öfteren gefehlt'
Schrottplatz: 'Schweißen, Autofahren, mit der Flex arbeiten'...
Mithilfe bei der Heimarbeit körperlich anstrengend?: 'Nein, mir hat es Spaß gemacht'
Auf dem Bau: 'ich mußte körperlich schwere Arbeit verrichten. Schwere Sachen usw.'
Landwirtschaft: 'körperlich sehr anstrengend, weil ich die vollen Kisten getragen habe.'
Hilfsarbeiter: 'Stapler fahren' ... 'die Arbeit hat Spaß gemacht'
Eier sortieren: 'Die Arbeit war nervlich anstrengend'... 'Mir ist der Trecker über den Fuß gefahren'
Verkauf von Eis und Süßigkeiten: nervlich anstrengend?: 'manchmal, man hat viel um die Ohren, muß an alles denken'
Lebensmittelgeschäft: 'Am Anfang körperlich anstrengend, man musste lange stehen ... immer lächeln und freundlich sein, auch wenn man schlechte Laune hat'
Gaststätte: nervlich anstrengend?: 'Nöö, nur wenn die Besoffenen so blöd labern und einen doof anquatschen'
Bier gezapft: '17... bis 1 Uhr'... 'Nach der Schule'... 'Zu spät gekommen'
Zeitungen/ Gärtnerei: 'Das die Hausaufgaben nach der Arbeit anstrengender verlaufen ist'
Autoverwertung: 'Da es eine sehr starke körperliche Anstrengung ist bin ich oft müde'... Gründe: 'Weil wir Sozialempf. und das Geld brauchen'... 'Ich denke das Kinderarbeit für die Entwicklung schädlich ist/ merke ich selber.'
Gärtnerei: nervlich anstrengend?: 'ja, immer dasselbe – stand unter Zeitdruck'... 'müde, spät abends Hausaufgaben gemacht'
Kinder aufpassen: nervlich anstrengend?: 'Ja manchmal wenn die Kinder krank wurden oder wenn die Schule so anstrengend war und ich hatte keine Zeit um mich auszuruhen'... Gründe: 'Eltern mir nicht immer mein Taschengeld geben konnten weil wir gebaut haben'
Zettel austeilen: 'Die Hausaufgaben mach ich dann nicht sehr genau'
Packen, Lager ....: 'Zu große Lärmbelästigungen bei Arbeiten an Maschinen, Zu große körperliche Belastung bei anderen Arbeiten'
Gezapft, bedient: ... anstrengend?: 'Nein, man muß viel laufen und sehr viel Krach ertragen'
Zeitungsaustragen: 'Die Zeitungen kamen unregelmäßig, wurde vorher nicht gesagt'

Gärtnerei: 'Extreme physische wie auch psychische Anstrengungen durch schwere Hebungen, langes Bücken, Zeitdruck'
Bauernhof (der Eltern): Gründe: 'Weil zu Hause die Arbeit ohne mich nicht bewältigt werden kann'
Kindermädchen: 'Kinder sind immer nervlich'...
keine Angabe: Am schönsten?: 'Das Geld und das gute zusammen halten der Arbeiter'
verschiedene Dienstleistungen: 'Ich hatte Spaß, doch ich war nervlich fertig... Keine Zeit für Aufgaben – erst am Abend/ ich muß vorher für Arbeiten lernen/ schlafe in der Schule'
Prospekte verteilen: ...anstrengend?: 'Ja, es ist eine schwere, körperliche und nervliche Arbeit, es macht keinen großen Spaß.'
Bandarbeiten (in den Ferien): körperlich/nervlich anstrengend?: 'manchmal schon, weil ich den ganzen Tag stehen mußte, habe ich Rückenschmerzen bekommen und vom Lärm der Maschinen Kopfschmerzen'
Anmerkungen: 'Was soll ich denn machen. Ich brauche das Geld. Wenn sie mir eine bessere Arbeit besorgen können, wäre ich ihnen sehr dankbar...' Angabe der Telefonnummer."

(„Kinderarbeit. Eine Untersuchung in der Region Münsterland." Ausschuß für Jugendarbeitsschutz, Münster, 28.11.1988, S. 71ff.

In Hessen 1993

2.733 Schüler der 8. bis 10. Klassen in den Bezirken Wiesbaden und Marburg haben über ihre Arbeit im Schuljahr 1992/93 Auskunft gegeben. Aufgrund der in Hessen nur neun Pflichtschuljahre unterliegen über 14jährige Schüler in der 10. Klasse nicht mehr dem Kinderarbeitsverbot. Auffällig ist, dass 17% der Befragten angaben, bereits vor dem oder im 6. Schuljahr gejobbt zu haben. Zum Zeitpunkt ihrer Arbeitsaufnahme waren diese Kinder also jünger als 12 bzw. 13 Jahre:

Die Kinderarbeitsquoten steigen von der 8. zur 9. Klasse an. In Wiesbaden haben „in der 8. Klasse ... 48,6 Prozent und in der 9. Klasse 59,5 Prozent gearbeitet. In Marburg lagen diese Quoten in der 8.Klasse bei 39,5 Prozent und in der neunten bei 52,5 Prozent." (S. 19) „Etwa 40 Prozent" haben schon in früheren Jahren gearbeitet. „Insgesamt 34 Prozent derjenigen, die von Arbeitserfahrungen überhaupt berichteten, hatten die Arbeit bereits bis zum 6. Schuljahr begonnen, das sind rund 17 Prozent aller Befragten... (Es läßt sich) schätzen, dass bei Schulabgang ca. 80 Prozent aller Schülerinnen und Schüler über Erfahrung mit außerhäuslicher Erwerbsarbeit verfügen. Zwischen 5 und 10 Prozent aller ... haben vom 13. Lebensjahr kontinuierlich gegen Geld gearbeitet." (S. 20f.)

Bemerkenswert ist das Ergebnis, dass die Kinderarbeit kaum erzieherische oder qualifizierende Wirkung habe und dass offenbar keinem einzigen arbeitenden Kind in fremden Betrieben ein Ausbildungsvertag angeboten wurde:

> „Wie auch … etwa die Hausarbeit unterliegt die Erwerbstätigkeit… von Kindern von vornherein einer Entwertung, die auch auf schwerere Verstößt gegen Schutzbestimmungen übergreift… Arbeit erscheint … als Last, der man sich … zu unterwerfen hat, will man am … Reichtum … teilhaben… Was sie also schon früh lernen, ist das Jobben…, gekennzeichnet durch die Senkung von Ansprüchen an … Inhalte, Dauerhaftigkeit, Sicherheit und Mit- oder Selbstbestimmung.“ (S. 7) Keinesfalls könne mit der Studie „geklärt werden, ob der Job… zu einer positiveren Selbsteinschätzung geführt (hat)… Die von den Kindern … verlangte Hand- und Beinarbeit hat nur geringe qualifizierende Aspekte in Hinblick auf eine spätere Berufsausbildung… Die Vorstellung, dass solche Arbeiten eine erzieherische Wirkung haben könnten, scheint von den Realitäten weit entfernt…“ (S. 8) “Spaß nicht ‚an’ der Arbeit, aber ‚bei’ der Arbeit verweist auf kommunikative Aspekte, auf Suche nach Bestätigung jenseits des … Elternhauses, … der Schule.“ (S. 9)
> „Die Kontrollpraxis muß durch koordinierte und gezielte Schwerpunktkontrollen in stark verbreiteten Kinderarbeitsbereichen, z. B. beim Zeitungsvertrieb, effektiviert werden. Als weitere Maßnahmen zur Eindämmung der Kinderarbeit … müssen mehr Aufklärung in den Schulen, bei den Eltern und Lehrern über die Gefahren und negativen Folgen … vorangetrieben werden.“ (S. 10)
> „Etwa 70 Prozent arbeiten in fremden … Betrieben, knapp 20 Prozent... in fremden Haushalten und knapp 10 Prozent im elterlichen Betrieb. Der Anteil von verbotener Kinderarbeit an der gesamten Kinderarbeit ist in fremden Betrieben am höchsten… Immerhin noch zwischen 25 und 28 Prozent der arbeitenden SchülerInnen fanden Beschäftigung in der ‚mittelständischen’ Wirtschaft (11-100 Beschäftigte)… in Großbetrieben mit über 100 Beschäftigten … um 3%... meist in Form von Ferienarbeit.“ (S. 17f.)
> „Die Schülerinnen arbeiten überwiegend im fremden Haushalt… (und sie erhalten) in allen Bereichen … zwischen ein bis zwei DM weniger als die Jungen… Nur in 8 – 13 Prozent scheinen Zeitungsanzeigen, Handzettel oder andere Hinweise von Betrieben oder Haushalten den Weg zu einer Arbeitsmöglichkeit gewiesen zu haben.“ (S. 22)
> „Für den informellen Charakter des ‚Kinderarbeitsmarktes’ spricht…, daß in Marburg … in 11,4 Prozent der Fälle und in Wiesbaden nur in 9,1 Prozent mit Steuerkarte gearbeitet (wurde)...
> In Wiesbaden wurde nur in 11,2 Prozent der Fälle eine Lehrstelle in Aussicht gestellt, in Marburg in 17,7 Prozent… Ein Ausbildungsvertrag wurde … in Marburg in 9,2 Prozent der Fälle angeboten, in Wiesbaden in nur 5,6 Prozent. In elterlichen Betrieben könnten in Wiesbaden 14,3 Prozent eine Lehrstelle antreten, in Marburg keiner.“ (S. 23).

„Der Anteil der verbotenen ... Kinderarbeit ist im Gaststättenbereich (über 80%), im Handel (über 70%), beim Werbezettel austragen (über 70%) und am Bau (um 65%) besonders hoch... Mädchen arbeiten häufiger im fremden Haushalt als Babysitterinnen, in Gaststätten, im Büro, in Arztpraxen und bei der Nachhilfe. Die Jungen stellen den größten Teil der Zeitungsausträger, der Handwerker, der Bauarbeiter und der landwirtschaftlich Beschäftigten... Kinderarbeit (beinhaltet) in den meisten Fällen unqualifizierte Hand- und Beinarbeit, (hat) kaum qualifizierende Wirkungen ... und (kann), einmal abgesehen von... Arbeitstugenden, über deren Vermittlung wir nichts wissen, kaum eine Vorbereitung auf spätere Berufstätigkeit leisten.... Was durch sie eingeübt wird, ist eine Jobgesinnung, die sich gegenüber den Arbeitsinhalten weitgehend gleichgültig zeigt." (S. 25)
„Die ‚Dauerarbeiter', die sowohl in der Schulzeit wie in den Ferien arbeiten, machen in Wiesbaden 25,4 und in Marburg 29,0 Prozent ...aus." (S. 25) Es „arbeiten zwischen 36 und 46 Prozent... regelmäßig mehrmals die Woche... Um 10 Prozent... an fünf Tagen..., gut 6 bis 8 Prozent... haben an allen sieben Tagen gearbeitet." Bei mehr als 10% „endete... die Arbeit zwischen 22 und 2 Uhr nachts", „u. a. in den Gaststätten und beim Babysitten." „Die durchschnittliche Arbeitszeit pro Arbeitstag lag bei allen arbeitenden Kindern zwischen 3,7 in Wiesbaden und 4,6 Stunden in Marburg... Zeitliche Belastungen..., die sich auf bis zu 60 Stunden und mehr in der Woche durch Schule und Erwerbstätigkeit belaufen, sind daher keine Seltenheit." (S. 26) „Hochgerechnet auf die Gesamtpopulation ... der achten und neunten Jahrgänge im Aufsichtsamtsbezirk Wiesbaden arbeiteten (sie)... 1992/93 ... zwischen 900 Tausend und 1 Millionen Stunden außer Haus..., in Marburg... ähnlich." (S. 30)
Nach Sparen ist „der zweite große Bereich, für den der Verdienst verwendet wird, ... der Kauf von Kleidung". (S. 34) „Sparen ist hier nicht das Horten von Geld für ‚Notzeiten', sondern... direkt auf den Konsum ausgerichtet... die Anschaffung eines größeren Konsumgutes... (audio-visuelle Geräte, Mountainbikes etc.)... Nur jedes zwanzigste Kind ... gibt einen Teil oder den ganzen Lohn zu Hause ab." (34) „Die Höhe des jährlichen Taschengeldes erreicht bei denen, die arbeiten, im Durchschnitt nur etwa ein Drittel des Jahresverdienstes." (S. 36) Es gibt „mehr oder weniger schwere Auswirkungen auf die Schule durch die Arbeit, die etwa 15 Prozent der Kinder bei sich feststellen... Müdigkeit (um 6%)..., etwa je 3 Prozent hielten ihre Noten für schlechter oder hatten keine oder mangelhafte Hausaufgaben... Für jedes fünfte arbeitende Kind war die Arbeit nervlich anstrengend... Etwa jedes dritte Kind fand sie körperlich ... belastend.... Fast jedes zweite Kind empfand... Schmerzen oder hatte unangenehme Gefühle bei der Arbeit. Die häufigsten Nennungen waren Erschöpfung und starkes Schwitzen, an dritter Stelle folgen Rückenschmerzen. Etwa jedes fünfte Kind empfand Ärger, Wut, nervliche Anspannung, große Müdigkeit, starkes Frieren oder Kopfschmerzen... Verletzt haben sich etwa 15%." (S. 37)
„Die Kinder arbeiten vorwiegend für Geld bzw. für das, was sie sich dafür kaufen können.... Nimmt man einmal diejenigen aus, die in elterlichen Betrieben

arbeiten..., so ist... Geld weitgehend unangefochtenes Motiv für die Kinderarbeit... Der pädagogische Effekt des Geldverdienens, nämlich zu lernen, mit Geld selbständig umzugehen, ist für noch nicht einmal einem halben Prozent... wichtig, es geht hier um den Konsum... ohne die lästigen Diskussionen mit den Eltern... ‚Spaß an/bei der Arbeit' (wird) ... von jedem fünften Jugendlichen gesucht..., der kommunikative Aspekt bei der Arbeit, also die Pausen, die Kontakte..., das Anerkanntwerden... Die Arbeit selbst und ihren ‚Inhalten' stehen (sie) ... durchweg gleichgültig gegenüber... Nur in etwa 2 bis 3% der Fälle (geht es darum), die Eltern finanziell zu unterstützen... Etwa jeder sechste nennt zu wenig Taschengeld als Grund... ‚Beruf und die Arbeitswelt kennenzulernen'... ist nur für etwa jeden dreißigsten von Bedeutung..." (S. 39ff.)
„Gesetzliche Verbote sind entweder unbekannt oder erscheinen den Eltern und Kindern uneinsichtig." (S. 42)
„Die kommunikativen Aspekte bei der Arbeit (waren) für über die Hälfte aller Kinderarbeiter die schönste Erinnerung ... Der Streß bei der Arbeit war in Marburg für 18,6 Prozent und in Wiesbaden für 19,6 Prozent der SchülerInnen ... schlimm... Hitze, Nässe und Kälte... fanden zwischen 10 und 18 Prozent ... als unangenehm... Körperlich schwer... oder monoton und langweilig ... je zwischen 7 und 11 Prozent... Fast jeder zehnte empfand es unangenehm, regelmäßig oder zu bestimmten Zeiten zu arbeiten." (S. 43f.).

(Hessisches Ministerium 1994)

In Brandenburg 1993

1993 führt das Land Brandenburg in Potsdam, Neuruppin und Eberswalde eine repräsentative Befragung durch.

36.714 auswertbare (gewichtet und bereinigt) Fragebögen zeigen, „dass nahezu jeder dritte befragte Schüler (31,5%) ... bezahlt gearbeitet hat ... und mit 17,4% fast jedes fünfte befragte Kind einer verbotenen Form von Kinderarbeit nachgeht... (Also ist) mit 55,4% mehr als jedes zweite Kind... einer verbotenen Form von Kinderarbeit nachgegangen" (Land Brandenburg 1994, S. 18). Schon „unter den 12- und 13-jährigen (arbeitet) etwa jeder fünfte ... Schüler" (23). Sie sind „vor allem bei der Zeitungszustellung, in elterlichen Betrieben, bei privaten Dienstleistern sowie auf Baustellen tätig... Fast jedes dritte zeitungszustellende Kind ist 13 Jahre... Obwohl das Jugendarbeitsschutzgesetz für den Bereich der Zeitungszustellung Arbeit bis zu zwei Stunden werktäglich zulässt, wird gerade gegen diese Bestimmung in etwa der Hälfte der Falle verstoßen. Von den in der Zeitungszustellung arbeitenden Kindern sind 48% mehr als zwei Stunden werktäglich unterwegs, im Aufsichtsbereich Potsdam liegt dieser Anteil sogar bei 56%. Rund 4% arbeiten sogar zwischen 20.00 und 8.00 Uhr sowie weitere 3% vor der Schule... Ingesamt (leistet) ...fast jedes zweite, in der Zeitungszustellung tätige Kind... verbotene Kinderarbeit..." (S. 33ff.).

„Von (denen), die in den Ferien auf Baustellen arbeiten, sind zwei Drittel unter 16 Jahre. Die wöchentliche Arbeitszeit beträgt dabei durchschnittlich 40 Stunden. 11% dieser Kinder arbeiten zwischen 20:00 und 8:00 Uhr. Mit jeweils 62% ist der Anteil der verbotenen Arbeit auf Baustellen in Neuruppin und Eberswalde überdurchschnittlich hoch… Bei privaten Dienstleistungsarbeiten… (arbeiten) rund 63% der Kinder … täglich mehr als zwei Stunden, die durchschnittliche Arbeitsdauer beträgt 3,5 Stunden pro Tag." (S 36) 9,6% arbeiten mit Lohnsteuerkarte (vgl. S. 43).

„Die meisten Kinder (gehen) arbeiten, weil sie eigenes Geld haben möchten" (S. 46, ca. 72%; Mehrfachnennungen!), weil sie zu wenig Taschengeld bekämen (25%) und ca. 13% zur finanziellen Entlastung der Eltern. „Aus Spaß" geben ca. 46% und ca. 14% „strebe diesen Beruf an" (vgl. S. 46). „Jedes sechste arbeitende Kind gab an, aufgrund keines oder zu geringem Taschengeldes arbeiten zu gehen… Immerhin mehr als jedes vierte Kind (davon)… bekommt... kein Taschengeld." (S. 48)

„Bei 30% der Kinderarbeit handelt es sich allerdings um körperlich schwere Arbeiten (vor allem: Baustelle und Produktionsbetrieb, d. Verf.), jeweils 22% … schätzen ihre Arbeitstätigkeiten als uninteressant und langweilig (vor allem: Zeitungszustellung, d. Verf.) ein. Immerhin 8% … meinen sogar, dass ihre Arbeit gefährlich sei." (S. 49)

„Jedem siebten Kind (wurde) ein Ausbildungsplatz angeboten" (S. 50), vor allem im Handwerk.

„Bei 12jährigen Kindern … kann eine Arbeit neben den schulischen Anforderungen ohne Negativfolgen offenbar kaum bewerkstelligt werden." (S. 51)

„Die meisten … sparen … (61%) (Mehrfachnennungen!, d. Verf.) oder erfüllen sich damit Kaufwünsche (59%), rund 30% tun beides. Nur 2% der Kinder geben ihr verdientes Geld an die Eltern ab." (S. 53)

Es „zeigt sich tatsächlich ein etwas deutlicherer Zensurenabfall bei denjenigen Kindern, die selbst einschätzen, durch ihre Arbeit… würde eine Verschlechterung ihrer schulischen Leistungen hervorgerufen." (S. 54).

„Warum (sie) … nicht aufhören zu arbeiten, hat für die Mehrzahl finanzielle Gründe. Bei der Motivgruppe ‚Femdbestimmung' ist für jedes dritte Kind der Ausstieg schon deshalb faktisch unmöglich, weil die Eltern wollen, das sie weiterarbeiten." (S. 56)

(Land Brandenburg 1994)*

**Im Vergleich der Länderstudien ist die von Brandenburg sicher die teuerste und aussagenschwächste, wohl weil das Unternehmer-orientierte Progress-Institut für Wirtschaftsforschung mit der Auswertung beauftragt wurde. Eine der vielen Ideologie-gesteuerten Blüten im Bericht möge das verdeutlichen: „Nicht zuletzt aufgrund dieser untypischen Lage der Arbeitszeit im Gastgewerbe verstoßen drei von vier hier tätigen Kindern gegen die Bestimmungen des Jugendarbeitsschutzgesetzes" (S. 38), als wären Kinder hier Gesetzesbrecher und nicht Unternehmer und als wäre die Arbeitszeit-Lage der Grund und nicht die Gewinnsucht. Statt Opfer zu kriminalisieren ist Verständnis für den Arbeitsschutz nötig.*

In Berlin 1994

Tab. 1994a: Kinderarbeit in Berlin			
	Gesamt	männlich	weiblich
befragte Kinder	3.180	1.520	1.660
Gegenwärtig arbeitende Kinder	1.031	556	475
Kinderarbeitsquote	32,4%	36,7%	28,6%

(Berliner Sozialverwaltung 1995, Anhang)

1994 führt die Berliner Sozialverwaltung eine Untersuchung in Friedrichshain, Wedding, Spandau, Schöneberg, Pankow, Hohenschönhausen durch. Grundlage ist der vom Verfasser für die Gewerbeaufsicht Münster entwickelte Fragebogen, so dass die Ergebnisse vergleichbar sind. (vgl. Berliner Sozialverwaltung 1995, S. 3) 3.180 SchülerInnen der 7. bis 10. Klassen aller Schularten geben Auskunft.

Tab. 1994b: Verbotene Kinderarbeit in Berlin		
	Verbotene KA (vKA)	Anteil der vKA an gesamter KA
männlich	315	56,7%
weiblich	275	57,9%
gesamt	590	57,2%

(Berliner Sozialverwaltung 1995, Anhang)

Tab. 1994c: Kinderarbeit in Berlin nach Alter						
KAs-Quote:	gesamt		männlich		weiblich	
Alter	n	%	n	%		%
13 J.	126	20,5	66	24,4	60	17,5
14 J.	256	31,7	127	34,2	129	29,6
15 J.	248	32,0	138	37,2	110	27,2
16 J.	309	38,6	167	41,3	142	35,9
17 J.	92	50,0	58	56,3	34	42,0
Gesamt	1.031	32,4	556	36,7	475	28,6

(Berliner Sozialverwaltung 1995, Anhang)

Kinderarbeit ist auch in Berlin verbreiteter, als gemeinhin angenommen wird. Rund ein Drittel der Schüler gab an, regelmäßig zu arbeiten, mehr als die Hälfte davon verbotenerweise:

> 1994 „arbeiteten 32,4% der … SchülerInnen … gegen Bezahlung. Davon verstießen mehr als die Hälfte (57,2%) gegen das Kinderarbeitsverbot. Zählt man jene dazu, die angaben, zwar in der Gegenwart nicht, jedoch früher schon gearbeitet

> zu haben (13%), so (haben) … fast die Hälfte … bereits Erfahrungen mit der Arbeitswelt gesammelt … Jungen arbeiten häufiger (36,8%) als Mädchen (28,6%). Mädchen üben jedoch häufiger (57,9%) verbotene Tätigkeiten aus als die Jungen (56,7%). Mit zunehmendem Alter nimmt die Kinderarbeit zu. 20,5% der 13-jährigen, aber 50% der 17-jährigen arbeiteten zum Zeitpunkt der Befragung...
> Die Kinderarbeitsquote ist in der Hauptschule (38,6%) am höchsten, gefolgt von der Gesamtschule (34,5%) und der Realschule (31,5%). Im Gymnasium … mit 27,7% am niedrigsten. (Vermutete Ursache: Hauptschüler machen in der Schule häufig die Erfahrung, unfähig und unbegabt zu sein, während die Arbeitswelt ihnen Erfolgserlebnisse vermittelt… zumindest in Form von Geld…
> Kinder deutscher Nationalität arbeiten in Berlin häufiger (33,0% als Kinder anderer Nationalitäten (28,7%). Jedoch wurden 75,6% der arbeitenden ausländischen SchülerInnen mit verbotener Kinderarbeit beschäftigt, aber nur 54,7% der deutschen SchülerInnen. Das Vorurteil, daß vorwiegend ausländische SchülerInnen hier in Deutschland arbeiten würden, weil das in den Heimatländern Tradition ist, kann durch unsere Studie nicht bestätigt werden." (S. 3f.).
> „Mit Lohnsteuerkarte arbeiteten nur 9,5% ... Jungen … häufiger (11,3%) … als Mädchen (7,4%)". (S. 8)
> Immerhin arbeiten 81 Kinder (7,9%) in Betrieben mit 11 - 50 Beschäftigten, 11 (1,1%) Kinder in Betrieben mit 51 - 100 Beschäftigen und 42 (4,1%) in Betrieben mit mehr als 100 Beschäftigen (S. 8).
>
> *(Berliner Sozialverwaltung 1995)*

An der Spitze lagen Arbeiten in fremden Haushalten, beim Austragen von Zeitungen und Werbematerial, im Handel und in der Gastronomie:

> **Wirtschaftszweige:** „Mit 27,6% steht die Dienstleistung in fremden Haushalten an erster Stelle." (Mädchen: 44%, Jungen: 13,7%.) „Mit 23,2% folgt der Handel als dritte große Branche… (und) das Verteilen von Werbematerial (13,7%)… Bedenklich ist die Tatsache, daß 10,6% der Jungen auf Baustellen mit Abrißarbeiten und ähnlichem beschäftigt werden… So gab ein 13-jähriger Gesamtschüler an, regelmäßig in den Ferien 6 Stunden pro Tag auf einer Baustelle Gerüste mit aufzubauen. Er schrieb stolz, daß er wie ein ‚richtiger Arbeiter' tätig sei…
> 9,3% der Jungen wurden bei Handwerkern beschäftigt, hier wie auch bei auch … auf Baustellen waren nur 0,2% der Mädchen tätig. Dagegen arbeiten 7,2% der Mädchen im Büro, aber nur 4,3% der Jungen. Sie werden dort zum Teil mit qualifizierten Arbeiten betraut. So erledigt eine 16-jährige jeden Samstag im elterlichen Betrieb die Lohnrechnung am Computer. Andere werden mit dem Ordnen von Akten, Ablage, Kopieren und Botengängen beschäftigt. Kinder aller Altersgruppen arbeiten bei Steuerberatern und Banken, wobei der Schwerpunkt bei den 16-jährigen liegt. In dieser Altersgruppe arbeiten 16,2% im Büro.
> In Gaststätten werden Mädchen (6,9%) und Jungen (6,5%) … beschäftigt. Eine überraschend große Anzahl der Kinder arbeitet abends als Barkeeper. So arbeitet

eine 16-jährige samstags und sonntags 5 Stunden pro Tag an der Bar einer Diskothek; ein 14-jähriger arbeitet 6 Stunden pro Woche als Barkeeper...
In der Rubrik ‚Sonstiges‘ wurden z. B. alle künstlerischen Tätigkeiten der Kinder aufgenommen, die erstaunlich zahlreich waren. Sie reichten von Synchronisationsarbeiten über Arbeiten bei Film- und Fernsehproduktionen und als Komparse in Theatervorstellungen bis zu Auftritten als Jongleur oder Pantomime... Unerwartet viele Kinder arbeiten in Apotheken. Sie etikettieren, erledigen Einräumarbeiten und fahren oder tragen Medikamente aus... Zwei Mädchen (gaben) an, daß sie in der Zahnarztpraxis ihrer Eltern nicht nur Telefonate annehmen und Termine vergeben, sondern auch die Krankenscheinabrechnungen und das Vorbereiten von Füllmaterial erledigen.
... Auf dem Reiterhof... arbeiten fast ausschließlich sehr junge Mädchen (13 und 14 Jahre) ... nicht selten... 3 bis 4 Stunden täglich... Die Tätigkeit (Ausmisten, Pferde putzen und füttern) (ist) für 13-jährige Mädchen in diesem Umfang eine zu schwere körperliche Belastung...
... In den elterlichen Haushalten (wird) im erwähnenswerten Umfang ... Heimarbeit geleistet ... So schreibt eine 14-jährige Gesamtschülerin täglich 3 bis 4 Stunden Adressen für Betriebe und verschickt Preislisten; eine 13-jährige tütet Briefe ein und klebt diese zu. Ein 14-jähriger fertigt künstliche Fliegen für den Forellenfang. Ein 15-jähriger programmiert täglich 3 bis 4 Stunden Software; er erhält 10,00 DM pro Tag. Sehr verbreitet ist ... das Ausführen von Aufgaben, die die Eltern vertraglich übernommen haben, wie z. B. das Fegen des Mittelhofes und Säubern der Treppenhäuser (z. B. 14-jähriger Realschüler, 3 Stunden pro Woche für 10,00 DM).
Weitere Tätigkeitsfelder...: Arbeiten auf einer Tankstelle, Autowaschen in Autohäusern und Gebrauchtwagenmärkten, Arbeit als Möbelpacker ..., Reinigen von Arztpraxen, Platzanweisen in einem Autokino (16-jähriger Gesamtschüler arbeitet regelmäßig in den Ferien 8 Stunden pro Tag an 7 Tagen in der Woche, abends und nachts für 10,00 DM pro Stunde).“ (S. 4ff.)

Bei den Verdiensten bekommen Mädchen weniger als Jungen, Ost-Berliner weniger als West-Berliner. Jungen aus dem Westteil liegen mit einem durchschnittlichen Stundenlohn von 11,37 DM (9,97 DM im Ostteil) an der Spitze, während die Ost-Berliner Mädchen mit 8,68 DM (10,34 DM in West-Berlin) das Schlusslicht bilden.

„24,6% der arbeitenden SchülerInnen ... arbeiten, weil sie kein oder zu wenig Taschengeld bekämen... Nur 2% ... geben regelmäßig zu Hause Geld ab, dazu kommen jedoch 11,4%, die manchmal zu Hause Geld abgeben. Ein Anteil von insgesamt 13,4% kann nicht mehr als Ausnahmefall gewertet werden... Offensichtlich hat die gegenwärtig nicht sehr gute Berliner Wirtschaftslage zu einem anderen innerfamiliären Verhalten ... geführt ...“ (S. 10) Von den arbeitenden ausländischen Kindern geben sogar 6,8% regelmäßig und 25,4% manchmal ihren Geld ab (S. 10).

„... Die Motive für Kinderarbeit sind vielfältig (Mehrfachnennungen, d. Verf.). 70,8% der SchülerInnen arbeiten, ‚weil sie ihr eigenes Geld verdienen möchten'. In engem Zusammenhang damit steht die Aussage, ‚weil ich mir etwas Bestimmtes kaufen möchte' (41,9%)... An zweiter Stelle steht die Aussage, ‚weil es mir Spaß macht' mit 51,4%, gefolgt vom ‚Wunsch, etwas dazuzulernen"' (33,8%). ‚Weil ich kein oder zu wenig Taschengeld bekomme' geben 24,6% als Motiv an und 15,1% wollen durch ihre Arbeit ihre Eltern finanziell entlasten." (S. 10)
„Eine Verschlechterung der Lebensqualität wird von ... 14,9% ... gesehen, die angaben, zu wenig Freizeit zu haben und nur selten etwas mit Freunden unternehmen zu können (6,5%). 6,2% ... meinten, daß ihnen zu wenig Zeit für Schularbeiten bliebe und 4,8% gaben an, daß ihre Zensuren sich, seit sie arbeiten, verschlechtert hätten... 35,4% der Jungen bewerteten ihre Arbeit als körperlich schwere und 11,9% als gefährliche Tätigkeit. Fast 30% ... bezeichneten ihre Arbeit als langweilig." (S. 11)

Die Berliner Kinder verwenden ihren Verdienst vorrangig für den Kauf von Kleidung (41,4%). Etwa ein Drittel spart (34,0%).

Tab. 1994d: Wofür verwendest du dein Geld hauptsächlich?

	n	%
Sparen	305	34,0
Kleidung	371	41,4
Audio-visuelle Geräte, Kassetten, CD, Videofilme etc.	111	12,4
Fahrrad, Zubehör, Sportartikel	23	2,6
Reisen, Klassenfahrten	80	6,7
Kino, Diskothek, Feten, Eintrittskarten, Theater, Schwimmbäder	124	13,8
Genußmittel (Süßigkeiten, Zigaretten)	85	9,5
Hobby – Computer, Foto, Haustier, Bücher	120	13,4
Sonstiges wie Freizeit, Führerschein, Kosmetik, Schulsachen, Benzin für Mofa, Beiträge	256	28,6
Arbeitende Kinder, die geantwortet haben	896	100

(Berliner Sozialverwaltung 1995, Tab. 11, Anhang)

„'Alarmierend' nannte Sozialsenatorin Ingrid Stahmer, daß in mehr als der Hälfte der Fälle gegen das Kinderarbeitsverbot verstoßen wurde. Nach Stahmers Ansicht kann dies für die Kinder zu mangelhaften schulischen Leistungen, körperlichen Schäden und Störungen im Sozialverhalten führen... Besonders bedenklich fand die Sozialsenatorin, daß über 11 Prozent der Jungen bei schweren Tätigkeiten auf dem Bau, vor allem bei Abrißarbeiten, eingesetzt werden. ‚Durch zu frühe körperliche Schwarzarbeit werden diese Heranwachsenden geschädigt', sagte Stahmer... 13,4 Prozent der Kinder gaben an, daß sie regelmäßig oder manchmal Geld von ihrem Verdienst zuhause abgeben. ‚Vielleicht führt die angespannte wirtschaftliche Situation in Berlin dazu, daß Kinder mit zum Familieneinkommen beitragen müssen'...."

(„Wenn Schüler ihr Geld auf dem Bau verdienen." Sigrid Kneist. In: Der Tagesspiegel, 13.01.1995)

In Mecklenburg-Vorpommern 1994

Befragt wurden 1994 Kinder der 9. Klasse aller Schularten. Ausgewertet werden 8.857 Fragebögen:

Schüler	Verwertbare Fragebögen	Davon haben gearbeitet in diesem Schuljahr	früher	KAs-Quote
insgesamt	8.857	3.743	3.740	42,3%
Männlich	4.339	2.110	2.137	48,6%
Weiblich	4.518	1.633	1.603	36,1%

(Sozialministerium des Landes Mecklenburg-Vorpommern 1995, S. 19)

Auch in Mecklenburg-Vorpommern zeigt sich, dass HauptschülerInnen mehr und schwerer arbeiten:

„Von den 8.857 befragten SchülerInnen haben 4.435 (50,1%) in diesem Schuljahr nicht gearbeitet. Von diesen waren jedoch 3.256 (36,8%) bereits früher einmal tätig. Von den 3.743 in diesem Schuljahr tätigen ... haben bereits früher 2.151 ... gearbeitet... (Es) ... haben bereits 5.332 (60,2%), also mehr als die Hälfte" gearbeitet (S. 19).

Von den 3.743 arbeitenden Kindern 1994 haben 3081 (34,8% der Befragten) Kinderarbeit ... geleistet, und 1.337 (15,1% der Befragten) verbotene Kinderarbeit. „Das bedeutet, daß 43,4% aller arbeitenden Kinder verbotene Kinderarbeit leisten." (S. 22)

Der Anteil arbeitender Kinder ist in den Hauptschulen höher (51,9%) als in Realschulen, Gymnasien, Gesamtschulen (30,9%) und Sonderschulen. Auch „der Anteil verbotener Kinderarbeit an der gesamten Kinderarbeit war am größten in den Hauptschulen" (S. 7). Etwa 42% der arbeitenden Kinder haben die Arbeit schon in früheren Jahren begonnen. „Insgesamt 27% derjenigen, die von Arbeitserfahrungen überhaupt berichteten, hatten die Arbeit bereits bis zum 6. Schuljahr begonnen. Das sind rund 12% aller Befragten."(S. 8) Manche Fälle (Arbeit zu Hause, im Eigenheim etc.) dürften jedoch nicht unter gewerbliche Kinderlohnarbeit fallen.

Der Schwerpunkt liegt im Handel „für Hilfs- und Aushilfstätigkeiten in Supermärkten (Regale einräumen, Ware auspreisen, im Verkauf, im Lager) oder bzw. auf saisonbedingten Märkten z. B. den Weihnachtsmarkt... Der Anteil verbotener Kinderarbeit ist hier im Vergleich zu anderen Branchen besonders hoch. Die durchschnittliche tägliche Arbeitszeit liegt etwa bei drei bis vier Stunden.

Insgesamt haben 471 (= 12,6%) SchülerInnen angegeben, in dieser Branche gearbeitet zu haben. 64,3% davon sind Mädchen. Auf Baustellen arbeiteten 9,4% (davon 94,6% Jungen). Mit einer Beschäftigung von 8,7% … steht der Zeitungsvertrieb an dritter Stelle." (S. 10) „Sehr häufig" wird mehr als erlaubte zwei Stunden gearbeitet. „Gering entlohnte Kinder tragen verbotenerweise Zeitungen zwischen 18 Uhr und 8 Uhr morgens aus. Nicht selten tragen Kinder im Auftrag und mit Vereinbarungen, die ihre Eltern mit Zeitungsvertrieben geschlossen haben, morgens die Zeitungen vor der Schulzeit aus." (S. 10). In Gaststätten haben 6,3% … (davon 74,6% Mädchen) gearbeitet. „Ein Mädchen z. B. gab an, dass sie regelmäßig an den Wochenenden in der Gaststätte arbeitet. Sie habe sich an heruntergefallenen Gläsern geschnitten und beim Fässerwechseln wäre ihr ein Faß auf den Fuß gefallen. … 6% der befragten Kinder … (gaben an), Kühe oder Pferde versorgt, Getreide gewogen oder Bodenproben entnommen zu haben." (10f.) 5,2% übernahmen allgemeine Dienstleistungen wie „Reinigungs- und Aufräumarbeiten, Pflegedienste, Auslieferungen und eine Vielzahl von Hilfstätigkeiten … außerhalb von Haushalten (S. 11). Mit Lohnsteuerkarte arbeiten 10% (S. 12).

„Die Kinder arbeiten vorwiegend für Geld (67,7%) bzw. für das, was sie sich dafür kaufen können… Für … Neubrandenburg wurde … ein durchschnittlicher Stundenlohn von 7,16 DM errechnet " (S. 13f.). Ca. 49% gaben an, nach Stundenlohn bezahlt zu werden, pro Auftrag ca. 15%. 36% machten keine Angaben (S. 14).

„Die meisten Kinder (30,5%) gaben an, das Geld zu sparen (Ansparen für größere Anschaffungen). Um sich ‚Besseres' leisten zu können (z. B. Jeans einer bestimmten Nobelmarke, Pulli mit der ‚richtigen' Aufschrift), war das zweithäufigste Motiv (etwa 23%). Die dritte große Gruppe sind Computer, CD's, audiovisuelle Geräte und der Konsum allgemein. Zu diesem Bereich zählen auch Verwendungen für Freizeit, Kosmetik, Schulsachen, Kino, Disco etc." (S. 15).

„5,4% … bewerteten ihre Arbeit als körperlich schwer. 4,3% empfanden Dreck, Lärm und Hitze als negativ … und 6,7% ... das Wetter (als) das Unangenehmste" (S. 17).

(Sozialministerium des Landes Mecklenburg-Vorpommern 1995)

In Thüringen 1996/1999

In Thüringen geben im Mai 1996 4.770 13- bis 15 jährige SchülerInnen der 7. bis 9. Klassen an 20 Gymnasien (Anteil: 58%!) und an 20 Regelschulen Auskunft zur Kinderarbeit:

55% der männlichen Regelschüler, aber nur 46% der männlichen Gymnasiasten haben „früher schon gearbeitet" – gegenüber nur 38% aller Mädchen (S. 6). „11,6% haben bereits zwei bis vier verschiedene Tätigkeiten verrichtet… insgesamt 28 verschiedene Tätigkeiten… auch Schachtarbeiten, Pflasterarbeiten,

Kies aufladen und Zementsäcke tragen". (S. 7f.). „46,4% ... (27% der 13jährigen) arbeiten im laufenden Schuljahr... in 28,2% der Fälle ... eine unzulässige Beschäftigung" (S. 8).
Neben Zeitungen austragen (von 387 Kindern genannt) und Handel/Verkauf (202), Hilfsarbeiten (201), Büro/Computer (139) summiert sich der handwerkliche Bereich auf 498 Fälle: Bauarbeiten (152), Handwerkliche Arbeiten (96), Gebäudereinigung (85), Metallarbeiten (51), Autowerkstatt (35), Transport (31), Holzbearbeitung (24), Dachdecker (15), Reparaturarbeiten (9) (S. 10).
„Von 151 Schülern wurden Unfälle im Zusammenhang mit der Tätigkeit angegeben... Bauarbeiten mit 13% an erster Stelle... Prellungen, Quetschungen, Schnittverletzungen bis hin zum Fahrradunfall. Ein Schüler stürzte bei der Arbeit vom Dach, eine Schülerin erlitt durch einen Pferdetritt Verletzungen. Schnittverletzungen an scharfkantigen Briefkästen wurden mehrfach angegeben." (S. 13)
31,4% der Kinder arbeiten in Betrieben mit 11 bis 50 Beschäftigten und 10,4% in größeren Betrieben. (S. 13)
„Eigenes Geld verdienen" geben 78% (Mehrfachnennungen!), „kein oder zu wenig Taschengeld" 19% und „finanzielle Entlastung der Eltern" (12%) als Motiv an. Das belegt die Bedeutung des finanziellen Aspekts für praktisch alle Kinderarbeiter. „Macht Spaß" kreuzen 49% an, „spätere Ausbildung auf dem Gebiet" 18% und „Vorteile bei Lehrstellensuche" nur 11%. (S. 14).
Nach der Befragung führt die Gewerbeaufsicht Thüringen 1996 eine Kontrolle durch und ermittelt in 59 von 1.079 Betrieben Arbeit von insgesamt 468 Kindern; davon verbotenerweise lediglich in 16 Betrieben, betreffend 28 Kinder. Es werden nur zwei Verwarnungen mit Verwarnungsgeld ausgesprochen. (S. 17) Im Jahr zuvor ergab eine Kontrollaktion in Thüringen 23 Fälle unerlaubter Kinderarbeit, 19 davon allein im Handel.

(Thüringer Landesamt 1997)

Thüringen veranlasst 1999 eine 2. Studie zur Kinderarbeit. 2.477 13- bis 15-jährigen SchülerInnen der Klassen 7 - 9 an 24 Regelschulen und 24 Gymnasien werden anonym befragt, von denen 37,6% arbeiten (gegenüber 46,4% 1996), 24,3% verbotenerweise. Der Anteil verbotener Kinderarbeit erhöht sich von 28,3% (1996) auf 64,6% (1999). Der Anteil derer, die nur in den Ferien arbeiten, beträgt 49,5%. (Thüringer Landesamt 2000, S. 6).

„98,1% der Schüler arbeiteten in den Ferien... Fast jeder dritte ... im Betrieb der Eltern... Bei den 14-Jährigen ... am häufigsten Babysitting und Zeitung austragen... Tätigkeiten im Bau, Handwerk und Handel traten bei den 15-jährigen an vordere Stelle... 17% ... stufen ihre Arbeit als schwer und knapp zwei Prozent als gefährlich ein. 162 geben an, sich während ihrer Tätigkeit verletzt zu haben... Neun von zehn Schülern im Alter von 14 und 15 Jahren gaben an, gern arbeiten zu wollen." (S. 14)
Es „fällt der besonders hohe Anteil von verbotener Kinderarbeit bei den 13 und 14-jährigen auf (84,2% bzw. 92,8%)... Im Gastgewerbe tritt verbotene Kinderarbeit

am häufigsten auf." (S. 12) Am häufigsten ... Nichteinhaltung der Altersgrenzen, ... mit nicht zulässigen Tätigkeiten, (und nicht zulässigen) Zeiten, ... insbesondere ... an Samstagen und Sonntagen oder in den späten Abendstunden und die Missachtung der zulässigen Beschäftigungszeit, ... die höchstzulässige tägliche Arbeitszeit oder die Dauer der insgesamt im Kalenderjahr zulässigen Beschäftigung...
Die Jungen arbeiten häufiger am Bau und im Handwerk, die Mädchen mehr beim Babysitting, im Verkauf und in der Gastronomie. Jungen verdienen im Durchschnitt 9 Mark 41, Mädchen nur 8 Mark 72 pro Stunde. Zahlreiche 14-Jährige jobben während der Ferien länger als drei Stunden am Tag, ein Drittel während der Schulzeit an Wochenenden. Viele 15- und 16-Jährige arbeiten in den Ferien mehr als acht Stunden und mehr als fünf Tage. (Thüringer Landesamt 2000)

In Bayern 1999

Nach der Befragung des bayerischen Philologenverbandes arbeiten außerhalb der Ferienzeit immerhin 18% der 14jährigen Gymnasiasten:

Dok. 1999: Umfrage des Bayerischen Philologenverbands

Ergebnisse der Umfrage Sept./Okt. 99 zu „Schüler und Nebenjobs"

„**Befragt wurden** ca. 300 Schülerlnnen und Schüler von 14 bis 20 Jahren an einem Dutzend bayerischer Gymnasien (9. bis 13. Klasse)
Als Nebenjob wurde definiert eine regelmäßige oder zumindest in unregelmäßigen Abständen wahrgenommene bezahlte Tätigkeit neben der Schule (vor und nach dem Unterricht; abends, Wochenende). Ausdrücklich von der Umfrage ausgenommen wurden Tätigkeiten, die während der Ferienzeit ausgeübt werden, also so genannte Ferienjobs.
Die Ergebnisse im Einzelnen (Zahlen gerundet)
32% aller Befragten gaben an, Nebenjobs auszuüben.
2/3 davon gehen einem Job nach, ca. 1/3 mehreren Jobs gleichzeitig.
Die Quote derer, die einen Nebenjob haben, steigt von rund 18% bei 14-jährigen bis zu über 50% bei den Abiturienten.
Geschlechterverteilung: Während bei den jüngeren Schülern der jobbende Jungenanteil deutlich höher ist, gleicht sich das bald aus und bei den 18-jährigen und älteren Schülern liegen sogar die Mädchen leicht vom.
... Gründe für die Nebentätigkeit ... (Mehrfachnennungen möglich):
- Taschengeld reicht für die eigenen Bedürfnisse nicht aus (74%)
- konkrete Anschaffungsziele (52%)
- Beitrag zum Familieneinkommen (14%)
- Tätigkeit macht Spaß, kein erstrangig finanzielles Interesse (10%)

Ausgeübte Tätigkeiten:
- Jobs, die bei Bekannten, Verwandten oder Familienmitgliedern ausgeübt werden: 25% (mit wachsendem Alter deutlich abnehmend)

- Stundenjobs (Nachhilfe, Babysitten, Zeitungsaustragen)
- Bürotätigkeiten, Verkäuferinnenjobs, Bedienungen

aber auch: Jobs bei Werbeagenturen, Softwareunternehmen; Fernseh- und Filmproduktionen, oder Bauunternehmen wurden genannt."
(„Schüler und Nebenjobs", Pressemitteilung. Bayer. Philologenverband, Okt. 1999)

Dok. 1999a: Zunehmend negative Rückwirkungen auf die Schule

„Philologenverband: Immer mehr Schüler haben einen Nebenjob

Immer mehr Schüler der Mittel- und Oberstufe an den Gymnasien üben ... Nebenjobs aus. Wie der Vorsitzende des Bayerischen Philologenverbandes, Rainer Rupp, in München mitteilte, jobbten nach Recherchen seines Verbandes ca. ein Drittel der älteren Gymnasiasten regelmäßig am Wochenende oder auch während der Woche vor und nach dem Unterricht. Allein in München werde die Zahl der Schüler mit Nebenjobs auf ca. 15.000 geschätzt... Die Palette der ... Tätigkeiten reicht ... vom Zeitungsaustragen, Babysitten, Nachhilfeunterricht über Bedienungstätigkeiten in Gaststätten, Jobs in Verkaufsläden bis hin zu Beschäftigungen im Informatik- und Werbeagenturenbereich... Immer mehr... häuften sich die Klagen von Lehrern über die dadurch verursachten massiven Beeinträchtigungen der Arbeit in der Schule. Lehrkräfte berichteten verstärkt von übermüdeten Schülern, die in Unterrichtsstunden kaum ansprechbar seien, von nicht erledigten Hausaufgaben, für die der Nebenjob keine Zeit mehr lasse, aber auch von zurückgehendem Interesse an Wahlfächern am Nachmittag, da diese Zeit zum Geldverdienen eingeplant sei. An einer Schule seien... Schüler während Unterrichtspausen beobachtet worden, wie sie per Mobiltelefon ihre Nebenjobs zu koordinieren versuchten."

(Bayerischer Philologenverband, Pressemitteilung, 14.10.1999)

Übersicht 1987-99: Umfragen in 6 Ländern

Die sechs Umfragen (NRW 1987, Hessen 1993, Brandenburg 1993, Berlin 1994, Mecklenburg-Vorpommern 1994, Thüringen 1996/99) zeigen Kinderarbeit in Deutschland als Massenphänomen. Die Befragten sind zwischen 12 und 17, überwiegend zwischen 13 und 15 Jahren alt. Von den SchülerInnen der 7. bis 9. Klassen (in Thüringen), der 7. bis 10. Klassen (in Berlin und Brandenburg) bzw. 8. bis 10. Klassen (in NRW) und 8. bis 9. Klassen (in Hessen) gehen im Laufe eines Schuljahres zwischen einem Drittel und der Hälfte der 12- bis 16jährigen Kinder einer Erwerbsarbeit nach. Verbotenerweise (nach dem JArbSchG und der KindArbSchV) arbeiten ca. 15 bis 20%, das sind etwa die Hälfte der Kinderarbeiter (in Thüringen 1999 über 60%). Etwa ein Fünftel der befragten Kinder (in Hessen 17%) gab an, bereits im 6. Schuljahr oder davor gearbeitet zu haben, als sie also jünger als 13 Jahre alt waren. Und bis zum Ende der Pflichtschulzeit sind über Dreiviertel der Schulkinder zumindest gelegentlich erwerbstätig. Und das nicht ohne Folgen: Nach der NRW-Studie hat sich jedes zehnte Kind bei der Arbeit verletzt, jedes fünfte fühlt sich ‚nervlich überfordert', jedes dritte klagt über Kopf- oder Rückenschmerzen.

Tab. Kinderarbeit: 6 Bundesländer im Vergleich

Kinderarbeit = KA Quoten in %	NRW	Hessen		Bran- denbg.	Berlin	Thüringen		Meck- Pom
		Marb	Wiesb.			1996	1999	
Verwertete Fragebögen	2.491	767	1966	36.714	3.180	4.770	2.477	8.857
KAs-Quote*	40,9	45,9	54	31,4	32,4	46,4	37,6	34,8
KAs-Quote incl. früher	42			43,8		53	41,9	60,2
Quote verbotener KA**	19,5	23,7	29,4	17,4	18,5	13,1	24,3	15,1
Anteil vKA an KA gesamt***	47,6	51,5	54,4	55,4	57,2	28,2	64,6	43,4
KAs-Quote nach Alter								
12j.							23,5	
13j.	31,6			22	20,5	27	27	
14j.	36,4			30	31,7	45	38,9	
15j.	38,6			37	32,0	63	47,2	
16j.	44,9			45	38,6	74	50,7	
17j.	58,6			50	50,0		72,7	
8. Klasse	36,1	39,5	48,6					
9. Klasse	38,2	52,6	59,5					
KAs-Quote nach Schulart								
Hauptschule	45,7	59,2	50		38,6			
Gesamtschule	-	42,7	51,1		34,5			
Realschule	36,7	39,3	59,7		31,5			
Gymnasium	39,3	45,7	53		27,7			
Quote verbotener KA nach Schulart								
Hauptschule	24,1	50	55					
Gesamtschule		58,5	42,7					
Realschule	20,5	65,4	60					
Gymnasium	22,2	40,5	51,1					

(Ausschuß für Jugendarbeitsschutz 1988; Hessisches Ministerium 1994; Land Brandenburg 1994; Berliner Sozialverwaltung 1995; Thüringer Landesamt 1997/2000; Sozialministerium des Landes Mecklenburg-Vorpommern 1995)

**Verhältnis arbeitende Kinder zu befragten Kindern*

***Verhältnis Kinder mit verbotener Arbeit zu befragten Kindern*

****Verhältnis Kinder mit verbotener Arbeit zu arbeitenden Kindern*

Der Präsident des deutschen Kinderschutzbunds, Heinz Hilgers, prangert an, „daß mehr als 500.000 Kinder verbotene Arbeit leisteten. So arbeiten viele morgens um 5 Uhr auf dem Großmarkt und trügen um 6 Uhr früh Zeitungen aus. Diese Kinder säßen erschöpft in der Schule und können dem Unterricht nicht folgen..." (WAZ, 17.09.1994).

Dennoch ist das in den letzten 150 Jahren durchgesetzte Kinderarbeitsverbot in Deutschland nach wie vor ein Erfolg: Das zeigt sich z. B. daran, dass wie z. B. in Thüringen 1999 die Hälfte der arbeitenden Kinder „nur" in den Ferien arbeitet.

Das Geldmotiv dominiert in allen Bundesländern. Der Grund „aus Spaß" steht deutlich dahinter und der Wunsch, die Arbeitswelt kennen zu lernen, erscheint meist unbedeutend. Die Angaben zur Taschengeldhöhe sind in allen Untersuchungen fragwürdig, da eine Vergleichsbasis fehlt. (Wenn z. B. ein Hauptschüler in den Sommerferien im Heimatort den Schwimmbad-Eintritt oder ein Buch vom Taschengeld finanzieren muss, ein Gymnasiast aber eine Frankreichreise einschließlich Surfens und Eisessens extra finanziert bekommt, ist die Aussagekraft der Taschengeldhöhe gering.)

Viele Kinder arbeiten heute also wieder, HauptschülerInnen am stärksten, und das mit meist monotonen, anspruchslosen, einfachen Hilfsarbeiten, die kaum zur beruflichen Bildung beitragen. Es finden sich in den Umfragen keine Belege, dass Lohnarbeit Kindern hilft, sich selbstständig zu entwickeln und für den Beruf zu lernen. Auch führt sie nicht zu Ausbildungsplatzangeboten in fremden Betrieben.

Der Job-Klassiker ist das Austragen von Anzeigenblättern und Prospekten. Viele Schüler ziehen nachmittags um die Häuser. Vor allem arbeiten die Kinder im Dienstleistungssektor, als BabysitterInnen in fremden Haushalten, in der Gastronomie, im Büro und in der Computerbranche. Im Handwerk, auf dem Markt, im Handel, in der Landwirtschaft, auf dem Bau und bei der Gebäudereinigung:

> In NRW und Hessen liegen die privaten Dienste (außerhalb des elterlichen Haushalts) vorn (ca. 30%; z. B. Babysitten, Hausarbeiten, Nachhilfeunterricht, Gartenarbeit, Autos waschen, Einkäufe). In Brandenburg, Berlin und Thüringen das Zeitungaustragen (zwischen 24% und 27%). (In NRW und Hessen auf dem 2. Rang: 15% und 26%).
>
> Häufig wird im öffentlichen und kommerziellen Dienstleistungssektor gearbeitet, z. B. Reinigungs- und Aufräumarbeiten, Betreuung von Patienten in Krankenhäusern und alten Menschen in Heimen, Hilfe an Tankstellen, Tapezieren und Anstreichen von Wohnungen oder Haare schneiden (in Hessen 16%, NRW 11%, Thüringen 9%).
>
> Nicht wenige betätigen sich im Handel mit Aufräumen, Saubermachen und Verkauf in Läden, auf Märkten, in Supermärkten und Lagerräumen (in Berlin 18%, Thüringen 12%, Hessen und NRW 10%).

In Berlin verteilen Kinder Werbematerialien in Fußgängerzonen und Gebieten mit vielen Touristen (14%). In Berlin und Brandenburg sind auch viele mit Bauarbeiten (11% und 9%) und in Werkstätten handwerklicher und industrieller Produktion (10%) tätig. Weniger arbeiten in Restaurants, Bars und Büros und in der Landwirtschaft.

Mädchen nennen häufiger Babysitten und Jungen handwerkliche Arbeiten. Mädchen beginnen auch früher: 8 % der Mädchen gegenüber 5 % der Jungen sind bereits 13-jährig bezahlt tätig.

- „Die Mitarbeiterin eines Jugendamtes (sagt): ‚Kinder, die Jobs haben, sind Kinder aus intakten Familien. Kinder aus zerrütteten Familien haben Schwierigkeiten, sich einen Job zu besorgen und durchzuhalten.' ... Jutta Spichalski, Lehrerin in Berlin-Kreuzberg... stellt fest, dass inzwischen in der Mehrheit der Familien, aus denen ihre Kinder kommen, wenn überhaupt, dann höchstens ein Elternteil arbeitet. Oft sind beide Eltern arbeitslos. Viele Jugendliche haben deshalb kein Taschengeld. Und je älter sie sind, desto ärmer fühlen sie sich. Deshalb arbeiten ab der 8./9. Klasse fast alle – in Kneipen, Kaufhäusern, Supermärkten. Gelegentlich auch, um in Familienbetrieben wie Cafés, Kiosken, Zeitungs- oder Gemüseläden zum Einkommen der Familie beizutragen. Manche schon morgens vor der Schule. Am Rande der Legalität funktioniert eine ziemlich verbreitete Art, an Geld zu kommen: selbstgebrannte CDs werden verscherbelt. Oder Jungen stehen an vielen Ecken des Stadtteils, die Haschisch verkaufen."

(„Selbstbewusste Kinderarbeiter" von Anja Tuckermann. In: Freitag, 30.04.2004)

2. Rückschritte im JArbSchG 1984, 1997, 1998, 2008

Die liberal-konservative Regierung unter Helmut Kohl setzt mehrere Verschlechterungen durch und verringert den Arbeitsschutz für 13-jährige Kinder und ältere:

- Das 1. Gesetz zur Änderung des JArbSchGes tritt am 21.10.1984 in Kraft. Es erlaubt generell die Beschäftigung von vollzeitschulpflichtigen Jugendlichen über 15 Jahre während der Schulferien für 4 Wochen.
- Die 2. Änderung (in Kraft am 1.3.1997) dehnt das Kinderarbeitsverbot auf 15 Jahre aus. Kind ist nun, wer unter 15 Jahre alt ist. Ältere noch vollzeitschulpflichtige Jungendliche gelten noch als Kinder im Sinne des JArbSchGes. Es wird aber die Beschäftigung über 13-jähriger Kinder grundsätzlich „mit leichten und geeigneten Tätigkeiten" erlaubt, (nicht mehr nur bei Handreichungen beim Sport, Austragen von.Zeitungen sowie landwirtschaftlicher Arbeit). Ausgeschlossen bleibt die Arbeit in der gewerblichen Wirtschaft, in der Produktion und im Handel. Um wirksamer Schutzvorschriften durchzusetzen, wird das Bußgeld für Verstöße von 20.000 auf 30.000 DM erhöht.
- 1998 folgt mit der KindArbSchV die Bestimmung der für über 13jährige Kinder zulässigen Beschäftigung.

- Nach der Verordnung 2005 dürfen Jugendliche ohne Ausnahmegenehmigung bei Musikaufführungen, Theatervorstellungen und anderen Aufführungen, bei Aufnahmen im Rundfunk (Hörfunk und Fernsehen), auf Ton- und Bildträger sowie bei Film- und Fotoaufnahmen bis 23 Uhr beschäftigt werden.

Dok. 2010: JArbSchG vom 12. April 1976, Stand: 2010
zuletzt geändert 31.10.2008 (Auszug)

§ 2 Kind, Jugendlicher
(1) Kind im Sinne dieses Gesetzes ist, wer noch nicht 15 Jahre alt ist.
(3) Auf Jugendliche, die der Vollzeitschulpflicht unterliegen, finden die für Kinder geltenden Vorschriften Anwendung...
§ 5 Verbot der Beschäftigung von Kindern
(1) Die Beschäftigung von Kindern (§ 2 Abs. 1) ist verboten...
(3) Das Verbot des Absatzes 1 gilt ferner nicht für die Beschäftigung von Kindern über 13 Jahre mit Einwilligung des Personensorgeberechtigten, soweit die Beschäftigung leicht und für Kinder geeignet ist. Die Beschäftigung ist leicht, wenn sie auf Grund ihrer Beschaffenheit und der besonderen Bedingungen, unter denen sie ausgeführt wird,
1. die Sicherheit, Gesundheit und Entwicklung der Kinder,
2. ihren Schulbesuch, ihre Beteiligung an Maßnahmen zur Berufswahlvorbereitung oder Berufsausbildung, die von der zuständigen Stelle anerkannt sind, und
3. ihre Fähigkeit, dem Unterricht mit Nutzen zu folgen,
nicht nachteilig beeinflußt. Die Kinder dürfen nicht mehr als zwei Stunden täglich, in landwirtschaftlichen Familienbetrieben nicht mehr als drei Stunden täglich, nicht zwischen 18 und 8 Uhr, nicht vor dem Schulunterricht und nicht während des Schulunterrichts beschäftigt werden...
§ 7 Beschäftigung von nicht vollzeitschulpflichtigen Kindern
Kinder, die der Vollzeitschulpflicht nicht mehr unterliegen, dürfen
1. im Berufsausbildungsverhältnis,
2. außerhalb eines Berufsausbildungsverhältnisses nur mit leichten und für sie geeigneten Tätigkeiten bis zu sieben Stunden täglich und 35 Stunden wöchentlich beschäftigt werden...

(Verordnung 31. Oktober 2008, Bundesgesetzblatt I, S. 2149, 2151)

Die KindArbSchV erlaubt ab 1998 ausdrücklich auch das Austragen von Anzeigenblättern und Werbeprospekte (bisher verboten) und die Arbeit für Kirchen, Verbände und Parteien (bisher verboten). Die Zeitungsverleger jubeln:

Der Bundesverband Deutscher Zeitungsverleger e.V. begrüßt die Aufweichung des Kinderarbeitsverbots: „Kinder über 13 Jahre und Jugendliche würden (in den Nachmittagsstunden) bei der Verteilung von verlagseigenen Anzeigenblättern und für Prospekte beschäftigt ... Nach Ansicht des Verbandes ist die

Einbeziehung des Austragens dieser Druckwerke in den Katalog der für Kinder erlaubten Tätigkeiten richtig und notwendig und sollte beibehalten werden" (Deutscher Bundestag 2000, S. 9).

Dok. 1997: Dt. Kinderhilfswerk für Bündnis gegen Kinderarbeit

„Das deutsche Kinderhilfswerk hat Gewerkschaften und Unternehmer zu einem ‚Bündnis gegen Kinderarbeit' aufgerufen. In einem Gespräch mit der ‚Neuen Osnabrücker Zeitung' sagte der Präsident der Organisation, Thomas Krüger, durch die Beschäftigung von Kindern als billige Arbeitskräfte gingen in Deutschland rund 90.000 Vollarbeitsplätze verloren. Zwischen einem Drittel und der Hälfte aller Kinder und Jugendlichen ab 13 Jahren arbeite an 40 Tagen im Jahr regelmäßig bis zu vier Stunden. Die Folgen seien schlechtere Leistungen in der Schule, nervliche und körperliche Belastungen und ... auch Verletzungen. Laut Krüger muß ‚das gesellschaftliche Tabu Kinderarbeit' endlich gebrochen werden. Das Thema sei viel zu lange in unerträglicher Weise heruntergespielt worden..."

(„Bündnis gegen Kinderarbeit." Thomas Krüger. In: paPPa.com, 18.10.1997)

Dok. 1997a: Kampf gegen Kinderarbeit verloren. Sozialverwaltung verzichtet auf neue Zahlen; Datenschutz erschwert Strafverfolgung

„Ein Steuerberater beschäftigt ein 14jähriges Mädchen im Büro; ein Händler läßt auf einem Markt einen kleinen Jungen während der Schulzeit Blumen verkaufen; 60 Kinder-Komparsen stehen ohne Genehmigung vor der Kamera; im Supermarkt packen 13jährige schwere Kisten aus – alles aktuelle Fälle von Kinderarbeit aus den Akten des Landesamts für Arbeitsschutz. Zehntausende Berliner Jungen und Mädchen arbeiten für Geld – in vielen Fällen illegal. Genaue Zahlen kennt niemand: Die Sozialverwaltung hat es aufgegeben, sich einen Überblick zu verschaffen, und neue Datenschutzbestimmungen erschweren die Strafverfolgung. Die letzte Schulumfrage der Sozialverwaltung ist von 1994. Aus ‚personellen Gründen' verzichtet Senatorin Beate Hübner (CDU) seitdem auf eine Wiederholung, wie sie der Abgeordneten Margrit Barth (PDS) mitteilte...
Die Beamten des Arbeitsschutzamtes haben es zudem seit diesem Jahr schwerer, Kinderarbeit aufzudecken. Bisher waren für die Gewerbeaufsichtsbeamtin Renate Grahlmann die Angaben auf der Lohnsteuerkarte über den Arbeitgeber und die Art der Tätigkeit wichtige Anhaltspunkte, um illegaler Kinderarbeit auf die Spur zu kommen. Aus datenschutzrechtlichen Gründen sind diese Angaben weggefallen. Im vergangen Jahr wurden 64 Fälle illegaler Kinderarbeit verfolgt. In diesem Jahr ... bisher nur 7 Fälle .... „Wir können nichts machen...", sagt Grahlmann. Die stellvertretende Datenschutzbeauftragte Claudia Schmid sieht das Problem so nicht. ‚Man kann ja immer noch direkt auf die Kinder zugehen', sagt sie. Doch Renate Grahlmann entgegnet: ‚Wir haben keine Möglichkeit, die Eltern müssen uns keine Auskunft geben.'"

(Kampf gegen Kinderarbeit verloren. Ralf Eibl. In: Der Tagesspiegel, 27.07.1997)

Dok. 1998: KindArbSchV

§ 2 Zulässige Beschäftigungen

(1) Kinder über 13 Jahre und vollzeitschulpflichtige Jugendliche dürfen nur beschäftigt werden

1. mit dem Austragen von Zeitungen, Zeitschriften, Anzeigenblättern und Werbeprospekten,
2. in privaten und landwirtschaftlichen Haushalten mit
   a) Tätigkeiten in Haushalt und Garten,
   b) Botengängen,
   c) der Betreuung von Kindern und anderen zum Haushalt gehörenden Personen,
   d) Nachhilfeunterricht,
   e) der Betreuung von Haustieren,
   f) Einkaufstätigkeiten mit Ausnahme des Einkaufs von alkoholischen Getränken und Tabakwaren,
3. in landwirtschaftlichen Betrieben mit Tätigkeiten bei
   a) der Ernte und der Feldbestellung,
   b) der Selbstvermarktung landwirtschaftlicher Erzeugnisse,
   c) der Versorgung von Tieren,
4. mit Handreichungen beim Sport,
5. mit Tätigkeiten bei nichtgewerblichen Aktionen und Veranstaltungen der Kirchen, Religionsgemeinschaften, Verbände, Vereine und Parteien, wenn die Beschäftigung nach § 5 Abs. 3 JArbSchG leicht und für sie geeignet ist.

(2) Eine Beschäftigung mit Arbeiten nach Absatz 1 ist nicht leicht und für Kinder über 13 Jahre und vollzeitschulpflichtige Jugendliche nicht geeignet, wenn sie insbesondere

1. mit einer manuellen Handhabung von Lasten verbunden ist, die regelmäßig das maximale Lastgewicht von 7,5 kg oder gelegentlich das maximale Lastgewicht von 10 kg überschreiten; manuelle Handhabung in diesem Sinn ist jedes Befördern oder Abstützen einer Last durch menschliche Kraft, unter anderem das Heben, Absetzen, Schieben, Ziehen, Tragen und Bewegen einer Last,
2. infolge einer ungünstigen Körperhaltung physisch belastend ist oder
3. mit Unfallgefahren, insbesondere bei Arbeiten an Maschinen und bei der Betreuung von Tieren, verbunden ist, von denen anzunehmen ist, dass Kinder über 13 Jahre und vollzeitschulpflichtige Jugendliche sie wegen mangelnden Sicherheitsbewusstseins oder mangelnder Erfahrung nicht erkennen oder nicht abwenden können.

Satz 1 Nr. 1 gilt nicht für vollzeitschulpflichtige Jugendliche.

(3) Die zulässigen Beschäftigungen müssen im übrigen den Schutzvorschriften des Jugendarbeitsschutzgesetzes entsprechen.

(KindArbSchV, 23. Juni 1998, BGBl. I S. 1508)

Die neue KindArbSchV und das JArbSchG reagieren überhaupt nicht auf die Bundesländer-Studien und das darin deutlich gewordene drastische Ausmaß der Kinderarbeit mit ihren Folgen, vor allem psychischer Art (§2, Abs. 2 begrenzt nur physische Belastungen). Auch die neuen belastenden Kinderarbeitsbereiche in der Film- und Werbebranche bleiben gänzlich ausgeklammert. Unverständlich bleibt auch, warum heute noch in (den modernen Großbetrieben) der Landwirtschaft Kinder 3 Stunden arbeiten dürfen (Zeitungen und Zettel austragen 2 Stunden). Auch fehlt es an einer verbesserten Ausstattung der Gewerbeaufsicht (vgl. Dok. 1999b).

Die abschließende Aufzählung der leichten und für Kinder geeigneten Arbeiten (in § 2 KindArbSchV) erlaubt, zulässige von verbotenen Tätigkeiten klarer abzugrenzen. Die Last darf 7,5 kg (gelegentlich: 10 kg) nicht überschreiten:

- Die Gewerbeaufsicht Sachsen achtet „auf die Einhaltung der max. Lastgewichte bei der manuellen Handhabung... Die Gebindegrößen umfassen maximal 200 Stk./Paket bei 16-20-seitigen Exemplaren, womit die Masse auf 5-6 kg begrenzt wird. Die Durchschnittsmenge pro Kind wird auf 480 Zeitungen limitiert, größere Mengen (ca. 1000 Zeitungen umfassen 5-6 Pakete) werden von über 15-jährigen Schülern und Erwachsenen ausgetragen. Als Partner des Werbeverlages wird nur der Werbematerialausträger selbst (z. B. Elternteil, Jugendlicher, Kind) akzeptiert." (JdG Sachsen 1999, S. 89f.)

Dok. 1999b: Deutscher Kinderschutzbund kritisiert KindArbSchV

Positionspapier des DKSB LV NRW vom 8. Mai 1998

„LeistungssportlerInnen oder dreijährige Schönheitsköniginnen, die getrieben von elterlichen Karriereplänen als Anlagevermögen von einem Wettbewerb zum anderen reisen, sind nicht durch die bisherige Gesetzeslage geschützt. Es scheint fast so, als ob Kindern und Jugendlichen mit medialem Unterhaltungswert für Erwachsene die Anerkennung für ihre Leistungen zuerkannt bekommen – obwohl es letztendlich nur um den Profit von Eltern, Veranstaltern, Lizenznehmern und Produzenten geht. Die zulässigen Beschäftigungen der Verordnung klammern neue Arbeitsbereiche… aus. Gleichzeitig werden Tätigkeiten erlaubt, bei denen sich die Frage nach dem Kinderschutz eindringlich stellt. Beispielsweise ist das Austragen von Zeitungen bei Wind und Wetter … erlaubt. Oder … 3 Stunden Arbeit im Rahmen der Landwirtschaft ... Sind die physischen Belastungen hierbei nicht ggf. höher als in anderen Tätigkeitsbereichen, in denen nur 2 Stunden gearbeitet werden darf? Welche Kriterien werden bei der Ermittlung der Anzahl der Stunden herangezogen? Schüler und Schülerinnen haben mit diesen… Arbeitsstunden neben den Hausaufgaben … oft 40-Stunden-Wochen. Es drängt sich der Verdacht auf, dass unter dem Schutzmantel eines Schutzgesetzes eine Deregulierung eines Arbeitsmarktsegments stattgefunden hat, der Dumpinglöhne durch ausbeuterische Kinderarbeit ermöglicht. Grundsätzlich fehlen … Regelungen zur Arbeit im Bereich des Hochleistungssports, der Filmindustrie und wirtschaftlicher Betriebe bzw. im Handel (Supermärkte etc.)...

Abs. 2 der Verordnung benennt nur Einschränkungen in physischer, nicht aber in psychischer Hinsicht. Monotone, stupide und völlig einseitige Tätigkeiten sind ebenso als unzulässig aufzunehmen. Studien verschiedener ... Landesregierungen haben nachgewiesen, daß ein großer Teil der arbeitenden Kinder unter Nervosität leidet...
Das Jugendarbeitsschutzgesetz hat bisher nicht verhindern können, dass ca. 50% der von Kindern erbrachten Arbeit ... unerlaubte ... ist. Eine Ursache hierfür sind fehlende Möglichkeiten der Kontrolle durch die Gewerbeaufsichtsämter. Auch eine weitere Differenzierung des Gesetzes... mit dieser neuen Verordnung... trägt nicht zur ... Einhaltung bei, wenn nicht ... Ressourcen für Kontrollmöglichkeiten bereitgestellt werden.
... Eine weitere Verordnung macht nur dann Sinn, wenn gleichzeitig Kinder über Aufklärungskampagnen die Möglichkeit haben, ihre Rechte einzufordern, bzw. Erwachsene ... Kinder bei der Wahrnehmung ihrer Rechte unterstützen und informieren können. Erstrebenswert erachten wir daher ... Informationsstellen für Kinder..., die beispielsweise bei den Arbeitsämtern angesiedelt sein könnten.
... Die heute für Kinder verlorengegangene Verbindung von Arbeit und Lernen neu herzustellen macht Sinn. Dazu sind jedoch Rahmenbedingungen notwendig, d.h. Beschäftigungsgegebenheiten, die „Qualifizierung" für das spätere Berufsleben ermöglichen oder z. B. Lehrstellen eröffnen...
Mit der Verordnung ... hat der Gesetzgeber weiterhin den wirtschaftlichen Interessen Vorrang gegeben, denn die gesetzlich erlaubten „Beschäftigungen" entsprechen den Interessen der Zeitungs- und Werbezettelbranche, dem Bauernverband und der Unterhaltungs- und Sportindustrie... Im Mittelpunkt der Novellierung stand nicht der Schutz von Kindern und Jugendlichen vor wirtschaftlichen Interessen...
Der Kinderschutzbund kritisiert die Haltung der PolitikerInnen, Kinderarbeit ... zu ignorieren. Er fordert die Landes- und Bundesregierung auf, geeignete Maßnahmen ... für die Bekanntmachung des Jugendarbeitsschutzgesetzes zu finanzieren sowie nachhaltig die Interessen von Kindern und Jugendlichen vor den ökonomischen Interessen zu schützen!"

(Positionspapier des DKSB LV NRW zu arbeitenden Kindern und Jugendlichen. 1999)

3. Bundesregierung berichtet 2000

Die Bundesländer haben für 1997 bis 1999 rund 1970 Verstöße gegen das Kinderarbeitsverbot gemeldet, am häufigsten die Nichteinhaltung der Mindestaltersgrenzen und die Beschäftigung zu unzulässigen Zeiten. Die ermittelten Verstöße bestehen vor allem im Einzelhandel, Dienstleistungsbereich, Hotel und Gaststättengewerbe, Baugewerbe, beim Zeitungsaustragen, im Kultur- und Medienbereich sowie auf Jahr- und Wochenmärkten:

Dok. 2000: Bundesregierung über ermittelte Verstöße in Deutschland

- a) Baden-Württemberg: *„Im Jahr 1997 wurden 24, im Jahr 1998 25 und im Jahr 1999 44 Verstöße ... festgestellt. Dabei handelte es sich schwerpunktmäßig um die unzulässige Beschäftigung von Kindern im gewerblichen Bereich und von Kindern, die noch nicht das 13. Lebensjahr vollendet hatten... insbesondere im Einzelhandel, im Gaststättengewerbe, in Schreinereien und bei Holzspielzeugherstellern sowie beim Austragen von Pressepublikationen und Werbeprospekten.“*
- *b) Bayern: „1997 und 1998 ergaben die Kontrollen insgesamt 68 Missachtungen... 36 in 1997 und 32 in 1998... schwerpunktmäßig... die Nichtbeachtung der Mindestaltersgrenzen, das Überschreiten der zulässigen Beschäftigungszeiten, die Nichtbeachtung des Verbots der Samstagsbeschäftigung... Die häufigsten Verstöße... beim Austragen von Zeitungen und Werbeprospekten sowie im Gaststättengewerbe und Medienbereich.“*
- c) Berlin: „1998 wurden für die Beschäftigung von Kindern in den Bereichen Kultur und Medien 466 Anträge bewilligt... bezogen... auf die Beschäftigung von ... 2.368 Kindern.“
- *d) Brandenburg: „Von März 1997 bis November 1999 wurden 350 Verstöße ... festgestellt. Von März 1997 bis Dezember 1997 ... 132 Verstöße, ... 1998 ... 97 und im Zeitraum Januar 1999 bis November 1999 ... 121 Fälle ... Die häufigsten ... waren das Nichteinhalten des Mindestalters von 15 Jahren für eine Beschäftigung in den Schulferien, die Beschäftigung von Kindern im gewerblichen Bereich, die Nichteinhaltung der zulässigen Beschäftigungszeiten bei der Zustellung von Zeitungen und Werbeprospekten, die Beschäftigung mit unzulässigen Tätigkeiten (Aushub von Kabelgräben, Pflasterarbeiten) und eine mangelhafte Gefahrenunterweisung durch Arbeitgeber...“*
- *e) Bremen: „1997 und 1998 wurden drei Zuwiderhandlungen ... festgestellt... verbotene Nachtarbeit bzw. Sonn- und Feiertagsarbeit in den Bereichen Gastronomie, Zeitungsverlage und Einzelhandel.“*
- *f) Hamburg: „Hamburg berichtet von insgesamt 16 Verstößen ... 1997 und 1998. ... 1997 die meisten Missachtungen bei Film- und Fotoaufnahmen ... 1998 im Einzelhandel.“*
- *g) Hessen: „Die Überprüfung ergab... März 1997 bis März 1999 55 Verstöße ... überwiegend... Nichteinhalten der ... Beschäftigungszeiten.“*
- *h) Mecklenburg-Vorpommern: „Von Januar 1998 bis Oktober 1999 er*mitteln *die Aufsichtsbehörden 115 Verletzungen des Verbotes der Kinderarbeit. 60 Verstöße kamen ... 1998 und 55 ... von Januar bis Oktober 1999 vor. In den meisten Fällen ist die Altersgrenze von 15 Jahren für eine zulässige Ferienbeschäftigung nicht eingehalten worden oder Kinder hatten unzulässige Tätigkeiten ausgeübt... schwerpunktmäßig im Baugewerbe, im Dienstleistungsbereich, insbesondere in der Gastronomie und im Beherbergungswesen sowie im Handel.“*

- *i) Niedersachsen: „Von Januar 1997 bis Juni 1999 wurden ... 13 Verstöße ... festgestellt. Dabei wurden besonders häufig die Bestimmungen zur Samstags- und Sonntagsruhe verletzt... bei Zeitungsverlagen und im Einzelhandel."*
- *j) NRW: NRW „berichtet für den Zeitraum vom 1. April 1997 bis 30. August 1999 von 291 ... Verstößen .... Die häufigsten ...: die Nichteinhaltung der Mindestaltersgrenzen ..., die Beschäftigung ... zu unzulässigen Zeiten, das Überschreiten der ... vierwöchigen Ferienarbeit, eine fehlende Antragstellung ... im Kultur- und Medienbereich, die Beschäftigung ... mit nicht erlaubten Tätigkeiten (insbesondere ... im gewerblichen Bereich, mit erhöhten Unfallgefahren verbundene Arbeiten, schwere körperliche Tätigkeiten). Die Verstöße wurden im Einzelhandel, Dienstleistungsbereich, Gaststätten- und Baugewerbe, Kultur- und Medienbereich sowie auf Jahr- und Wochenmärkten festgestellt. ... Schwerpunktaktionen ... (bei) ... Überprüfung ... beim Austragen von Zeitungen, Zeitschriften usw. (ergaben), dass rund 30% der Kinder nach 18 Uhr und 60% der Kinder länger als zwei Stunden an einem Tag arbeiteten. ... 345 Betriebe mit insgesamt 405 beschäftigten Kindern bzw. vollzeitschulpflichtigen Jugendlichen wurden überprüft: sieben vollzeitschulpflichtige Jugendliche wurden im Einzelhandel außerhalb der Ferien beschäftigt. In 26 Betrieben hatte der Arbeitgeber keine Beurteilung der Arbeitsbedingungen und keine Gefahrenunterweisung vorgenommen."*
- *l) Saarland: „Bei fünf Prospekt- und Zeitungsvertriebsfirmen wurden insgesamt 179 Kinder beschäftigt, ohne ... Rechtsverletzungen ..."*
- *m) Sachsen: „In Sachsen wurden zwischen Januar und September 1999 73 Missachtungen des Kinderarbeitsverbotes registriert. Dabei wurden in 53 Fällen Schüler, die noch nicht das 15. Lebensjahr vollendet hatten, in den Ferien beschäftigt. In 13 Fällen ... (wurde) das Mindestalter von 13 Jahren ... nicht eingehalten... Am häufigsten wurden die rechtlichen Bestimmungen im Baugewerbe, im Dienstleistungsgewerbe und im Handel nicht beachtet."*
- *n) Sachsen-Anhalt: „Vom 1. März 1997 bis 30. September 1999 wurden insgesamt 65 Verletzungen des Kinderarbeitsverbotes festgestellt... überwiegend ... Ferientätigkeiten ... In den Bereichen Einzelhandel, Landwirtschaft, Baugewerbe und der Gastronomie..."*
- *o) Schleswig-Holstein: „1998 wurden sieben Verstöße ...festgestellt."*
- *p) Thüringen: „Von Januar 1997 bis September 1999 wurde in 185 Fällen eine Verletzung der Bestimmungen ... festgestellt. Die häufigsten ...die Beschäftigung von unter 15-jährigen Kindern während der Schulferien, die Beschäftigung von 13- und 14-Jährigen mit nicht erlaubten Tätigkeiten und die Beschäftigung ...zu unzulässigen Zeiten. Die Mehrzahl der Verstöße war den Bereichen produzierendes Gewerbe, Baugewerbe, Dienstleistung, Handel, Land- und Forstwirtschaft sowie Ernährungsgewerbe zuzuordnen."*

(Deutscher Bundestag 2000)

In Thüringen sind 37,6 Prozent der befragten Schüler einer Beschäftigung nachgegangen, 24,3% verbotenerweise. Die Liste der ermittelten Rechtsverstöße zeigt, wie stark die Kinderhand als billige Arbeitskraft in Deutschland immer noch gefragt ist. Selbst die illegale Beschäftigung von unter 13-jährigen ist keine Ausnahme. Nach Angaben der Regierung war „nicht zu erwarten ..., dass auch im Baugewerbe häufiger verbotene Kinderarbeit festgestellt wurde, da Tätigkeiten im Baubereich im allgemeinen mit schwerer körperlicher Arbeit verbunden sind. Gesetzesverstöße wurden zudem gehäuft beim Zeitungsaustragen oder dem Verteilen von Prospekten o. ä. festgestellt." (Deutscher Bundestag 2000, S. 10) Dabei handelte es sich unter anderem um schwere körperliche Tätigkeiten wie den Aushub von Kabelgräben oder aber Pflasterarbeiten. (S. 5) Die Aufsichtsbehörden ahndeten die Verstöße überwiegend mit Verwarnungen. „Oftmals wurden Bußgelder verhängt, deren Höhe bis zu 4.000 DM betrug." (S. 6) Strafmaßnahmen sind laut Regierungsbericht aber selten. Die Aufsichtsbehörden gehen in der Regel auch nur Hinweisen nach, die sie von anderen Behörden erhalten und verfügen nicht über ausreichende Informationen über den tatsächlichen Umfang illegaler Kinderarbeit.

Die Tab. 1998/1999 zeigt das Ausmaß (fast immer bewilligter) Anträge für Theatervorstellungen, Hörfunk- und Fernsehaufnahmen, Werbeveranstaltungen sowie Musik- u. a. Aufführungen. Einschließlich der für Hamburg und Brandburg geschätzten Anträge dürften von den 5049 genehmigten Anträgen ca. 3000 auf ein Jahr entfallen. Und davon dürften pro Jahr mehr als 20.000 Kinder betroffen sein.

Tab. 1998/99: Anträge auf Kinderbeschäftigung

Bundesland	Genehmigte Anträge	Zeitraum
Baden-Württemberg	195	'99
Bayern	658	'98
Berlin	466 (für 2368 Kinder)	'98
Brandenburg	270* (für 1303 Kinder)	März '97 – Sep. '99
Bremen	12	'98
Hamburg	500* (für 2597 Kinder)	'98
Hessen	135	März '97 – März '99
Meckl-Vorpommern	111	Jan. '97 – Sept. '99
Niedersachsen	204	Jan. '97 – Juni '97
NRW	956 (für 8091 Kinder)	Jan '98 – Aug. '99
Rheinland-Pfalz	93	'98
Saarland	12	'97 - '98
Sachsen	1132	'98 – Sept. '99
Sachsen-Anhalt	211	'97 – Sept. '99
Schleswig-Holstein	20	'98
Thüringen	74	Jan. '97 – Sept. 99

*(Deutscher Bundestag 2000) *geschätzt*

4. In allen Hauptfächern schlechtere Noten

2000 bis 2002 jobben laut Tab. 17 im Durchschnitt 7% der Kinder mit 13 Jahren oder davor. Jeweils 11% nehmen erstmals mit 14 und 15 Jahren einen Nebenjob auf. Der Anteil der Mädchen, die mit 13 Jahren mit dem Jobben beginnen, ist mit 8% etwas höher als bei Jungen mit 5%. „Hier dürfte Babysitten eine große Rolle spielen... Nahezu alle jobben, weil sie Geld verdienen wollen (über 88%). Weniger als 10% geben an, aus Interesse an der Tätigkeit zu arbeiten... Weitergehende Analysen zeigen jedoch, dass die Kinder, die bereits vor Vollendung des 14. Lebensjahres gejobbt haben, später in allen Hauptfächern etwas schlechtere Noten haben." (DIW-Wochenbericht Berlin. Nr. 38/2003).

Nach der DIW-Untersuchung lag die Note in Deutsch bei Jugendlichen ohne Job im Schnitt bei 2,8, mit Job bei 3,0. Es wurden 17- (bis 19-)jährige rückblickend befragt, bei den Noten aber nach denen im letzten Zeugnis, so dass die Ergebnisse nicht sehr aussagekräftig sind.

Tab. 17: Verteilung des Alters beim ersten Jobben

Befragung von 1.139 17jährigen Jugendlichen 2000 - 2002			
	alle Jugendl.	davon Mädchen	davon Jungen
13 Jahre o. jünger	7%	8%	5%
14 Jahre	11%	10%	3%

(DIW-Wochenbericht Berlin. Nr. 38/2003)

Dok. 1995: Auf Nachtarbeit kam kein Lehrer

„Das Mädchen Pilar hatte seinen ersten Job mit 14 in einer rauchgeschwängerten altdeutschen Bierkneipe. ‚Sogar welche von der Kripo saßen am Tresen', erinnert sich die Lüneburger Hauptschülerin - gesagt habe keiner was.
Später plagte sie sich in einer Disco bis in die frühen Morgenstunden mit besoffenen Kunden herum, ging putzen oder saß auch mal in der Spielhalle an der Kasse. Wenn sie montags überhaupt zur Schule kam, sah sie ‚total fertig' aus. Die Lehrer tippten auf Drogenkonsum, auf Nachtarbeit kam keiner - obwohl einige von Pilars sieben Geschwistern ähnlich früh mit dem Geldverdienen angefangen hatten, um die vaterlose Familie durchzubringen...
Häufiger schon kam Weyland (Gesamtschullehrer in Hamburg) zu Ohren, ‚daß eine Mutter Putzstellen annimmt und dann ihre Kinder losschickt'. Etliche türkische Schüler müßten auf Wochenmärkten oder im Geschäft der Eltern mitarbeiten...
Alle Jahre wieder hatten sich die Lehrer im Sommer über auffällig gelichtete Reihen gewundert. ‚Die Kinder waren nicht etwa krank', berichtet Weyland, ‚die standen den ganzen Tag im Erdbeerfeld.' Ein Schüler hatte sich verplappert; Nachforschungen ergaben: Regelmäßig zur Erdbeerzeit fuhren Busse durch

Wilhelmsburg und sammelten im Morgennebel die Erntehelfer ein.
‚Das ist wirklich Sklavenarbeit', wettert Hüseyin Demir, der wochenlang auf schmerzenden Knien Erdbeeren pflückte..."

(„Ranklotzen wie die Großen." Beate Lakotta. In: Der Spiegel. Nr. 9, 1.9.1995)

Die Vernachlässigung der Schule durch Kinderarbeit kann zu schlechteren Schulleistungen und zur Jugendarbeitslosigkeit führen:

Dok. 1993: Kinderarbeit – Schwitzen fürs Image

„Morgens pünktlich um vier tritt Olaf vor dem Backofen an. Der Fünfzehnjährige wirft Teig aus, schleppt Bleche, bedient die Brotbackmaschine. Acht Stunden malocht er am Tag – für ... acht Mark pro Stunde. Samstags, während der Ferien und manchmal auch an Werktagen. Olaf ist Realschüler im nordrheinwestfälischen Lünen, besucht die neunte Klasse. In der Bäckerei jobbt er seit dem zwölften Lebensjahr...
Schwitzen nach dem Unterricht: Den Trend bestätigen eine Befragung von fast 800 Siebt- bis Zwölftkläßlern am Bad Homburger Humboldt-Gymnasium vom Juni 1992 ... Er arbeite der ‚Kohle wegen', erklärt der Lünener Olaf, denn: ‚Ich will unter den Kumpels mithalten können.' Seine letzte Anschaffung: ein Modellmotorsportboot, Typ Hydroplane, für 1200 Mark. Eine ganze Sammlung von Modellbooten und Flugzeugen schmückt bereits sein Kinderzimmer.
90 Prozent der ‚Kinderarbeiter' von heute jobben, um sich ihren Lifestyle zu erhalten. Denn das ist es, was in der Clique zählt. ‚Chevignon'-Rucksack, ‚Diesel'-Jeans oder ‚Scott'-Mountainbike sind ebenso wichtig fürs Image wie die Hermès-Täschchen und SEL-Cabrios für die Eltern.
Professor Hanns Wienold, Soziologe an der Uni Münster: ‚Sie sind nur scharf auf die Darstellung des eigenen Selbstwertgefühls durch Geld.'
Der 16jährige Marco braucht Bares, um den Konsumnormen in der Clique zu entsprechen: ‚Wenn du die falschen Klamotten trägst, bist du einfach draußen.'...
Bernd Simon, Landesvorsitzender des Berufsverbands der Kinderärzte, warnt: ‚Wenn Heranwachsende sich körperlich zu sehr belasten, können Schmerzen in den Knochenwachstumszonen wie Knie und Schultern auftreten.'
Lehrer Gustav Echelmeyer aus Münster hält das Jobben für die Markenklamotten ebenfalls ‚nicht für kindgerecht': ‚Der Streß in der Jugend bringt die Neurosen im Erwachsenenleben zutage.'
Der Arbeitstag der jugendlichen Arbeiter inklusive Unterricht und Hobbys entspricht nicht selten dem Kalender eines Topmanagers. Lernpensum und Hausaufgaben müssen dabei schon mal hintenan stehen.
‚Wenn ich nicht alles schaffe, schreib ich halt ab', ist die Konsequenz für Kathrin. Die 14jährige Frankfurter Schülerin hütet mehrmals die Woche zwei Kleinkinder aus der Nachbarschaft. Als ‚Mädchen für alles' im Büro verdient sie sich an Nachmittagen noch mal zehn Mark pro Stunde dazu.
Belastungen werden verdrängt, um den Status zu erhalten. Die Grundausrüstung

der Pubertierenden von heute: Crossräder, Gameboys und der Atari-Computer. Knapp die Hälfte von Marcos 29 Klassenkameraden hat einen eigenen PC im Kinderzimmer...
Walter Wilken, Präsident des deutschen Kinderschutzbundes in Hannover, betrachtet die Markenindustrie als mitverantwortlich für die geld- und arbeitswütige Jugend: ‚90 Prozent der Werbung spricht zielbewußt die Kinder an. Die haben die Marktlücke Kind erkannt und schöpfen sie voll aus.' Der Umsatz des kalifornischen In-Sportswear-Herstellers ‚Stüssy' beispielsweise hat sich in den letzten beiden Jahren verdoppelt..."

(„KINDERARBEIT – Schwitzen fürs Image." In: FOCUS Nr. 31, 02.08.1993)

Dok. 1994: Putzen statt Pauken

„Die Polizeistreife traf die vier Jungen auf dem Dachboden eines Kreuzberger Altbaus an. Seit Tagen schon hatten die Kinder im Alter zwischen elf und vierzehn Jahren Steine und Bauhölzer hinaufgetragen, die ein Bauunternehmen für den Dachausbau benötigte. Von einem Beschäftigten seien sie angesprochen worden, ob sie sich nicht das Taschengeld aufbessern wollten, so die Kids. Für sechs Stunden am Tag habe es dann einen Zehner gegeben.
Das hätte noch eine Zeitlang so weitergehen können, vermutet Gewerbehauptkommissar Georg Zander, wenn nicht einer Mutter aufgefallen wäre, daß ihr Sohn die Schule schwänzt. Die auf die Fährte geschickte Streife habe dann festgestellt, daß die Jungen nur über ein Baugerüst in den fünften Stock gelangen konnten. Ohne Schutzkleidung und Helme hätten sie dort im Dachgebälk geschuftet. Einer habe gar über Rückenschmerzen geklagt. ‚Nach Zeugenaussagen haben sie auch Ziegel abgedeckt und weggetragen', empört sich Zander. ‚Da hätten Steine runterfallen können.'...
Manche Lehrer... waren vollkommen perplex. Mit einem Mal konnten sie sich erklären, warum Schüler im Unterricht schliefen oder abwesend waren. Gustav Eichelmeyer, Lehrer aus dem westfälischen Lengerich, war ‚sprachlos', als er vor einigen Jahren erstmals mit seinen Schülern das Thema Kinderarbeit im Unterricht besprach: ‚Es hat mich fast vom Stuhl gehauen, als ich hörte, daß der größte Teil meiner Schüler in einem Umfang arbeitete, der mich schaudern ließ. Ich erfuhr von vier Stunden Zeitungen austragen, Tag für Tag vor der Schule, von regelmäßiger Arbeit in einer Wäscherei, von Aufsichtstätigkeiten in einem Vergnügungspark und vom Arbeiten als Abräumer in der Gastronomie.'
Auslöser war ... der Fall eines dreizehn Jahre alten Schülers, der... mitten im Unterricht vor Schmerzen anfing zu weinen. Der Junge habe unter Rückenkrämpfen gelitten, ausgelöst durch schwere Arbeit bei der Heuernte. Dem verdutzten Lehrer schilderte er, ‚wie er im Grunde seit frühester Kindheit so in die bäuerliche Arbeit eingebunden war, daß er mit dreizehn Jahren schon deutliche körperliche Verschleißerscheinungen zeigte'.
Erdbeerernte, Gebäudereinigung, Aushilfe an Tankstellen und in Supermärkten, Kinder machen vieles. Kaum zu überblicken ist, wie viele zu Hause

heimarbeitenden Müttern oder Vätern zur Hand gehen, Einzelteile für die Industrie zusammensetzen oder beim Zunähen von Stoffen helfen. ‚Auch Gaststättenarbeit bis ein Uhr nachts' ist für den DGB-Experten Schäffer nichts Besonderes mehr. ‚Durchschnittlich kommen die auf fünfzig Stunden pro Woche inklusive Schulzeit. Die Hausaufgaben nicht mitgerechnet.'… In Hessen … arbeiteten über die Hälfte der Kinder in Betrieben mit bis zu zehn Angestellten und ein weiteres Viertel in Unternehmen mit bis zu hundert Beschäftigten. Daß da keiner den Chef anzeigt, hat etwas mit der fehlenden Demokratie in diesen Firmen zu tun. Oft, so weiß Heiner Schäffer, hätten gerade diese Übeltäter keinen Betriebsrat, obwohl sie betriebsratsfähig sind. Dabei sollte die Verhinderung von Kinderarbeit den Erwachsenen doch am Herzen liegen. ‚Allein in Köln wären durch die von Kindern geleistete Arbeit 3800 Vollarbeitsplätze zustande gekommen', hat Schäffer ausgerechnet."

(„Putzen statt Pauken." Uwe Pollmann. In: Die Zeit, Nr. 46, 11.11.1994)

Dok. 2001: Lehrer: Vor allem bei Schwächeren leidet die Leistung

- „Für die Lehrer steht indes fest, dass die Ablenkung durch die Arbeit Folgen hat – vor allem bei schwächeren Schülern. ‚Das geht eindeutig auf Kosten der Leistungen', sagt Lothar Schwietz, der Schulleiter … am Gymnasium ist. Die Beobachtung vieler Pädagogen: Während die Cleveren die Doppelbelastung spielend in den Griff bekommen, reduziert sich bei mittelmäßigen Schülern die Bereitschaft, sich in der Schule mehr anzustrengen. Für sie bekommt der Job eine zusätzliche Bedeutung. ‚Das steigert ihr Selbstwertgefühl, weil sie da schon wie Erwachsene behandelt werden', sagt Matthias Wasel."

(„Nebenjob Schule." Ulla Hanselmann. In: Die Zeit, Nr. 24/2001)

Dok. 2002: Kinderarbeit und miserable Schulnoten. Man fühlt sich erwachsener.

„Die Doppelbelastung von Schülern ist so häufig, dass Pädagogen in ihr auch einen Grund für Deutschlands miserable Schulnoten sehen. Viele Schüler, meint etwa der Hamburger Lehrerverbandschef Arno Becker, hielten die Schule nur noch für ihren ‚Nebenjob'. Und sein Kollege Heinz Wagner vom Verband Bildung und Erziehung, Gesamtschulleiter in Paderborn, redet sich in Rage über ‚die Wirtschaft', die Schüler zum Luxuskonsum wie Markenklamotten verführe und sie gleichzeitig als billige Arbeitskräfte ausbeute – auf Kosten der Schule. …Schulleiter Wagner hat … Erfahrungen. Nachschreibtermine für Klassenarbeiten etwa legen manche … Kollegen… auf ihren freien Samstag. ‚Nachmittagstermine werden nicht wahrgenommen wegen der Jobverpflichtungen', klagt Wagner.
Marijkes Mitschülerin Anastasia bangt um den Hauptschulabschluss. Doch ohne ihre Putzjobs – frühmorgens vor der Schule – würde sie ‚auch nicht besser lernen', behauptet sie. Außerdem hätte sie ohne eigenes Geld nicht an der Klassenreise nach Italien teilnehmen können… Geldverdienen ist Motiv Nummer eins …, gefolgt von …: ‚Fun'. Dabei besteht der Spaß für viele schon darin, ‚kein

Kind' mehr zu sein, sich unabhängig von den Eltern beweisen zu können. Traditionelle Freizeitangebote bieten diese Art Spaß nicht. Laut Janina ist man out, wenn man im Chor singt, in der Badminton-AG spielt oder daheim Klavier übt: ‚Das wollen nur noch Eltern, wir gehen lieber aus. Und das kostet eben.'
Friedhelm Meyer, Chef des Hauptschullehrerverbands, macht das Jobben nicht für die deutsche Bildungsmisere verantwortlich. Hauptschulen stellen trotz des niedrigen Alters ihrer Schüler den größten Teil der Babyjobber, Gymnasien den geringsten. ‚Der viel größere Bildungsfeind ist der Fun-Faktor', glaubt Meyer. ‚Wir sind leider eine Spaß- und keine Leistungsgesellschaft. Dagegen kann Jobben sogar helfen, weil die Jugendlichen dabei Verantwortungsbewusstsein entwickeln.'"

(„Lockender Mammon", A. Bruhns. In: Der Spiegel, H. 23, S. 74, 03.06.2002)

Dok. 2007c: Nach Schulschluss Geld verdienen

„Über das Internet (öffnen sich) neue Vermittlungswege. Die 13-jährige Hamburgerin Sabrina Decker ... hat ihre neue Freizeitbeschäftigung online entdeckt – bei... gassi-gassi.de... In den dunklen Nischen des Internet tummeln sich allerlei zwielichtige Angebote, die – finanziell durchaus verlockend – vor allem junge Mädchen ansprechen sollen. ‚Fotos im Stil der Bravo', ‚freizügige Fotos', halbseidene Hostessen-Angebote ... ‚Eltern sollten ihre Kinder bei der Suche nach einem Schülerjob unbedingt beraten und begleiten', rät Paula Honkanen-Schoberth, Geschäftsführerin des Deutschen Kinderschutzbunds: ‚Da wird mit guten Honoraren gelockt, und manche Mädchen bieten sich selbst in ihrer Naivität auch etwas sehr keck an.' Als würde ein tiefes Dekolleté oder ein lasziver Augenaufschlag die Aussicht auf einen Job als Kindermädchen erhöhen.'...
Josef Kraus, Vorsitzender des Deutschen Lehrerverbands: ‚Wenn die Noten stimmen, ist ein Nachmittag pro Woche sicher in Ordnung und steigert auch das Selbstbewusstsein.'... Besonders bei schwächeren Schülern entstehen so oft Probleme: ‚Die pennen in der Schule vor sich hin, oder es häufen sich sogar die Fehltage.' Bei Verdacht auf hyperaktives Jobben schickt Kraus Schüler auch mal zur Überprüfung zum Schularzt. ‚Manche ... powern die ganzen Ferien durch und kommen dann am ersten Schultag völlig erschöpft in den Unterricht.'... Denn es sind mitnichten der pure Konsumwahn bzw. die nackte Geldgier... 84 Prozent der deutschen Kinder zwischen zehn und 17 Jahren besitzen zwischen 500 und 1000 Euro Erspartes, fand das Münchner Institut für Jugendforschung ... heraus. Das hört sich üppig an. Aber in Zeiten, in denen ein Konzertticket 40 Euro, ein Computerspiel 60 Euro oder Markenturnschuhe 120 Euro kosten, reicht das Taschengeld ... oft nicht aus."

(„Nach Schulschluss Geld verdienen" In: Focus, 1.6.2007)

5. Zwischen Hartz IV und Selbstverwirklichung

Der Druck auf Kinder, zu verdienen, um das Familieneinkommen aufzubessern – ist dort groß, wo Vater oder Mutter arbeitslos sind oder zu den Niedrigverdienern zählen. Einige geben Teile ihres Verdienstes an die Eltern ab. Andere kaufen sich Kleidung und Süßigkeiten von ihrem Lohn – Dinge, die in besserverdienenden Familien Eltern finanzieren.

Infolge Hartz IV werden nicht nur ‚haushaltsnahe' Mini-Jobs und die Leih- bzw. Zeitarbeit, sondern auch der staatlich subventionierte Niedriglohnsektor wird ausgedehnt. Vollzeitarbeitsverhältnisse reichen oft nicht aus, eine Familie zu ernähren. Man muss ein oder mehrere Nebenjobs übernehmen und nach Feierabend bzw. an Wochenenden schwarz weiterarbeiten. Mit einem ‚McJob' können Eltern sich umso weniger um ihre Kinder kümmern. In Deutschland leben inzwischen nahezu 3 Millionen Kinder, jedes sechste Kind, in Armut auf Sozialhilfeniveau. „Eine Million Deutsche erhalten Lebensmittelspenden" titelt *Die Welt* am 14.06.2009. Umso mehr sozialversicherungspflichtig Beschäftigte durch 1-€-Jobber ersetzt werden und Erwachsenenarbeit zu Schülerjobs zerstückelt wird, ist massenhafte Kinderarbeit wieder Realität in Deutschland. Sie tun das als Zeitungsausträger, um ihr Taschengeld aufzubessern oder um den Hartz-IV-Familienetat aufzustocken. Man findet sie aber auch abends in deutschen Opernhäusern, wo sie als Statisten oder Chorsänger auftreten.

- „Babys betreuen, Umzugskisten schleppen, Staub saugen … Für viele Berliner Schüler ist der erste Ferientag gleichzeitig der erste Arbeitstag. Sie verteilen Prospekte, geben Nachhilfe und arbeiten als Möbelpacker. … Die meisten Jobangebote kommen aus dem privaten Bereich. „Sehr gefragt sind jetzt Umzugshelfer, Babysitter und Haushaltshilfen", sagt Torsten Daus, Geschäftsführer der Online-Jobbörse Ansus. In Berlin wenden sich Schüler… an diese Jobbörsen im Internet..., (an) Zeitungen und Magazine … Der Verdienst … liegt in der Regel zwischen 5 und 12 Euro netto. Als Geheimtipp gilt übrigens Blutspenden – das machen viele schon längst auch außerhalb der Ferien." (Laurence Thio. In: Der Tagesspiegel, 23.06.2005)

Ob das Kindeswohl unter die Räder gerät, scheint keine Frage. Hartz IV verstärkt 2005 den Druck zur Kinderarbeit:

- **„Der kleine Mann ist kleiner als je zuvor.** Was in den Wohnzimmern begann, pflanzte sich in den Arbeitsstätten fort. Der Rückzug von Gewerkschaftsmacht verlief spiegelbildlich zum Vormarsch der gewerkschaftsfrei produzierten Waren. Auf der Rückseite der Importbestellung fanden sich immer häufiger die Entlassungsschreiben. … Was würde wohl passieren, wenn sich die Konkurrenz im Inland in gleicher Ursprünglichkeit entfalten könnte wie die aus dem Ausland? Wenn die Siebentagewoche eingeführt, die Kinderarbeit erlaubt, die Löhne bis auf sechzig Euro im Monat abgesenkt werden dürften? Von der Sozialen Marktwirtschaft bliebe binnen weniger Monate nur ein Torso übrig."

  (Gabor Steingart. *FAZ Nr. 241, S. 37, 17.10.2006)*

Die Kinder der Armen arbeiten auch von Staats wegen für den Familienunterhalt, schließlich muss ihr Einkommen beim Arbeitslosengeld der Eltern angerechnet werden. Dazu folgende Glosse:

„**Fauler Ferienjob.** *Also bitte, was soll das Geschrei? Prekariats-Kinder werden um ihr sauer verdientes Ferienjob-Geld geprellt! Den Hartz-IV-Eltern werden die Regelleistungen um die Einkommen ihrer Filiusse gekürzt! Das Wort Familienbande hat manchmal einen unangenehmen Beigeschmack... Aber ist es nicht recht und billig, die Kinder für die Alten in Haftung zu nehmen? Schauen wir in die Dritte Welt - Kinderarbeit ist dazu da, die Familie (im Amtsdeutsch Bedarfsgemeinschaft) vor dem Hungertod zu bewahren, und die Ferienjobber bei uns dürfen sogar noch ein Taschengeld behalten. Was haben die kleinen Egoisten denn für Rosinen im Kopf? Etwa eine Ferienreise? Reisen bildet. Aber soll denn gleich Chancengleichheit hergestellt werden mit den Kindern der anderen? Immer schön in den eigenen Grenzen bleiben! Und überhaupt geht der Trend zum Urlaub auf Balkonien, wir müssen alle den Gürtel enger schnallen. Ach, wenn sich die Sache so verhält, legen sich die Hartz-IV-Kids lieber gleich faul in die soziale Hängematte? Das ist aber sehr, sehr undankbar.“*

(„Fauler Ferienjob“ Renate Rauch. In: Berliner Zeitung, 18.07.2008)

Dok. 1991: Elternarbeitslosigkeit verstärkt Kinderarbeit

Knost befragt 1991 322 12- bis 16jährige Schüler der Hauptschule (39%), Realschule (32%), Sonderschule (15%) u. a. nach Kinderarbeit und Arbeitslosigkeit der Eltern und belegt einen Zusammenhang: „Bei der Analyse der Daten über den Zuverdienst ... neben ihrem Schulbesuch gab über die Hälfte (54%) an, bereits vor der Arbeitslosigkeit der Eltern dazuverdient zu haben. Ein Sprung um 20,5%, also fast... (auf drei Viertel) aller Befragten, lässt erkennen, wie dringlich die Elternarbeitslosigkeit ein Hinzuverdienen für den Haushalt macht.“

„Wenn Zuverdienst: Art der Tätigkeit (Mehrfachnennungen möglich): Zeitung austragen 64,6%; Prospekte verteilen 39,2%; Lagerarbeiten 19,2%; Wagen waschen 17,1%; Arbeiten auf dem Markt 13,3%; andere Arbeiten 9,2%.“ (S. 249). 42% der Kinder arbeitsloser Eltern gaben an, Prügel als Strafe zu erhalten (vgl. S. 241). „Ab dem Alter von 15 Jahren ‚jobben‘ diese Kinder sehr gerne, obwohl sie einen großen Teil des verdienten Geldes zu Hause abgeben müssen. Dadurch wird der Schulbesuch meist noch unregelmäßiger, und der Wille, in der Schule weiterzukommen, erlischt fast völlig.“ (Meester, zitiert nach Knost 2000, S. 238)

- „‚Bei uns zu Hause wird eigentlich nur über Arbeit geredet, wie froh man sein darf, wenn man welche hat, wie schlimm es ist, wenn man keine hat‘ berichtet die 11jährige Martina, deren Vater seit drei Jahren vergeblich auf Arbeitsuche ist. ‚Wenn Vater sich wünscht, endlich wieder arbeiten zu können, wieso soll dann Arbeit für mich etwas Schlechtes sein?‘, fragt das Mädchen, das seit zwei Jahren regelmäßig in einer Gaststätte beim Gläserspülen hilft (Körner 1984, 169).

Dok. 2006: Ich unterstütze meine Mutter

- „Zitat: ‚Kindern fehlt einfach das Gefühl für Gefahren, für Zeiten. Ich glaube, dass Kinder, wenn man sie lassen würde, einfach zu viel mitmachen würden.' Wilfried Averbeck, Aufsichtsbehörde. … Zitat ‚Es ist schon eine Unterstützung für meine Mutter, dass ich mir meine Sachen selber kaufe.' Alexandra (12) … Nach Berechnungen des Kinderschutzbundes leben in Deutschland rund 2,5 Millionen Kinder und Jugendliche auf Sozialhilfeniveau. Konträr zur finanziellen Lage der Familien stehen die kostspieligen materiellen Bedürfnisse der Kinder... ‚Ich arbeite und bin trotzdem arm', sagt die Mutter von Alexandra, die alleinerziehend drei Kinder durchbringen muss und vor lauter Überstunden kaum noch Zeit für ihre Kinder findet. Alexandra (12) hilft nachmittags alten und kranken Leuten, erledigt Einkäufe, geht mit Hunden Gassi und trägt so indirekt zum Familienunterhalt bei: ‚Es ist schon eine Unterstützung für meine Mutter, dass ich mir meine Sachen selber kaufe. Ich habe noch zwei Geschwister, und die müssen auch versorgt werden.'... („Bin zehn, suche Arbeit"! In: ZDF 37 Grad, 07.11.2006)

Dok. 1996: Tödlicher Unfall auf dem Baugerüst

„Der jüngste tödliche Absturz eines 15jährigen, ferienjobbenden Schülers vom Gerüst eines fünfstöckigen Hauses in Wedding deutet darauf hin, daß oftmals nicht nur das Jugendarbeitsschutzgesetz mißachtet wird… Bei dem Unfall am Mittwoch hatte der Schüler beim Dachausbau … rückwärts mit seiner Schubkarre das Gerüst betreten, war vermutlich ins Stolpern geraten und in die Tiefe gestürzt. ‚Der Seitenschutz fehlte', sagte … Erhard Schulz vom LAfA, das gemeinsam mit der Kripo gegen den Chef der Baufirma wegen des Verdachts fahrlässiger Tötung ermittelt… Nach Angaben des Landesamtes wurden … weitere Mängel festgestellt... Bei der Baufirma soll es sich um einen kleinen Ausbaubetrieb mit wenigen Arbeitnehmern handeln. Der Schüler, der auf einen Führerschein sparte, hatte erst am Unglückstag mit der Arbeit auf der Baustelle begonnen… Das Gerüst sei übrigens nicht nur für unerfahrene Jugendliche gefährlich gewesen, ‚da hätte gar keiner darauf arbeiten dürfen.'"

(„Da hätte keiner arbeiten dürfen." Der Tagesspiegel, 28.06.1996)

Zu argumentieren, dass Kinder den Lohn für Disco, Fahrrad, Jeans, Kosmetik verwenden, belege, dass es sich nicht um Armut handle, geht an der sozialen Realität bei. Fahrrad, Discobesuch, Jeans, Kosmetik und auch der Führerschein (vgl. Dok. 1996) gehören zum lebensnotwendigen Bedarf. Das weiß jedes Kind und schämt sich, wenn das familiäre Einkommen dazu nicht reicht:

Dok. 1995a: An der Armutsschwelle – die Scham ist groß

„Bei manchen Schülern (steckt) hinter der Arbeitswut mehr steckt als der bloße Konsumrausch. … Immer mehr Familien geraten an die Armutsschwelle oder

darunter. ‚Viele meinen ja, ein Kind trage nur dann zum Familienunterhalt bei, wenn sein Verdienst direkt in die Kartoffelsuppe fließt', kritisiert Kinderschutzbund-Geschäftsführer Walter Wilken, doch dies gehe ‚völlig an der sozialen Realität vorbei'.
Der Schüler Andreas Sassen, 14, hat drei Geschwister. Seine alleinerziehende Mutter arbeitet als Altenpflegerin - netto bleiben ihr, nach Abzug der Miete, 200 Mark pro Woche. ‚Seit der Andreas Zeitungen austrägt', lobt die Mutter, ‚weiß er, daß das Geld nicht vom Himmel fällt.' Der Lohn des Gesamtschülers geht nicht... für Luxusklamotten drauf, sondern für den ganz normalen Bedarf an Hosen, T-Shirts, Schuhen. ‚Meine Mutter schafft das allein einfach nicht', erklärt Andreas, ‚da lege ich eben was dazu.'
... Für Wolfgang Lütjens von der Deutschen Hilfe für Kinder von Arbeitslosen (sei es) ... ‚an der Tagesordnung', daß viele Kinder ‚nicht für die Schuhe mit den drei Streifen' schuften, sondern das Geld zu Hause abgeben, weil die Familie darauf angewiesen ist – ‚Tendenz stark steigend'. Die Scham der Kinder, dies zuzugeben, sei in der Regel groß, doch wenn Lütjens mit den Kleineren mal ein paar Tage in die Heide fährt, werde die ‚materielle Not am Kofferinhalt sichtbar'. Manchen Kindern wird ihr Verdienst auch rigoros abgeknöpft - etwa Steffi, 15, deren Vater regelmäßig die paar Mark versäuft, die sie mit dem Verteilen von Reklameblättchen verdient. ‚Ich bin immer beschissen worden', sagt sie bitter, ‚irgendwann werde ich auch mal die anderen bescheißen.'
Regelrecht ‚Dritte-Welt-Charakter' habe der Einsatz von kleinen Türkenkindern auf wilden Flohmärkten, meint Lütjens. Die Eltern würden die Kinder ja ‚halb totschlagen, wenn die was erzählen'. Die gemeinsten Formen von Kinderarbeit werden am seltensten publik: Betteln, um den S-Klasse-Mercedes des Sippenoberhaupts mitzufinanzieren, Auftritte in Pornofilmen, Anschaffen auf dem Babystrich, Arbeit als Drogenkurier für erwachsene Dealer."

(„Ranklotzen wie die Großen." Beate Lakotta. In: Der Spiegel. Nr. 9, 1.9.1995)

Immer wieder zeigen Fälle, dass schlecht bezahlte, unangenehme und unfallgefährliche Jobs für Kinder der Unterschicht übrig bleiben.

Dok. 2004: Zwischen Ausbeutung und Selbstverwirklichung

„Im Prinzip regelt das Gesetz die Kinderarbeit, doch die Vorschriften stehen oft nur auf dem Papier. Freiwilligkeit ist die Grundbedingung, manche Kinder werden aber gar nicht gefragt... Kinderarbeit in Deutschland hat viele Gesichter: hübsche und hässliche, pädagogisch wertvolle und kriminelle. Kinderarbeit ist Ausbeutung und Selbstverwirklichung, macht Spaß und ruiniert die Knochen... Auch hier ist Kinderarbeit oft genug Schinderei, auf dem Bau oder auf dem Acker. Kinderarbeit in Deutschland ist getrieben von Gier nach Geld und Anerkennung, aber auch von blanker Not und bitterer Armut.
... ‚Ich finde es gut', sagt die Mutter eines 14-Jährigen in Hamburg, der regelmäßig Zeitungen austrägt. ‚So lernt er, dass das Geld nicht einfach aus dem Automaten kommt.' Zwischen 50 und 80 Euro pro Monat können Jugendliche mit

dem Verteilen von Prospekten und Anzeigenblättern verdienen... Mit dem Geld lässt sich mehr als ein Kinobesuch finanzieren, ein Abend in der Disco und ein neues Spiel für die Konsole. ‚Klamotten, Zigaretten, Kosmetik, was man eben so braucht', sagt eine 13-Jährige.
Etwa 700.000 Kinder in Deutschland arbeiten nach der Schule, schätzt der Deutsche Kinderschutzbund. ... Allerdings ist die Tendenz durch die hohe Arbeitslosigkeit rückläufig. Auch für Kinder gibt es immer weniger Jobs. Die wenigen guten bekommen die, die Kontakte über die ohnehin gut situierte Familie haben. Die schlecht bezahlten Jobs bleiben für die Kinder der Unterschicht.
Im Büro des Kinderschutzbundes... kennt die Diplom-Psychologin Sabine Walther die unterschiedlichsten Biografien... ‚Das geht von den Wohlhabenden aus gutem Hause, die ihr ohnehin reichliches Taschengeld aufbessern, bis zu denen, die vom Verdienten noch was abgeben müssen.' Kinderarbeit als Stütze für das Haushaltsgeld? ‚Das ist in Städten wie Berlin keine Seltenheit", sagt Walther. Mit der Arbeitsmarktreform zum Januar werde dieser Druck noch zunehmen.'"
(Lanig 2004)

- Häufige Tätigkeitsbereiche sind laut einer Studie der Technischen Universität Berlin von 2004 „das Verteilen von Werbeprospekten, die Arbeit auf Reiterhöfen, im Medienbereich, der Verkauf, Haushaltshilfe und Babysitten... ‚Häufig werde ... für den Urlaub gespart oder teilweise zum Familienbudget beigesteuert. ‚Das spricht gegen das Vorurteil, die Kids würden nur für teure Markenklamotten jobben.' Die meisten gäben an, lieber auf ein Hobby verzichten zu wollen als auf ihren ‚Arbeitsplatz'. Im Freundeskreis bringe die Arbeit in der Regel Anerkennung. Viele Schüler hielten die Tätigkeit jedoch in der Schule geheim." (Jobs für Kids. Die Welt, 30.03.2004)

Dok. 2005: Menschenhandel und Kinderausbeutung in Deutschland IAO-Bericht Genf, Fall 35.

„Laut einem Sozialarbeiter gibt es mindestens eine asiatische Gemeinschaft, die damit begonnen hat, Kinder im Alter zwischen acht und zwölf Jahren zur Anstellung in privaten Haushalten und Restaurantküchen gegen Geld zu vermitteln. Im Herkunftsland ist es normal für arme Eltern, ihre Kinder zur Ausbildung und Arbeit in andere Familien zu schicken. Gastfamilien in Deutschland nutzen dieses Verhaltensmuster aus und versprechen, sich um die Ausbildung der Kinder zu kümmern. Es werden ihnen dann gefälschte Papiere gegeben und sie reisen unter einem Vorwand ein. In Deutschland werden sie zunächst als minderjährige Flüchtlinge registriert. Der Informant vermutet, dass die Mitarbeiter in den Visumbehörden beider Länder beim Schleusen und der Ausbeutung durch Kinderarbeit mitwirken ... In einem Bundesland legte die Polizei Beweise für die Schleusung von Kindern vor. Im März 2003 fand man acht Minderjährige aus asiatischen Ländern ohne gültige Papiere in einer Wohnung. (Polizeipräsident Berlin und Staatsanwaltschaft Berlin, 2003)."

(„Menschenhandel und Arbeitsausbeutung in Deutschland" IAO-Bericht, Fall 35, Norbert Cyrus, Genf 2005, S. 38)

Dok. 2003: Michael Sommer, DGB-Vorsitzender, träumt

„Auf der Welt, von der ich träume, gibt es keine Kinderarbeit mehr. Ich habe selbst als Kind darunter gelitten, etwas zum Lebensunterhalt beitragen zu müssen. Wenn ich heute Kinder sehe, die arbeiten, werde ich wütend, so nahe geht mir das... Kinder werden auch in Deutschland als billige Arbeitskräfte missbraucht. Viele Leute glauben das nicht, weil Kinderarbeit hier verboten ist. Die Menschen wollen die Wahrheit nur nicht sehen. Ich denke an Kinder, die in Fußgängerzonen Werbezettel verteilen oder sie in Wohnvierteln in Briefkästen stecken. Kinder, die im Geschäft ihrer Eltern helfen, Kinder von Bauern, die frühmorgens mit auf dem Feld stehen. Ich rede nicht von denen, die sich freiwillig ihr Taschengeld aufbessern, sondern von denen, die ihre Eltern unterstützen müssen. Es gibt in Deutschland eine Million Kinder, ... deren Eltern nicht durchkämen, wenn die Familie nicht gemeinsam etwas dazuverdiente.
Ich habe selbst als Kind erlebt, wie es ist, arm zu sein... In den sechziger Jahren mussten meine Mutter und ich mit 350 Mark Kriegswitwenrente im Monat auskommen. Dazu kamen 40 Mark Unterhalt von meinem Vater, ich bin ein uneheliches Kind. Wenn ich mal 50 Pfennig verlor, war das eine Katastrophe. Um meiner Mutter zu helfen, trug ich nach der Schule älteren Damen die Kohlen in die Wohnung und die Aschebehälter herunter. Im Lebensmittelladen füllte ich das Lager auf. Das klingt harmlos, aber ich tat das ja nicht, um mir Süßigkeiten zu kaufen, sondern weil wir Geld brauchten, um zu überleben. Ich bin mir sicher, dass es diese Art von Armut heute noch massenhaft gibt in Deutschland. Die Leute, die Armut herunterspielen und sagen, es gibt ja Sozialhilfe, oder die Arbeitslosenhilfe sei üppig dotiert, sind einfach unverschämt."

(„Ich habe einen Traum", Michael Sommer. In: Die Zeit, 27.03.2003)

- „Nach Vizekanzler Franz Müntefering hat gerade erst Parteichef Kurt Beck vor Kinderarbeit, Sozialdumping und dem Wegfall von tausenden Arbeitsplätzen gewarnt. Schon jetzt werde von einigen Unternehmen mit Kinderarbeit kalkuliert: ‚Da werden 13-Jährige gesucht, um die Post auszutragen.'... *Deshalb müsse es einen Mindestlohn in der Zustellbranche geben.*" (DTS, 26.02.2007)

Dok. 2005a: Norbert Blüm: Wenn der Billigste gewinnt

- „Solange zwischen dem Osten und dem Westen ein Wettbewerb der Systeme herrschte, diente der westdeutsche Sozialstaat der Bundesrepublik als Bestätigung ihrer Überlegenheit und als Beweis dafür, dass sie in der Lage war, Wohlstand mit sozialem Ausgleich zu verbinden. Mit dem Wegfall der sozialistischen Konkurrenz entfiel scheinbar diese Beweislast. Hinzu kommt, dass die Globalisierung der Wirtschaft die nationale Ordnungspolitik unterhöhlt und Sozialpolitik nur noch als Kostenfaktor erscheint. So taumelt die Welt in eine Konkurrenz um die billigsten Anbieter... Es gewinnt, wer am billigsten arbeitet. Und so wundert es nicht, dass Billiglöhne, von denen niemand leben kann, und Kinderarbeit zunehmen. Gefragt sind Löhne wie in Kasachstan und die Kaufkraft von Düsseldorf… Die große soziale Frage des neuen Jahrhunderts ist: ‚Wie kann der Sozialstaat unter globalen Bedingungen überleben?' Der Sozialstaat ist eine nationalstaatliche Erfindung… Das Kapital ist flüchtig. Die Arbeit bleibt sitzen… Der Billigste gewinnt. Das untergräbt die vorhandenen Sozialstandards oder lässt sie gar nicht erst entstehen. In der Logik dieser Entwicklung liegt die Wiedereinführung der Kinderarbeit."

(Norbert Blüm. Die Zeit, 31.03.2005)

6. Kaum Kontrolle

Bei der Durchsicht neuerer Gewerbeaufsichtsberichte zeigen sich nicht nur wieder erhebliche Verstöße gegen das Kinderarbeitsverbot mit Unfallfolgen, sondern auch mangelnde Kontrollen und die Klage der Gewerbeaufsicht über zu wenig Personal und dass ihnen nicht mal die Angaben auf den Lohnsteuerkarten über die Arbeitgeber der Kinder zugänglich gemacht werden, was der Bundesrat aus Gründen vorrangigen Datenschutzes ablehnte:

- „Seine Behörde ist auch zuständig für Kontrollen am Arbeitsplatz, wegen der Personallage werden jedoch zumeist nur noch die Lohnsteuerkarten überprüft, sagt Rath. Im Jahr 2000 fielen zwei Verstöße auf – sie betrafen ‚ungeeignete Tätigkeiten'. Bei den Kindern der zumeist ausländischen Familien, die im Laden oder der Dönerbude der Eltern mithelfen, sieht … (die Gewerbeaufsicht, d. Verf.) keine Probleme. Sie würden nicht ausgebeutet ‚und stehen, wenn sie mal ein Brot ausgeben oder ein Regal bestücken, nicht unter mehr Stress als die Tochter aus gutbürgerlichem Hause, die von Reitunterricht zur Musikstunde zum Training gefahren wird', sagt Rath." (Schüler-Ferien. Annette Kögel. In: Der Tagesspiegel, 17.07.2001)

Dok.: Gewerbeaufsicht berichtet

- „Nicht alle Beschäftigungen entsprachen den Vorschriften... Beispielsweise waren nicht alle Beschäftigten 15 Jahre alt. Oder bezahlte Ferienarbeit wurde mit einem unbezahlten Praktikum verwechselt. In einem Gartenbaubetrieb wurde sonntags gearbeitet. In anderen Fällen wurde der für Ferienarbeit zulässige Zeitraum von 4 Wochen überschritten. In einem Fall wurde in einer Gaststätte ein 14-jähriges Mädchen nach 20 Uhr mit Arbeiten im Thekenbereich beschäftigt" (Jahresbericht NRW 2008, 17).
- „… Kontrollergebnisse ließen auf erhebliche Beanstandungen schließen, wobei ca. 60% auf die unzulässige Beschäftigung von Kindern entfielen... Fälle von unzulässiger Kinderarbeit fanden … (sie) hauptsächlich in folgenden Branchen vor: Abfallwirtschaft 15, Theater 13, Handwerk/Industrie 8, Baugewerbe 7." (Jahresbericht Bbg 1999, S. 61f.)
- „Die Prüfung … ergab, dass auf einer Baustelle eine Frau eine illegale Beschäftigung ausübte und zur Erfüllung des termingebundenen Auftrags ihre beiden Kinder beschäftigte. Die 12 und 13 Jahre alten Kinder leisteten in

einem Zeitraum von vier Monaten insgesamt 69 Stunden Kinderarbeit.“ (Cottbus. *Jahresbericht Bbg, 2001, S. 74)*

- „Das AAS Potsdam wurde durch das Arbeitsamt Potsdam informiert, dass anlässlich der Überprüfung eines Druckereibetriebes zwei Jugendliche unter 16 Jahren in der Zeit zwischen 20.00 Uhr und 24.00 Uhr dort angetroffen wurden. In diesem Druckhaus wurden vorwiegend Werbe- und Prospektmaterialien sowie kostenlos an Haushalte verteilte regionale Zeitungen hergestellt... Die Auflistung belegte, dass (2000 und 2001) 27 Kinder bzw. vollzeitschulpflichtige Jugendliche über einen Zeitraum von zwei Jahren beschäftigt wurden, und zwar auch an Samstagen, Sonn- und Feiertagen mit teilweise erheblich hoher Stundenzahl von bis zu 12 Stunden.“ (*Jahresbericht Bbg 2001, S. 74)*
- „Bei Kontrollen zur Ferientätigkeit wurde festgestellt, dass in 32 Fällen Kinder unzulässige Arbeiten ausführten. Kinder im Alter zwischen 12 und 14 Jahren wurden beschäftigt. In einem Fall ereignete sich dabei ein schwerer Arbeitsunfall.“ (Jahresbericht Bbg 2002)
- „Im Berichtsjahr wurden für insgesamt 651 Kinder Anträge zur Beschäftigung nach § 6 JArbSchG gestellt. Für die gestaltende Mitwirkung von Kindern in Produktionen von Kino- und Fernsehfilmen wurden 85% der Anträge eingereicht und bewilligt.“ (Jahresbericht Bbg 2004)
- „Die wenigen unerlaubten Beschäftigungen von 14-jährigen Kindern waren Bauhilfsarbeiten, einfache Mechanikerarbeiten, Aufräum- und Reinigungsarbeiten sowie Bürohilfsarbeiten im Familienunternehmen.“ (Jahresbericht Bbg 2006, S. 63)
- „Bei einer Unfallnachuntersuchung (wurde) bekannt, dass eine Schülerin im Rahmen des Schülerbetriebspraktikums in einem Krankenhaus den Auftrag erhalten hatte, ein Desinfektionsmittel zu mischen. Diese gefährliche Arbeit führte sie ohne Aufsicht, ohne vorherige Unterweisung und ohne Schutzausrüstung durch und erlitt in Folge der Tätigkeit eine Augenverätzung. Bei dieser Tätigkeit wurde eindeutig gegen ein Beschäftigungsverbot ... verstoßen. Bei der Analyse ... zu den ausgestellten Lohnsteuerkarten wurde in 20 Fällen Sonntagsarbeit festgestellt, hier wurden Zeitungen an Sonntagen ausgetragen, in weiteren neun Fällen wurde eine Überschreitung der zulässigen täglichen Arbeitszeit von zwei Stunden festgestellt. Weiterhin..., dass es in 21 Fällen zu Kinderarbeit im gewerblichen Bereich kam.“ (Jahresbericht Brdb 2003, S. 48)
- „Im Berichtsjahr sind 927 Bewilligungen auf Ausnahmen ... erteilt worden. Die Anträge ... bezogen sich vorwiegend auf die Mitwirkung von Kindern in Chören, bei Theater- bzw. Opernvorstellungen und bei Musikaufführungen sowie bei anderen Auftritten... In 14.928 Fällen wurde das Gewerbeaufsichtsamt von der Ausstellung einer Lohnsteuerkarte für ein Kind durch die ausstellende Behörde unterrichtet... Im Rahmen einer Unfalluntersuchung wurden in einem Metallbetrieb mehrere schwerwiegende Verstöße ... ermittelt... unzulässige Kinderarbeit, die Beschäftigung mit gefährlichen Arbeiten sowie ... (ein) Verstoß gegen die Sonntags- bzw. Feiertagsruhe. Zwei Kinder wurden

mit Billigung des Unternehmers – unter zeitweiliger Aufsicht der Mutter als Personensorgeberechtigte – an einem Pfingstsonntag über zwei Stunden mit Arbeiten, die weder leicht noch für sie geeignet waren – Arbeiten mit schnellaufenden Werkzeugen/Winkelschleifer – beschäftigt. Eines der Kinder erlitt beim Umgang mit dem Winkelschleifer einen Unfall...“ (JdG Sachsen 1998, S. 63)

- „In 18.183 Fällen wurde das Gewerbeaufsichtsamt über die Ausstellung einer Lohnsteuerkarte für ein Kind durch die ausstellende Behörde unterrichtet... Eine Erhebung über die Tätigkeit der Kinder bei 360 Eltern im Aufsichtsbereich des ... Gewerbeaufsichtsamtes Bautzen ergab bei 267 verwertbaren Antworten: Zeitungen austragen 221 83%, Bau 9 3%, Industrie 5 2%, Handel 8 3%, Dienstleistungen 10 4%, Landarbeit 6 2%, Handwerk 8 3%.“ (JdG Sachsen 1999: S. 89f.)
- „20.456 Benachrichtigungen über die Ausstellung einer Lohnsteuerkarte für ein Kind wurden in den Gewerbeaufsichtsämtern bearbeitet... Im Berichtsjahr sind 713 Bewilligungen auf Ausnahmen ... erteilt worden, um den Kindern die gestaltende Mitwirkung an Theatervorstellungen und Musikaufführungen, bei Werbeveranstaltungen, an Aufnahmen im Hörfunk und Fernsehen sowie bei Film- und Fotoaufnahmen zu ermöglichen... Die Kontrollen ... gestalten (sich als schwierig), weil nach Ausstellung der Lohnsteuerkarte kein Rücklauf über Angaben zum Arbeitgeber an Staatlichen Gewerbeaufsichtsämter erfolgt. Der Landesausschuss sprach sich für eine Änderung von § 52 JArbSchG dahin aus, dass die Angaben über den Arbeitgeber auf Lohnsteuerkarten den ... Gewerbeaufsichtsämtern zugänglich gemacht werden. Der Bundesrat nahm diesen Vorschlag aus Gründen vorrangigen Datenschutzes nicht an.“ (JdG Sachsen 2000, S. 106)
- **„Arbeitsunfall eines Schülers bei Abbrucharbeiten.** Ein Schüler arbeitete in den Ferien als Helfer auf einer Baustelle. Er führte im Keller im Bereich eines abzubrechenden, nicht tragfähigen Abschnittes der Erdgeschossdecke Aufräumungsarbeiten aus. Ein Mitarbeiter einer Fremdfirma betrat den ungesicherten, nicht durchtrittfesten Geschossdeckenbereich, brach durch und stürzte mit Teilen der Decke auf den Kellerfußboden. Dabei traf ein Teil des Deckenmaterials den darunter aufräumenden Schüler. Dieser wurde erheblich verletzt. ... (Es) wurde nach den Vorbereitungsarbeiten für den Abbruch (Freilegung der schadhaften Betonhohldielen) versäumt, die Gefahrenstellen zu sichern. Der Schüler wurde nicht ausreichend über Gefährdungen bei Abbrucharbeiten belehrt. Eine Abbruchanweisung mit den erforderlichen Sicherungsmaßnahmen lag nicht vor. Arbeitgeber und Vorarbeiter verletzten Arbeitsschutzvorschriften.“ (JdG Sachsen 2000, S. 106f.)
- „Der mit der Herausbildung der Media City Leipzig verbundene höhere Arbeitsaufwand ... wird auch anhand der Zahl der behördlichen Ausnahmen deutlich. So hat sich die Anzahl der Bewilligungsbescheide ... 2002/2003 im Vergleich zu ... 2000/2001 nahezu verdoppelt. In Bezug auf Film- und Fernsehproduktionen waren die Bewilligungsbescheide erforderlich, um den Einsatz

von Kindern und Jugendlichen in so beliebten Sendungen/Serien wie·'Musik für Sie', ,Tierisch, Tierisch', ,SOKO L.E.', ,Geschichte Mitteldeutschlands', ,Wie erziehe ich meine Eltern', ,In aller Freundschaft' oder den Fernsehfilmen ,Männer im gefährlichen Alter', ,Hexe', ,Jena Paradies', ,Nachbarinnen', ,Hunger auf Leben' rechtlich abzusichern." (JdG Sachsen 2001)

- Infolge der Ausnahmen im kulturellen Bereich... dürfen sogar die ganz Kleinen arbeiten... Rund 500 Anträge werden in Berlin 2002 gestellt, die 2800 Kinder betreffen (Der Tagesspiegel, 23.01.2003.

Dok. 2003a: Ein Fall für das Jugendamt

„... Das zehnjährige Mädchen stand stundenlang bis spät in die Abendstunden in der Küche des elterlichen Imbisses... Bei einer Gaststättenrazzia am Sonnabend waren die Kontrolleure von Polizei und Arbeitsamt auf das Mädchen aufmerksam geworden... Das Jugendamt Mitte (ist) zuständig... Denn sobald Kinder oder Jugendliche in einem elterlichen Betrieb arbeiten, fallen sie nicht mehr unter die strengen Bestimmungen des Jugendarbeitsschutzgesetzes. Regelungen, wie lange und wie oft beispielsweise ein Kind dann arbeiten darf, gibt es dabei nicht. ,Das ist Ermessenssache und orientiert sich daran, ob das Kindeswohl gefährdet ist', sagte Schmidt. Denn vor allem an dieser Maxime orientiert sich das Jugendamt... Es ... prüft, ob die Tätigkeit regelmäßig ist oder ob der Schulbesuch dadurch beeinträchtigt ist...
In ... (einem) Fall hatte ein Ausstattungsunternehmen im November zwei Jugendliche damit beschäftigt, nachts in der Zeit von 21 bis 4 Uhr Weihnachtsdekoration in einem Einkaufszentrum anzubringen. Die nächtliche Arbeitszeit widersprach dem Gesetz, zudem arbeiteten die Jugendlichen unentgeltlich in einer Art Schnupperlehre."

(„Zehnjährige musste schuften." Sigrid Kneist. In: Der Tagesspiegel, 23.01.2003)

Dok. 1990: Von halb fünf bis Mitternacht

„Obwohl verboten, nimmt Kinderarbeit zu.
Als der damals 13jährige Mischa zur Kölner Gesamtschule Raderthal-Zollstock wechselte, wäre die Lehrerin Angelika Stroth manchmal am liebsten in die Luft gegangen, ,wie dumm der sich angestellt hat'. Mischa wirkte unkonzentriert und gab oft unsinnige Antworten. Heute kennt Angelika Stroth den Grund für Mischas Verhalten: Er arbeitete damals in seiner Freizeit, nachmittags und samstags vormittag, abwechselnd in drei Supermärkten. Mischa half im Lager, füllte Regale auf, schleppte Kisten und Kästen. ,Ich bin von der Schule aus immer direkt dahin', erzählt er...
Sein Freund Jörg, ebenfalls 16 Jahre alt, ... erst im neunten Schuljahr, arbeitet nach wie vor, gleichfalls in Supermärkten. Jörg möchte sich einen gebrauchten Vespa-Roller für 2.000 Mark kaufen. Manchmal bekomme er Muskelkater und Rückenschmerzen von der Arbeit, sagte er, doch dafür verdiene er jeden Monat ungefähr 320 Mark, bar auf die Hand...

Im zehnten Schuljahr, sagt Lehrerin Stroth, gehe ungefähr jeder zweite Schüler ihrer Schule solch einer Nebenbeschäftigung nach. Die meisten … schon zwei, drei Jahre. Und es ist … nicht ungewöhnlich, wegen des Jobs die Schule zu schwänzen. Beim privaten Einkauf im Supermarkt sah die Lehrerin... eine ihrer Schülerinnen den Laden schrubben. ‚Das kann doch nicht sein, daß meine Schülerin hier den Laden putzt, oder?' habe sie laut gerufen und das Mädchen mit nach draußen genommen.
Was Angelika Stroth, die Leiterin der Jahrgangsstufen 8. bis 10. an der Kölner Gesamtschule, am meisten erbost, ist die Selbstverständlichkeit, mit der die Kinderarbeit betrachtet wird – von den Arbeitgebern, von den Eltern und von den Schülern selbst. Dabei ist fast jede dieser Schülerarbeiten verboten... ‚Das Unrechtsbewußtsein ist völlig weg', hat auch Ruth Mettlach festgestellt, die … Sachgebietsleiterin beim Gewerbeaufsichtsamt Köln…
Wie viele Schüler in der Bundesrepublik regelmäßig arbeiten, weiß niemand genau. Die einzige umfassende Untersuchung zu dem Thema, von dem Soziologen-Ehepaar Elke und Heinrich von der Haar, stammt aus dem Jahre 1980. Damals gingen ‚mindestens 300.000 Kinder gegen Lohn mehr oder weniger regelmäßig arbeiten'. Seitdem, meint der Präsident des Deutschen Kinderschutzbundes, Walter Barsch, habe es ‚ganz offensichtlich eine dramatische Zunahme der illegalen Kinderarbeit' gegeben. Der Kinderschutzbund schätzt die Zahl der erwerbstätigen Schüler heute auf 400.000.
Abgesehen von Fortschreibungen der Studie von 1980 stützt er sich dabei auf ‚vorsichtige Hochrechnungen' einer Untersuchung im Münsterland... Am schlimmsten sieht es im Gaststättenbereich aus; dort weist jeder ‚Kinderarbeitsfall' gemäß der Umfrage ‚durchschnittlich mehr als drei Verstöße' gleichzeitig auf. Die meisten Erwachsenen jedoch finden nichts Schlimmes daran, sie betrachten die Kinderarbeit nicht als ‚richtige' Arbeit. Kinderarbeit, das gab es nur im vorigen Jahrhundert und gibt es heute nur noch in der Dritten Welt – so sei die landläufige Meinung dazu, hat Heinz Schäffer beobachtet, der Vorsitzende des Ausschusses für Jugendarbeitsschutz beim Gewerbeaufsichtsamt Münster. Wenn er zu Hause über die anstrengende Arbeit klagte, erzählt der Kölner Mischa, habe sein Vater gesagt: ‚Wir mußten auch schon mit 14 arbeiten gehen, und uns hat es auch nicht geschadet.'
Doch Kinderarbeit ist in vielerlei Hinsicht schädlich. Mit 14 oder 15 Jahren, erklärt der Soziologe Heinrich von der Haar, seien die Jugendlichen in der empfindlichsten Wachstumsphase. Schwere Arbeiten in diesem Alter hinterlassen oft Dauerschäden wie Skelettdeformierungen und führen nicht selten sogar zur Frühinvalidität. Da weder die Tätigkeiten noch die Maschinen kindgerecht seien, so von der Haar, erlitten die Schüler viel häufiger Arbeitsunfälle als Erwachsene. 500 Kinder verunglückten jährlich, davon 50 tödlich. Auch psychisch ist die Arbeit oft belastend. Andauernde Hektik, beispielsweise im Gaststättenbetrieb oder im Verkauf, führt zu Konzentrationsstörungen. Tempoabhängige Arbeiten verursachen nervlichen Streß. Monotone Tätigkeiten, häufig in Heimarbeit,

wirken geisttötend. Von der Haar: ‚Auch das dauernde Führen von Ponys im Kreis kann stark belastend sein.'
Dabei, so der Wissenschaftler, könne Arbeit für Kinder pädagogisch wünschenswert sein, wenn sie der Entwicklung der Persönlichkeit diene. Arbeit, bei der Kinder ihre Anlagen und Interessen entdecken und ihre Fertigkeiten verbessern können, sei ein wertvolles Erziehungsmittel. Doch der Alltag der arbeitenden Kinder hierzulande sieht anders aus. Das Problem sei, so von der Haar, ‚daß Unternehmer nicht die Erziehung der Kinder im Auge haben, sondern den Gewinn'. Solche Kinderlohnarbeit sei generell abzulehnen.
In Köln beispielsweise, weiß Lehrerin Stroth von Schülern, ‚bauen Supermärkte ihr ausgebildetes Personal ab und nehmen dafür lieber zwei, drei Schüler. Da sparen sie Sozialversicherung und Rentenbeiträge.' Eine türkische Schülerin mußte morgens um sechs Uhr vor dem Unterricht mit ihrer Mutter zum Putzen gehen, weil diese sonst ihr Pensum nicht geschafft hätte. Andere Schüler arbeiten regelmäßig auf dem Kölner Großmarkt, Arbeitsbeginn: zwei Uhr morgens. Frau Stroth: ‚Die haben schon vier Stunden gearbeitet, wenn sie in die Schule kommen.' Die Gewerbeaufsicht, die Lehrerin Stroth einschaltete, wurde jedoch nicht fündig. Nur zwei Mitarbeiter stehen der Sachgebietsleiterin Mettlach für ganz Köln zur Seite. Zwar kann sie für Sonderaktionen wie auf dem Großmarkt Verstärkung anfordern, aber ‚so ein Großmarkt ist ja sehr groß'. Einen Gastwirt hat Angelika Stroth unlängst angezeigt, weil er einen Schüler kellnern ließ, meist bis drei, vier Uhr morgens. Doch da war schon nicht mehr zu helfen: Der Schüler erscheint bereits nicht mehr zum Unterricht, ist schon ‚weggesackt', wie Frau Stroth sagt.
...Mischa und Jörg aus Köln ... sagen, sie arbeiten, um sich bestimmte Kleidungsstücke leisten zu können. Wenn die Turnschuhe nicht von einer bestimmten Marke sind, sei man ‚out', sagt Mischa. ‚Man muß zeigen, daß man dazugehört', meint Jörg. ‚Wenn du bestimmte Klamotten nicht hast, wirst du nicht akzeptiert.' Doch nicht alle Eltern können 150 Mark für Jeans oder 200 Mark für einen Pullover ausgeben.
Doch immer häufiger, sagt Angelika Stroth, sei es nicht nur der teure Pullover, den Eltern nicht bezahlen können – in einer zunehmenden Zahl von Fällen reiche das Geld nicht mal mehr zu Finanzierung von Klassenfahrten: ‚In den letzten fünf, sechs Jahren haben diese Fälle rapide zugenommen.' Der Verdienst der Kinder müsse immer öfter dazu beitragen, das Familieneinkommen zu erhöhen... Kinderschutzbund Präsident Barsch glaubt, daß die zunehmende Kinderarbeit etwas mit der Arbeitslosigkeit von Eltern zu tun hat... Mittlerweile gibt es 1,3 Millionen Kinder in der Bundesrepublik, deren Vater und/oder Mutter arbeitslos ist. Die Bundestagsfraktion der Grünen nahm die Untersuchung aus Münster zum Anlaß für eine große Anfrage an die Bundesregierung. Die Grünen regten an, eine solche Studie auch auf Bundesebene durchzuführen. Dies lehnte Bundesarbeitsminister Norbert Blüm ab mit der Begründung, daß die Münsteraner Untersuchung erstens zweifelhaft sei und zweitens eine bundesweite Untersuchung

keine neuen Erkenntnisse liefern würde. Weiß er also schon, wie viele Kinder verbotener Arbeit nachgehen? Blüm: ,Weder die Länder noch die Bundesregierung sehen sich in der Lage, eine auch nur annähernd verläßliche Ziffer über das Ausmaß unzulässiger Kinderarbeit anzugeben.'"

(„Von halb fünf bis Mitternacht." Roland Kirbach. In: Die Zeit, 16.3.1990, S. 95)

7. Straßenkinder

Meist prostituieren sich Minderjährige, auch Stricher, aus sozialer Not. Nur ein Teil tritt offen auf dem Babystrich auf, vielfach vermitteln Dritte den Kundenkontakt. Ca. 90% der betroffenen (von Hilfsorganisationen betreuten) Kinder erfahren schon in ihrer Familie oder dem Angehörigenkreis sexuelle Übergriffe, auch andere körperliche Misshandlungen und beides bestimmt auch ihren Alltag auf dem Strich (vgl. Gerlinger 2001). Mit Drogensucht entsteht oft ein Teufelskreis. Immer wieder organisieren Täter aus dem familiären Umkreis der Kinder den sexuellen Missbrauch gegen Bezahlung; in einigen Fällen zudem zur Erzeugung von Kinderpornografie.

Dok. 1995b: Polnische Kinder als Prostituierte in Berlin

„Die jungen Prostituierten aus dem Osten unterwandern den alten Schieber-Markt. ,Studentinnen und Schülerinnen kommen in den Ferien und am Wochenende, um dann mit dem ... Geld zu Hause wieder ein normales Leben zu führen', so Wiltrud Schenk. ,Der Durchlauf ist enorm', wissen die ... Sozialarbeiter. ,Wir merken genau, wann in Polen Feiertage sind.'
An der Berliner Strichermeile am Bahnhof Zoo stehen polnische Jugendliche und Kinder. Sie kommen am Freitag mit dem Zug aus Warschau, Danzig und Kleinstädten – oft in ganzen Gruppen. Am Sonntag reisen sie, übernächtigt, aber bestückt mit deutschen Hundertern, wieder heim... Etwa 3000 polnische Jugendliche, so schätzt Werner (von SUB/WAY e. V., einer Organisation, die versucht, die Stricherszene über die Aidsgefahr aufzuklären, d. Verf.), verkaufen sich jährlich allein in Berlin."

(„ROTLICHT – Enormer Durchlauf." FOCUS Nr. 33 (1995), 14.08.1995)

Dok. 2007d: Roma-Kinder: Scheiben putzen, musizieren, betteln

„Sie sind Kinder und arbeiten jeden Tag bis zu sechs Stunden. Akkordeon spielen, Autoscheiben putzen, betteln. Das Geld müssen sie abliefern. Sinti- und Roma-Kinder aus Rumänien, die schuften, statt die Schulbank zu drücken ... Ihre Kinder sind jung, manche drei, manche sieben Jahre alt. Sie haben sie mitgebracht aus Rumänien. Jetzt betteln sie in Berlin. Die größeren Kinder arbeiten als Scheibenputzer an den Straßenkreuzungen. Die kleineren ... als Straßenmusikanten an den belebten Ecken der Stadt ... Ob die Eltern sie aus blanker Not zum Betteln schicken oder ob sie von kriminellen Banden ausgebeutet werden, wissen wir nicht. Fest steht: sie müssen mitbetteln auf dem Kurfürstendamm...

Doch die Polizei sieht das ganz anders. Zitat Polizei: ‚Ebenso wie das Scheibenputzen ist das Musizieren keine Dienstleistung … Geld wird nicht ausdrücklich verlangt, sondern eine freiwillige Spende erwartet. Deshalb handelt es sich nicht um verbotene Kinderarbeit.'
Doch die Realität sieht anders aus. Rozmalin ist 10 Jahre alt. Wir lernen ihn im Szenebezirk Prenzlauer Berg kennen. 5-6 Stunden zieht er jeden Tag durch die Straßencafés dort, erzählt er uns. Immer alleine?
KONTRASTE: ‚Bist Du immer allein?'
Rozmalin: ‚Ja.'
KONTRASTE: ‚Und wie viel Geld verdienst du?'
Rozmalin: ‚Ich verdiene 20-30 Euro am Tag.'
Vor sechs Wochen ist er mit einem Bus aus Rumänien gekommen.
Rozmalin: ‚Ich bin mit meinem Papa hier. Und … einem Cousin ...'
KONTRASTE: ‚Und das Geld, das du verdienst: Was machst du damit?'
Rozmalin: ‚Davon kaufen wir uns ein Haus.'
Rozmalin arbeitet. Dabei sollte er entweder in der Schule sein oder seine Ferien genießen. Es ist Nachmittag. Rozmalin will jetzt in seine Unterkunft. Er sagt uns, dass er mit seinem Vater in einer Pension lebt. … Doch irgendwann will er nicht mehr, dass wir mitkommen. Er hat Angst, in Schwierigkeiten zu geraten…
Wir machen uns auf die Suche. Weit entfernt in einem anderen Bezirk treffen wir eine Roma-Gruppe, die aus dem gleichen Dorf stammt wie Rozmalin und sein Vater.
Roma: ‚Sie sind zusammen hergekommen, um Geld zu verdienen. Weil die nur ein ganz kleines Häuschen haben, eine große Familie, manche müssen auf der Erde schlafen.'
Die Musiker nehmen uns mit zu der Pension, in der sie leben. Ein einfaches Mietshaus, bewohnt von 80 bis 100 Roma. Darunter viele Kinder. Larisa ist 12. Sie spielt jeden Tag Akkordeon, das Geld, so erzählt sie uns, gibt sie abends ihrem Papa. Genauso wie Ionutz, der Tag für Tag auf den Alexanderplatz geschickt wird.
KONTRASTE: ‚Wirst du heute auch spielen?'
Ionutz: ‚Nein, heute nicht.'
Ionutz' Vater: ‚Später vielleicht, damit ein bisschen Geld für das Essen und die Unterkunft zusammenkommt.'
KONTRASTE: ‚Also das heißt: Du musst heute doch noch rausgehen?'
Ionutz: ‚Ja.'
KONTRASTE: ‚Warum muss er Musik machen, wenn er keine Lust hat?'
Ionutz' Vater: ‚So lernen sie, Musik zu machen und können Geld verdienen. Die haben kein eigenes Haus und so können sie noch Geld verdienen und ein eigenes Haus kaufen.'
Alle Kinder, die wir kennen lernen, arbeiten angeblich für ein Haus in Rumänien… Das klingt immer gleich, wie einstudiert. Alles scheint gut organisiert… Nach mehreren Telefonaten mit anderen Roma meldet sich endlich der Vater

von Rozmalin. Wir … wollen … wissen, warum er seinen Sohn zum Arbeiten schickt.
Cristinel, Vater von Rozmalin: ‚Er verdient mit, aber nur wenig, weil ich alleine nicht fünf Mäuler stopfen kann.'"

(„Beitrag Kinderarbeit in Deutschland" von Marika Mettke. In: Rundfunk Berlin Brandenburg. Kontraste, 19.07.2007)

Dok. 2007e: Grauzone

„Immer mehr Rumänen zieht es nach Berlin. Sie kommen als Touristen, putzen Autoscheiben, musizieren oder betteln um ein paar Cents. Auch viele Kinder sind dabei – die Behörden schauen weg. … Ihr Rumtata klingt, als ob ein ganzes Blasorchester vor dem Wohnhaus in Neukölln steht. Dabei ist es nur ein Trio: Trommler, Trompeter und ein kleiner Junge mit Schifferklavier stehen unter den Balkonen. … Viele dieser kleinen Kapellen ziehen in diesem Sommer durch die Stadt… Die rumänischen Neuankömmlinge, die meisten von ihnen Roma, sind an vielen Ecken der Stadt zu finden und haben unterschiedliche Einnahmequellen für sich erschlossen: Die einen musizieren, andere sitzen stumm vor ihrer Geldschale am Straßenrand, oder sie belagern Kreuzungen, wo sie Punks oder Studenten Konkurrenz machen, indem sie Autofahrern einen Wischlappen auf die Windschutzscheiben klatschen und ihnen gegen eine kleine Spende zu mehr Durchblick verhelfen… Was … besonders ärgert, ist die Tatsache, dass oft Kinder mit nach Deutschland geschleppt werden, die eigentlich zu Hause die Schulbank drücken sollten, aber wegen des 'hohen Mitleidsfaktors' unverzichtbar sind… Für die Polizei ist das Thema ‚eine Grauzone'. In der Vergangenheit mussten sich die Ermittler mit rumänischen Kinderbanden beschäftigen, die Passanten bestahlen… Für die Kinder könne wenig getan werden. Erst wenn das ‚Kindeswohl gefährdet ist', heißt es, darf die Polizei einschreiten – zum Beispiel, wenn sie unterernährt sind oder Spuren von Misshandlungen aufweisen. … Von Kinderarbeit dürfe man nicht sprechen, weil die Kinder keinen festen Lohn bekommen, sondern nur eine Spende.'"

(Scheibenputzer: Urlaub von der Armut. In: Der Tagesspiegel, 28.07.2007)

Dok.: Straßenkinder

- „Das Bundesfamilienministerium geht in seinen Schätzungen von bis zu 7000 Straßenkindern in Deutschland aus… Mehr als 2,5 Millionen Kinder und Jugendliche leben laut Kinderschutzbund in Deutschland auf Sozialhilfeniveau – eine Verdopplung seit 2004…" („Zahl der Straßenkinder ist deutlich gewachsen." In: Neue Osnabrücker Zeitung, 04.01.07)
- „Das Kinderhilfswerk Terre Des Hommes spricht von mindestens 9000 Straßenkindern, die jährlich in Deutschland betreut werden. Die Gesamtzahl dürfte erheblich höher liegen. Betteln, Rauschgifthandel, Prostitution sind die Einnahmequellen, mit denen diese Kinder ums Überleben kämpfen. In Statistiken über Kinderarbeit kommen sie gar nicht vor." (Durch Kinderarbeit zum Haushaltsgeld. Von Markus Führer. In: Der Stern, 31.8.2004)

- „Eingeschleust, um zu dealen. Ein Elfjähriger verkaufte immer wieder Heroin… Zum dritten Mal innerhalb einer Woche ist (er) … gefasst worden… Aber (er ist) nicht der einzige unter 14 Jahren. Erst gestern wurde am Alexanderplatz wieder ein Kind beim Rauschgifthandel erwischt: ein Zwölfjähriger… Der elfjährige Ari ist Araber… Polizisten gehen davon aus, dass der Junge nach Deutschland eingeschleust wurde, um hier zu dealen." (Berliner Zeitung, 20.07.2010)

8. Kinderstars in der Medienwelt

Die Anzahl der Ausnahmegenehmigungen (vgl. Tab. 1998/99) für dic Kinderarbeit in der Medienwelt ist in den letzten 10 Jahren stark gestiegen – und damit auch Umfang und Intensität der Arbeit. Weit mehr als 20.000 Kinder jährlich dürften davon betroffen sein. Allein in Berlin steigt die Anzahl bewilligter Ausnahmen von 2.327 (2000) auf 4.356 (2006) (JdG Bln 2006, S. 7). Ausbeutung und mögliche Überlastung zeigen sich in der wachsenden Medienwelt deutlich stärker als früher in besonderen psychischen und nervlichen Belastungen, verursacht durch die Auftraggeber, aber auch durch zu ehrgeizige Eltern. Weil die Kinder für einen schranken- und bedenkenloser werdenden Kommerz missbraucht werden, ist dringend ein verschärfter Arbeitsschutz erforderlich. Skandalös ist, dass sogar die Gewerbeaufsicht wegschaut, wenn vermehrt unter dreijährige Kleine für Werbemaßnahmen, was das JArbSchG gänzlich verbietet, benutzt werden, auch wenn hier ausbeuterische Eltern schon mit pädagogischem Nutzen argumentieren.

Dok. 2004a: Hochleistung im Windsbacher Knabenchor

„Schon Jahre im Voraus ist der Windsbacher Knabenchor ausgebucht: Konzertreisen in die USA, nach England, Japan, Taiwan, Australien, Brasilien und Polen, Aufnahmen für den Rundfunk und für CDs, Auftritte in allen großen Konzertsälen Deutschlands, im Fernsehen, vor Prinz Charles, Richard von Weizsäcker und Johannes Rau…
Ihm (Chorleiter Beringer) werde vorgeworfen, Kinder in den Chorproben nicht nur anzubrüllen und auszuschimpfen, sondern gezielt zu demütigen, zu würgen und zu misshandeln, wenn die erwartete sängerische Leistung ausbleibe... Beringer räumt vor den Eltern ein, tatsächlich in besonders verfahrenen Proben außer sich zu geraten, zu toben und zu schreien…
Er habe, um den Muskeltonus am Bauch des Sängerknaben zu prüfen und ihm das so genannte Stützen beizubringen, dem 13-Jährigen ‚mit seinen Händen so stark in die Seite gedrückt, dass dieser weinen musste'. Er, der Vater, habe daraufhin ehemalige Windsbacher Sänger kontaktiert und dabei von ‚Hämatomen' am Halse eines Knaben erfahren, die beim ‚Würgen' in der Chorprobe entstanden sein sollen. Sein Sohn habe bestätigt, dass Kinder im Chor gewürgt würden, dass der Chorleiter Kinder am Hals oder an den Ohren aus den Sitzreihen

gezogen habe, sie ‚im Würgegriff durchgeschüttelt' und ihnen an den Kopf geklopft habe mit der Bemerkung, sie sollten doch ihr Hirn einschalten. Auch von Verbalattacken weiß der Vater zu berichten. ‚Wisst ihr, wie es ist, von Arschlöchern wie euch abhängig zu sein?', pflege Beringer seinen Choristen entgegenzuschleudern, oder: ‚Die Scheiße in den Stimmen singt jetzt mal nicht mit!'...
Auch das Gewerbeaufsichtsamt schaltet er ein, zwecks Prüfung, ob es sich bei den Chorproben – immerhin 15 Stunden pro Woche – nicht längst um ‚Kinderarbeit' handle...
‚Derbe Schimpfwörter' und ‚unerträgliche Tiraden' hätten sie, vor dem Chorsaal wartend, mit anhören müssen, schreiben Nürnberger Eheleute, die ihr Kind aus dem Chor genommen haben. Ihr Sohn habe die Chorzeit über in Angst und Schrecken gelebt, es sei ‚die schlimmste Zeit seines Lebens' gewesen...
Der Windsbacher Knabenchor sei kein netter Singverein für kleine Kinder, sondern ein Hochleistungschor von internationalem Rang, deshalb verlange er, Beringer, das Äußerste... ‚Natürlich bin ich sehr streng. Aber mit Freundlichkeit und Freude allein komme ich doch bei 140 Jungens zwischen 9 und 19 Jahren nicht weiter.' Der Dirigent schüttelt den Kopf. Die Proben seien hartes Training, bei dem ... er ... bisweilen an den Rand der Verzweiflung gerate. Dann rutschten ihm Verbalinjurien heraus, das komme vor, und er bedauere das...'...
Er (der Vater) wolle den Chor nicht zerstören, aber die Anforderungen überstiegen die Kräfte der Kinder bei weitem. ‚Worum geht es in diesem Internat überhaupt noch?', fragt er. ‚Will man den besten Chor des Universums oder zufriedene, gesunde Kinder?' Einen solchen Verlust an kindlicher Lebensqualität sei auch die Spitzenqualität des Chors nicht wert. Und im Umgang mit den Sängern überschreite der Dirigent dauernd seine Grenzen. ‚Der Chor ist eng mit der Kirche verbunden, er singt zum Lobe Gottes, und mein Kind wird mit Worten angeschrien, die bei uns zu Hause verboten sind', sagt der Vater.
...Über den ersten Reihen geht ein feiner Speichelregen nieder. ‚Ich kann dieses lahmarschige Gesinge nicht mehr hören', schallt es jetzt vom Konzertflügel herüber, wo Beringer in die Tasten haut, ‚dahinten sitzen welche, die singen irgendwas... alles sinnlos. Wenn ihr das nicht schafft, seid ihr Flaschen.'
... Der Chorleiter sei ihrem älteren Sohn damals an die Gurgel gefahren, erzählt die Mutter mit Tränen in den Augen. Der Junge habe das als ‚fürchterlich' empfunden."

(„Beringers Passion." Sabine Rückert. In: DIE ZEIT, 07.10.2004)

Dok. 1995c: Mutter hat mich da immer hingezerrt

„In Berlin arbeitete ein 14jähriger sechs Stunden pro Woche als Barkeeper, eine Schülerin schob als Assistentin Dienst in Papis Zahnarztpraxis, und ein Gesamtschüler, 13, gab stolz zu Protokoll, daß er auf einer Baustelle ‚wie ein richtiger Malocher' schufte. Ranklotzen wie die Großen - das addiert sich bei durchschnittlich 30 Schulstunden plus Hausaufgaben und Arbeitszeit leicht zur 50-Stunden-Woche. Viele Kinder klagen deshalb über Streß und Müdigkeit, Kopf- oder Rückenschmerzen…

(Aber hohe) Beträge lassen auch Eltern begehrlich werden, wie im Fall von Hanna. Sie hat schon mit sieben als Kindermodel für Werbefotos posiert. Heute ist sie 17 und schätzt an dem Job die schnelle Mark, immerhin bis zu drei Hunderter am Tag.

Früher, als Kind, hätte sie jedoch ‚lieber draußen herumgetobt' als im verhaßten Studio zu sitzen: ‚Meine Mutter hat mich da immer wieder hingezerrt und dann mit zehn Mark abgespeist. Den Rest hat sie selber eingesteckt', erzählt Hanna und zieht im niedlichen Kindergesicht die Mundwinkel eine Spur nach unten, ‚war ja leichtverdientes Geld für sie.'"

(„Ranklotzen wie die Großen." Beate Lakotta. In: Der Spiegel. Nr. 9, 1.9.1995)

Dok. 1996a: Kinderstars – Mamas Traum

„Ehrgeizige Eltern und zu enge Drehpläne überfordern viele der kleinen TV-Schauspieler

Der längste Tag im Leben des zehnjährigen Oliver Grober endete auf einem bayerischen Bauernhof unter künstlichen Regenschauern. Auf der verzweifelten nächtlichen Suche nach seinem geliebten Pferd (‚Ilka, Ilka!') mußte der kindliche Mime am Schluß wie bewußtlos zusammenbrechen. So wollte es das Drehbuch der RTL-Serie ‚Dr. Stefan Frank'. Doch der Regisseur war unzufrieden. Oliver wurde für einen neuen Versuch trockengeföhnt. Insgesamt zehnmal sank das übermüdete Kind vor der Stalltür zu Boden – erst dann nickte der Regisseur zufrieden.

Der frierende Junge kam nachts um drei Uhr ins Hotel. Nach dem Jugendarbeitsschutzgesetz hätte er längst im Bett liegen müssen: Kinder von sechs bis 14 Jahren dürfen höchstens drei Stunden am Tag drehen, längstens bis 22 Uhr abends. Olivers Arbeitstag für die RTL-Serie … hatte indes schon tagsüber angefangen. Nur selten gelangen Details über unzumutbare Zustände bei Dreharbeiten mit Kindern an die Öffentlichkeit. Wer nicht funktioniert oder sich kritisch äußert, ist schnell aus dem Geschäft.

Ein Aufnahmeleiter weihte Oliver früh in die Moral der Branche ein: ‚Da kommt gleich ein Mann, der fragt dich, wie lange du schon hier bist. Sag ihm: drei Stunden.' Der Junge log dem Kontrollbeamten vom Gewerbeaufsichtsamt filmreif ins Gesicht.

Streng ist das … Jugendarbeitsschutzgesetz nur auf dem Papier… Ausnahmebewilligungen erteilen nur Gewerbeaufsichtsämter. Dazu bedarf es der

Genehmigung des Jugendamts, der Eltern, der Schule und eines Arztes. Das Münchner Jugendamt hatte in den letzten fünf Jahren keinen einzigen Einwand – bei Ausnahmebewilligungen für 9729 Kinder. ‚Das ärztliche Attest schreibt oft ein befreundeter Mediziner, egal ob Augenarzt oder Orthopäde', weiß Helmut Steiner, Beamter der Münchner Gewerbeaufsicht. Die chronisch unterbesetzten Aufsichtsämter spüren Übeltäter allenfalls zufällig auf. Der Schwarzmarkt blüht: Viele Produzenten stellen erst gar keine Anträge bei den Behörden. 30 Bußgeldbescheide erließ die Münchner Behörde 1995 wegen Vergehen bei Kinderarbeit in Film- und Fotoproduktionen.
Vergangenen Winter entdeckten die Münchner Beamten in einem Park ein zehnjähriges Kind bei Dreharbeiten. ‚Der Bub hat so gefroren, daß er seine Finger nicht mehr bewegen konnte', erinnert sich Steiner. ‚Da haben wir ein relativ hohes Bußgeld verhängt.' Doch die Strafen von bislang höchstens 5000 Mark kalkulieren Produktionsfirmen ins Budget ein. Jeder zusätzliche Drehtag würde schließlich 40.000 Mark kosten.
Für Babys unter drei Jahren dürfen die Ämter ... (vgl. Dok. 1976, d. Verf.) nicht einmal Ausnahmegenehmigungen erteilen. Noch vor zehn Jahren drehten Filmproduzenten solche Aufnahmen meist mit Puppen. Inzwischen gehören Babys zum TV-Alltag – die Gewerbeaufsichtsämter drücken beide Augen zu. Das zweieinhalb Jahre alte Berliner Kleinkind Marc Tyrchan mußte gut 20 Tage mit seiner Mutter Claudia bei den Dreharbeiten von ‚Gute Zeiten, schlechte Zeiten' ausharren. Im Gegensatz zur Gewerbeaufsicht hielt der Fiskus Augen (und Hände) offen: Das Bezirksamt schickte eine Lohnsteuerkarte, damit der kleine Marc den Verdienst von rund 3000 Mark ordentlich versteuern konnte.
Natürlich bedeutet der Auftritt vor der Kamera für viele Kids großen Spaß. Häufig jedoch versagt die wichtigste Kontrollinstanz: die Eltern. Der Traum vom erfolgreichen Kind gerät zu manischem Ehrgeiz. Die neunjährige Jana Broese hatte bereits mehrere Hauptrollen. Ihre Mutter Carmen verspürt beim Erfolg ihrer Tochter ‚ein Gefühl der Genugtuung'. Sie selbst blieb eine erfolglose Schauspielerin, ‚wäre aber gern ein berühmter Star' geworden. Die Tochter arbeitet hart für die Sehnsucht ihrer Mutter. ‚Jana mußte früh aufstehen, denn sie hatte morgens immer schon Lockenwickler im Haar', erzählt Oliver Grober, in der SAT.1Produktion ‚Geliebte Schwestern' der Filmbruder von Jana.
Viele Familien lockt der Verdienst ihrer Kinder. Mit Gagen von bis zu 1000 Mark am Tag und bis zu 30 Drehtagen im Jahr leisten die kleinen Mimen ein gehöriges Zubrot. In München fand... ein Scheidungskrieg ums Geld der Tochter statt. Eine Vierzehnjährige hatte in zwei Jahren 60.000 Mark verdient. Der Vater weigerte sich deshalb, Unterhalt zu bezahlen. Die Richterin gab ihm recht. Das Geld muß in die Haushaltskasse fließen.
Die Nachfrage nach Klein-Darstellern steigt. Unzählige Serien werden inzwischen in Deutschland gedreht, kaum eine Werbung kommt ohne Pausbäckchen aus. Das lockt auch dubiose Firmen, die bei den geltungsbedürftigen Eltern kräftig abkassieren. Diverse Casting-Agenturen schalten Zeitungsanzeigen, in denen

sie etwa ‚Mitwirkende ab fünf Jahren für Film und Werbung' suchen. Der Lübecker Verlag ‚Drißler & Hein' schleust in zehn… Städten bis zu 100 Personen am Tag durch provisorische Studios in Hotelzimmern... Das eigentliche Geld jedoch bringen die Bewerber selbst, die für die vage Aussicht auf Fernsehruhm 47 Mark bezahlen und ein zweiminütiges, unscharfes VHS-Videoband für 28 Mark mit nach Hause nehmen. Drei Beamte … des Landesarbeitsamts Südbayern inspizierten eines dieser Castings. Sachgebietsleiter Burkhard Schramm ermittelt seither gegen die Firma: ‚Dem Verlag droht ein Bußgeld bis zu 50.000 Mark.' Auch die elfjährige Jasmin R. wurde von ihrer Mutter zum Fototermin im Hotelzimmer geschleift, ‚obwohl bisher noch nie etwas dabei herausgekommen ist'. Mutter Sonja R. hatte sich auch bei der Münchner Kinderagentur Boy´s & Girl´s beworben. ‚Bei Auftragserteilung sind 135 Mark für Fotoarbeiten und Setkartenerstellung zu entrichten', fordert rechtswidrig der Vertrag…"

(„KINDERSTARS Mamas Traum" In: FOCUS Nr. 34, 19.08.1996)

Bußgelder sind allerdings sehr selten:

„Ein Auftritt von Boris Beckers siebenjähriger Tochter Anna hat einer Kosmetikfirma ein Bußgeld wegen Kinderarbeit eingebracht… (Sie) hatte auf einer Schönheitsmesse in Düsseldorf Nagellack vorgeführt. … Die Firma erhielt einen Bußgeldbescheid in Höhe von 1.300 Euro… Die Kosmetikfirma legte Einspruch beim Amtsgericht Düsseldorf ein. Sie argumentiert, dass es sich nicht um einen gewerbsmäßigen Auftritt gehandelt habe. Die kleine Anna habe die Kosmetikartikel vielmehr spielerisch ausprobiert."

(„Kinderarbeit auf Kosmetikmesse?" In: Focus, 17.10.2007)

Matthias Petzold vom Institut für Entwicklungs- und Sozialpsychologie der Universität Düsseldorf, der im NRW-Auftrag ein Gutachten über „Mitwirkung von Kleinkindern in Filmproduktionen" erstellt hat, bezweifelt, dass die geltenden Regelungen zum Schutz des Kindeswohls ausreichen und fordert eine Verschärfung:

Dok. 1996b: Psychologe zu Kinderarbeit bei Film- u. Fotoproduktion

Der Düsseldorfer Psychologe Matthias Petzold im Interview.

„FOCUS: Herr Petzold, schadet Kleinkindern das Mitwirken bei Film- und Fotoproduktionen?

Petzold: Es gibt Risiken. Sie unterscheiden sich je nach Altersstufe. Kinder unter drei Jahren leiden unter hohem Streß und einer Verschiebung ihrer Wach- und Schlafzeiten. Ärzte haben zudem physiologische Schäden durch die Hitze und das grelle Licht der Scheinwerfer festgestellt. Vorschulkinder belastet besonders die Erwartungshaltung ihrer Eltern. Jugendliche verlieren ihre Freunde oder leiden unter Konzentrationsmängeln und Schlafstörungen. Die Spätfolgen reichen bis zu narzißtischen Persönlichkeitsschäden.

FOCUS: Welche Instanzen versagen bei der Kontrolle von Kinderarbeit in Filmproduktionen?

Petzold: Die aktuellen Regelungen kümmern sich nicht um pädagogische Probleme, weil sie aus dem Blickwinkel des Arbeitsrechts entstanden sind. Die Kleinen

sollten von pädagogischen Fachkräften der Jugendämter befragt werden, ob sie mitmachen wollen. Das größte Problem ist nicht die Überforderung des Nachwuchses durch Filmproduktionen und Regisseure, sondern die Überforderung durch die Erziehungsberechtigten.
FOCUS: Welche Eltern wollen ihre Sprößlinge … zu Stars machen?
Petzold: Der häufigste Typus sind narzißtische Persönlichkeiten, die sich gern darstellen. Wenn sie das selbst nicht können, dann müssen die Kinder herhalten. Die ausbeuterischen Eltern lockt das Geld. Andere meinen, Filme seien eine pädagogische Wohltat… Nur noch ausgewählte Fotografen und Regisseure sollten mit Kleinen arbeiten dürfen. Für Bilder mit Kindern sollte eine offizielle Freigabe nötig werden, wie sie früher für Luftbilder üblich war. So könnte man den zur Zeit riesigen Schwarzmarkt für Kinderfotos und Werbespots bekämpfen."

(„Nur ausgewählte Regisseure." In: FOCUS Nr. 34, 19.08.1996)

Dok. 1998a: Medienwelt zerstört kindlichen Schonraum

„Zu den Dienstleistungen, die über Internet und Online-Provider grenzenlos angeboten werden, gehört leider die Kinderpornographie. Die Photos, Disketten und CD-ROMs mißbrauchter und vergewaltigter Kleinkinder, mit denen eine in Holland aufgeflogene Bande ihr bestialisches Geschäft betrieb, haben das vor Augen geführt. Die Schockwelle von der niederländischen Küste erschüttert nicht zuletzt Deutschland, wo die Polizei im Tagesdurchschnitt 49 Fälle von Kindesmißbrauch registriert… Die Kinder werden für einen immer schrankenund bedenkenloser werdenden Kommerz mißbraucht…
Erst das aufkommende Bürgertum schuf in Europa den Schonraum Kindheit für eine von äußeren Gefahren abgeschirmte Persönlichkeitsentwicklung. Auch in dieser Schutzzone gab es genug Unterdrückung und Mißbrauch... Die Medienwelt hat diesen Raum nachhaltig zerstört. Selbst die klassischen Kinderkrankheiten weichen inzwischen den Streßsymptomen der Erwachsenen in frühestem Alter, wie der Sozial- und Gesundheitsforscher Klaus Hurrelmann aufgezeigt hat. Zugleich nimmt das Schutzdenken der Erwachsenen gegenüber den Kindern rapide ab, betont der Lübecker Kindertherapeut Helmut Inhülsen…"

(„Nicht nur Pornographie macht Kinder zu Objekten." Christian Schmidt-Häuer. In: Die Zeit 1998, Nr. 31.)

Dok. 2004b: Kinderarbeit macht enormen Spaß

„In Deutschland verdienen vier von zehn Schülern zwischen 12 und 16 Jahren ihr eigenes Geld - weil sie wollen, nicht weil sie müssen. Oft ist das illegal, auch wenn es keine Spur von Ausbeutung gibt. Daniel ist gerade 15 geworden, schuftet aber schon wie ein Erwachsener. Mehrere Tage die Woche, stundenlang, und das seit vier Jahren... ‚Ich finde, das kann man wirklich nicht als Arbeit bezeichnen', wiegelt er ab, ‚es macht mir enormen Spaß, und dann werde ich auch noch dafür bezahlt.' Was er mit seinem Lohn mache? ‚Das Geld ist auf der Bank.'
Daniel, das ist Daniel Radcliffe, der Harry Potter-Darsteller. Wie er arbeiten rund 40 Prozent der deutschen Schüler zwischen 12 und 16 Jahren – die wenigsten am

glamourösen Film-Set, die meisten in unspektakulären Jobs wie Nachhilfelehrer oder Prospekteverteiler...
Heute richten die Kölner Arbeitsschützer ihre Augen vor allem auf die Filmindustrie. 3000 Kinder standen im vergangen Jahr vor den Kameras in der Domstadt, meist als Statisten... David Kötter ist auch eines der so genannten Medienkinder. Der 13-jährige Gymnasiast aus Wuppertal steht seit seinem neunten Lebensjahr vor der Kamera, in vier Filmen und einer Serie (‚Die Anrheiner'). Er agierte an der Seite von bekannten Kollegen wie Mark Keller oder Dieter Pfaff. Als stressig empfindet er die Schauspielerei nicht: ‚Das Drehen macht Spaß. Und es ist schön, wenn man sich selbst im Fernsehen sieht.' Nach kurzem Grübeln legt David nach: ‚Eigentlich ist das gar keine Arbeit.'" (Schnettler 2004)

Dok. 2010a: Kindermodels

„Umso mehr der Markt, und damit die Werbung, Kinder als Zielgruppe entdeckt, umso mehr Kindermodels werden für Werbung und Marketing gebraucht - sei es für Print oder Werbespots, Kataloge oder Promotions. Was vor zehn Jahren noch die Ausnahme war, ist heute die Regel: Kindermodels haben einen völlig eigenständigen Modelmarkt erschlossen... Der Bedarf an Kindermodels, den es allein in Deutschland zu decken gilt, ist dabei umfänglich: nimmt man nur die umfangreichen Modekataloge der großen Versand- und Kaufhäuser, werden pro Saison - also mindestens zweimal im Jahr - etwa 350.000 Aufnahmen mit Kindermodels gemacht. Hinzu kommen noch die vielen Fotostrecken der jährlich wachsenden, auf die Zielgruppe der Eltern ausgerichteten, redaktionellen Beiträge in Zeitschriften. Und die meisten Modelagenturen für Kindermodels vermitteln zudem noch Statisten für Film- und Fernsehproduktionen."

*(Kindermodels Modelagentur STYLISHED. Online Internet. Abgerufen am 30.7.2010. Abrufbar unter: http://*de.stylished.com/kinder-model.html*)*

Ausbeutung? - Kinder arbeiten freiwillig!

Seit Kinderarbeit in Deutschland als Massenphänomen öffentlich bekannt ist, argumentieren Konservative und Neoliberale verschärft gegen das Kinderarbeitsverbot, indem sie unterstellen, Kinder arbeiten freiwillig und kein Unternehmer beute Kinder aus. So schreibt z. B. der Spiegel 2004: „... in Deutschland verdienen vier von zehn Schülern zwischen 12 und 16 Jahren ihr eigenes Geld – weil sie wollen, nicht weil sie müssen. Oft ist das illegal, auch wenn es keine Spur von Ausbeutung gibt" (Dok. 2004b).

Der Kampf gegen den Kinderarbeitsschutz wird seit der Wende unter dem Druck der Globalisierung auf breiter Ebene wie gegen die Mitbestimmung, Tariflöhne und Kündigungsschutz geführt. Gymnasiasten aus gut situiertem Elternhaus werden vorgeführt, mit dem Argument, die Kinder arbeiten freiwillig, wie z. B. die 12jährige Frauke, die schon 10- und 11jährig öfter (!) gekellnert hat und es wird für kleine Kinder ein Recht auf Arbeit gefordert, was Erwachsenen bestritten wird. Hauptargument: Kindheit sei Eingesperrtsein, eine Fremdbestimmung durch Erwachsene, – als sei die Arbeitswelt nicht viel mehr fremdbestimmt (vgl. Dok. 2007f). Wobei unter Kinderarbeit dort nicht nur profitorientierte Kinderlohnarbeit verstanden wird, sondern auch Tätigkeiten wie: eigene Spielsachen veräußern, den Hund des Nachbarn ausführen oder einer Tante beim Einkaufen helfen. Wenn Kinder abwaschen, den Müll runterbringen, alte Spielsachen in der Fußgängerzone verkaufen oder eine Aufgabe im Sportverein übernehmen, ist das keine Form der Kinderarbeit (im engeren Sinn), da hier im Regelfall die liebende Obacht der Eltern waltet und nicht die Profitgier.

Dok. 2007f: Kinderarbeit befreit aus Familie und Schule

„Kinderarmut – ein Thema in Deutschland

Immer mehr Kinder arbeiten, weil die Eltern ärmer werden und die Bedürfnisse der Kinder größer. Kindern, die aus ärmlichen Verhältnissen stammen, ist es wichtiger, Markenkleidung zu tragen, als Kindern, die aus der Mittelschicht stammen. In einer Gesellschaft, in der Geld so wichtig ist, kann man nicht erwarten, dass junge Mädchen und Jungen zu ihrer Armut stehen. Sie kleiden sich teuer, um sich unbewusst vor der Stigmatisierung zu schützen, denen arme Menschen in reichen Ländern oft ausgesetzt sind... Seit zwei Jahren jobbt Frauke öfter mal als Bedienung. Immer wenn sie arbeitet, fühlt sie sich so, als sei sie plötzlich in der großen weiten Welt, müsste sich allein durchkämpfen. Das gibt ihr ein Gefühl von Freiheit und Selbstständigkeit...

Frauke ist 12. Sie jobbt – und arbeitet somit illegal in Deutschland. Der ehemalige Bundesminister für Arbeit und Sozialordnung Norbert Blüm lehnt Kinderarbeit strikt ab. Er muss Frauke Rede und Antwort zu diesem Thema stehen, denn Frauke fordert ihr Recht auf Arbeit.

Norbert Blüm: Du verhörst mich jetzt, oder wie?

Frauke für das ZDF: Ja! Ich arbeite schon seit zwei Jahren. Ich kellnere manchmal, und es macht mir Spaß. Wieso darf ich das nicht, wieso ist das verboten?

Blüm: Ich habe nichts dagegen, dass Kinder zu Hause helfen, aber eigentlich ist die Kindheit dazu da, etwas zu lernen in der Schule.

Frauke: Aber ich vernachlässige die Schule nicht, ich bin auf dem Gymnasium – und ich komme gut zurecht. Da das Arbeiten für mich verboten ist, mache ich das jetzt quasi illegal. Man darf zum Beispiel ab 13 leichte Tätigkeiten machen wie Zeitungsaustragen. Wieso erst ab 13? Ein zehnjähriges Kind kann das auch, wenn die Schule und die Gesundheit darunter nicht leiden. Wieso kann man da keine Regelung finden?

Blüm: Die Zeitungen werden morgens vor acht Uhr ausgetragen. Ich würde sagen, dass Kinder schlafen sollten, bis sie zur Schule gehen müssen. Es ist schon früh genug, wenn die Kinder um sieben Uhr aufstehen müssen und nicht schon um fünf. Und soll man hinter jedem Kind, das Zeitungen austrägt, jemanden

hinterherschicken, der kontrolliert, ob es in der Schule gut mitkommt? …
ZDF: Warum wollen Kinder arbeiten?
Professor Manfred Liebel: … Kindheit … wird von den Kindern oft wie ein Eingesperrtsein in ein Gehäuse wahrgenommen. Auch die Schule verkörpert dieses Eingesperrtsein, eine Fremdbestimmung durch Erwachsene… Arbeit stellt eine Möglichkeit dar, ein Stück weit aus diesem Gehäuse heraus zu kommen …
'Dazu würde auch eine Lockerung des Arbeitsschutzgesetzes gehören. Denn was gut oder schlecht für Kinder ist, das sollten sie ein Stück weit selbst entscheiden dürfen'", resümiert Sivia Kaiser für das ZDF.

(Bin zehn, suche Arbeit! In: ZDF 37 Grad, 07.11.2006)

Kinder arbeiten nicht nur, um materielle Bedürfnisse zu befriedigen, was schon die Untersuchungen in den 50er und 60er Jahren belegen. Gerade Kinder, die nur einen geringen Wert schulischen Lernens empfinden, suchen oft Bestätigung außerhalb. Aber auch andere suchen Möglichkeiten für eine erweiterte Selbstverwirklichung.

Dok. 2002a: Gegen das Kinderarbeitsverbot

"Wer …, wie die Studien es tun, nur nach verbotener Kinderarbeit fragt, erklärt den Arbeitswunsch … einseitig mit dem Geldverdienen. 'Dagegen werden die … Wünsche der Kinder, sich durch ihre Tätigkeit nützlich zu fühlen, mehr Autonomie und soziale Anerkennung zu finden, auf das Geldverdienen eingeschränkt und in ihrer Vielfalt kaum wahrgenommen', meint Liebel. Offenbar hätten immer mehr Teenager Lust, 'die als lebensfremd empfundene Schule durch eigene Arbeit außerhalb der Schule zu ergänzen'.
Deshalb bezweifelt Liebel, dass die abwehrende Haltung der Regierung zur Arbeit von Jugendlichen noch angemessen ist: 'Diese Kinder verdienen mehr Vertrauen in ihre Urteilsfähigkeit. Nur bei einem Bruchteil der heute von Kindern gesuchten und ausgeübten Arbeiten handelt es sich um Ausbeutungsverhältnisse.' Kinder seien am besten vor Ausbeutung zu schützen, wenn sie unterstützt würden, sich zu wehren – auch, indem sie sich organisieren: 'Für die Gewerkschaften wäre dies ein weites Feld.'"

(„Konsumgierige Teenager?" Anja Kühne. In: Der Tagesspiegel, 11.02.2002)

Wer die Argumente, Kinder sollten selbst entscheiden, Kinder arbeiten doch aus Spaß, Kinder wollen Selbstbestätigung, gegen das Kinderarbeitsverbot richtet, übersieht die Notwendigkeit, Kinder vor Missbrauch und Ausbeutung zu schützen, wozu eine klare Unterscheidung zwischen Kindern und Erwachsenen nötig bleibt, weil Kinder nicht das gleiche Maß an Überblick wie Erwachsene haben. Kinder können berechtigt erwarten, dass Eltern und der staatliche Arbeitsschutz für sie ans große Ganze denken und Entscheidungen treffen, in denen die Kinderinteressen eingeschlossen sind, und die ihnen (auch gegen die kurzfristige Überzeugung des

Zwölf- oder Dreizehnjährigen) die falsche Arbeit verbieten und so Kindheit noch schützen.

Nichts spricht dagegen, wenn Kinder zu Hause mithelfen oder sich anderswo Taschengeld verdienen: ob bei Gartenarbeiten für den Nachbarn, beim Einkaufen für die gehbehinderte Nachbarin, als Schiedsrichter im Sportverein, Nachhilfe für Mitschüler usw. Arbeit kann Kindern Spaß machen, sie lernen dazu, machen neue Erfahrungen und das selbst verdiente Geld bestärkt. Problematisch sind nicht die Fälle, in denen Kinder gelegentlich ihr Taschengeld aufbessern, sondern die der Kinder, die sich vor dem sozialen Abseits retten wollen (müssen) und das mit verbotener Kinderarbeit. Es gibt in Deutschland mehr als eine Million Kinder, die von Sozialhilfe leben und deren Eltern nicht durchkämen, wenn Kinder nicht dazuverdienen, und die so in die Fänge von Unternehmern geraten, die „natürlich" an Kinderarbeit im Zusammenhang mit einer Politik der Deregulierung, des Auflösens des Arbeitsschutzes und Unterhöhlens erkämpfter Mindeststandards in den Arbeitsverhältnissen interessiert sind. Die Grenze liegt also bei der profitorientierten Lohnarbeit. Und hier mit dem Argument unzureichender Kontrollmöglichkeit allein auf Freiwilligkeit zu setzen, ist so, als würde man Autofahrern freistellen, bei Rot über die Kreuzung zu fahren.

Neben den Fortschritten im Kinderarbeitsschutz hat sich in den letzten 150 Jahren auch die Einstellung der Bevölkerung gegenüber Kinderarbeit geändert. Zumindest die schlimmen Kinderarbeitsformen werden nicht länger als pädagogisch wertvolles Erziehungsmittel angesehen sondern als Ausbeutung abgelehnt, auch wenn Interessengruppen immer wieder eine Rücknahme des Kinderarbeitsverbots fordern.

Kindheit ist kein Schutz- und Warteraum sondern ein zu schützender Entwicklungsraum. Eine Arbeit, die Kinder nicht beeinträchtigt, ist sicher akzeptabel – pädagogisch wünschenswert ist aber eine die kindliche (berufliche und soziale) Entwicklung förderliche Arbeit in Industrie, Handel, Handwerk und Landwirtschaft. Notwendig ist ein Konzept, das kindlichen Entwicklungsinteressen entspricht – der Beschäftigungsumfang altersmäßig abgestuft – und dem sich die Produktionsbedingungen unterordnen.

Schluss: Ausbeutung oder Selbstverwirklichung

Die Untersuchungen haben Licht ins Dunkel des deutschen Kinderarbeitsmarkts gebracht: Das Ausmaß ist größer als angenommen. Über ein Drittel der Acht- und Neuntklässler arbeiten, davon etwa die Hälfte verbotenerweise. Die heutige Kindergeneration arbeitet kaum noch für das nackte Überleben der Familie, aber meist für Notwendiges wie Kleidung, Fahrrad, Handy, Bücher, Klassenreise, auch für den persönlichen Konsum, z. B. Kauf CD's, für den Kino- oder Diskobesuch usw., was heute in Deutschland zum sozialen und kulturellen Leben nötig ist.

Vom relativen Armutsbegriff ausgehend zeigt sich Armut heute nicht gleich am Hunger, sondern in der sozialen Ausgrenzung. Zu behaupten, Kinder jobbten nur aus Geldgier, ist daher zynisch. Für konsumorientierte Kinder ist eher, auch nach Ansicht des deutschen Kinderschutzbundes, die Markenindustrie verantwortlich, die oft zielbewusst Kinder anspricht, um die Marktlücke Kind auszuschöpfen. Der starke Anstieg langzeitarbeitsloser Familienväter, Streichungen und Kürzungen der Arbeitslosenunterstützung, dem BAföG usw. verstärken den Druck zur Kinderarbeit vor allem wieder bei eh benachteiligten Arbeiterkindern. Von ca. 1,5 Millionen Kindern ist Vater und/oder Mutter arbeitslos. 2,5 Millionen Kinder, jedes sechste Kind, leben in Armut auf Sozialhilfeniveau. So geben denn auch, wie in der Berliner Studie, 13,4% der arbeitenden Kinder an, regelmäßig oder manchmal Geld zu Hause abzugeben und dass fast jedes zehnte Kind lieber aufhören würde zu jobben, doch die Eltern „wünschen dies nicht".

Das Elend wächst dabei eher unsichtbar in den Poren der Wohlstandsgesellschaft. Wenn Kinder arbeiten müssen oder arbeiten wollen müssen, weil das Elterneinkommen für den üblichen Konsum oder für ein übliches Taschengeld nicht reicht, oder auch um in der Gruppe mithalten zu können (z. B. für ein Handy oder einen Computer, was auch für den schulischen Erfolg hilfreich ist), droht Überforderung. Die nötige Kontrolle bleibt ein Problem. Kinder, die um die Notwendigkeit ihrer Lohnarbeit als Familienbeitrag oder als Taschengeldersatz wissen, und die Eltern sind an der Verheimlichung interessiert.

Leider kommt der Staat dem nötigen Schutz nur ungenügend nach. Nicht mal die Arbeitgeber-Angaben auf den Lohnsteuerkarten der Kinder werden der Gewerbeaufsicht zugänglich gemacht, angeblich aus Gründen vorrangigen Datenschutzes. Hier schützt der Datenschutz die Profitgier. Ohne Rücksicht auf Überbelastungen der Kinder machen Unternehmer Sondergewinne. Fragwürdig sind auch die Aufweichungen im JArbSchG und es fehlt eine Begrenzung neuer Kinderarbeitsbereiche wie im Hochleistungssport, in der Filmindustrie und der Werbung. Besonders hier nimmt das Schutzdenken der Eltern für ihre Kinder aus übertriebenem Ehrgeiz ab. Auch bleibt die Gewerbeaufsicht personell schlecht ausstattet. Dass Kinder leichtsinnig auf einen Helm auf dem Baugerüst verzichten, liegt in ihrer Natur. Wenn aber Bauunternehmer auf die Sicherung des Baugerüstes verzichten und ein Kind mit der Schubkarre tödlich abstürzt (wie z. B. 1996 in Berlin), ist gesellschaftliche Verantwortung gefragt. Verantwortlich für die Kinderarbeit und ihren schädlichen Auswirkungen für die Persönlichkeitsentwicklung sind nicht konsumorientierte Kinder; nicht sie sind die Gesetzesbrecher, sondern Unternehmer, die Kinder ausbeuten, und Eltern und der Staat, die das zulassen.

Zusammenfassend ist hervorzuheben, dass angesichts weiterer Verarmung und Prekarisierung vieler Familien die billige Arbeitskraft von Kindern wieder mehr Konjunktur hat. In Deutschland, einem der reichsten Länder der Welt, arbeiten über 500.000 Kinder, die Hälfte verbotenerweise, – viele aus (sozialer) Armut – und sie bewältigen – im Schatten der sog. Wohlstandsgesellschaft – mit der Schule einen Acht- bis Zehnstundentag.

Wer Kinderarbeit ohne Rücksicht auf Schutzbedürfnisse als Loslösung vom Elternhaus begrüßt und eine weitere Lockerung des eh nur begrenzten Kinderarbeitsverbots fordert, bagatellisiert die Gefahren zu früher Kinderarbeit. Befürworter der Kinderarbeit reaktivieren Freiheits- und pädagogische Argumente aus dem letzten und vorletzten Jahrhundert für die Kinderarbeit und diese klingen immer noch wie Ausreden für die Profitgier. Auch 1960 wurde, als die CDU/CSU das dreistündige Arbeiten von Kindern in der Landwirtschaft durchsetzte mit Glück und Freiheit für die Kinder argumentiert (vgl. Dok. 1960a) — unbekümmert der ca. 5.000 Kinderarbeitsunfälle jährlich allein in der Landwirtschaft, davon 50 tödlich. Nach den Länderstudien der 90er Jahre bereitet Kinderarbeit kaum auf die spätere Berufstätigkeit vor. Eingeübt wird eine Jobgesinnung, die sich gegenüber den Arbeitsinhalten gleichgültig zeigt. Die Vorstellung, solche Arbeiten wirken erzieherisch, ist von den Realitäten weit entfernt, hieß es z. B. in der Studie von Hessen 1993.

Kinderarbeit stört oft den Reifungsprozess des kindlichen Organismus' und der Psyche. Nach den Länderstudien sind besonders die psychischen Belastungen erheblich, neben physischen Schäden und Kinderarbeitsunfällen. Schäden sind meist nicht gleich sichtbar und werden vielfach erst entdeckt, wenn sie irreparabel sind. Arbeitsphysiologisch gesehen hat das Kind die größte Leistungsfähigkeit vormittags – in der Schule. Die Schule fordert das ganze Kind. Nachmittags geht die Leistungskurve stark nach unten. Neben den Schularbeiten müsste es die verbrauchten Kräfte wieder aufbauen. Muss das Kind stattdessen arbeiten, mobilisiert es Reserven, die der geistigen Arbeit und der Regeneration verloren gehen. Allgemein wird so die ungestörte, freie Entwicklung der kindlichen Anlagen gehemmt, die Kindheit faktisch verkürzt.

Der Raubbau an der Substanz bedeutet nicht nur allzu leicht Zerstörung der Arbeitskraft und Frühinvalidität und – gesellschaftlich gesehen – Vergeudung. Entscheidend ist aber vor allem, dass sich die Schöpfungskraft der Kinder nicht allseitig entwickeln kann. Die lohnabhängige Kinderarbeit, um dic cs hier geht, ist oft monoton und stumpfsinnig. Mit diesen vorherrschenden Jobs steht weder das Kennenlernen der Arbeitswelt noch das Erlernen eines sinnvollen Umgangs mit Geld im Vordergrund sondern das Geld für den Konsum. Es besteht die Gefahr (bzw. seitens der Unternehmer sicher das Ziel), dass das Drittel der jobbenden Kinder frühzeitig gegenüber dem Inhalt der Arbeit gleichgültig und auf eine Konsumorientierung hin erzogen wird.

Statt weitere Durchlöcherungen des Kinderarbeitsverbots zu fordern, wäre über Entschädigungen für irreparable Schäden der kindlichen Opfer seitens der Unternehmen wie z. B. Braun und Miele (bezüglich der Ausbeutung in Kinderheimen der 50er und 60er Jahre), der Zeitungskonzerne, aber auch seitens der Bau- und Handwerksbetriebe nachzudenken. Unbegreiflich bleibt, wieso selbst bei nachgewiesenen Unfallschäden und auch bei den vielen tödlichen Kinderarbeitsunfällen im letzten halben Jahrhundert die Täter – abgesehen vom geringen Bußgeld – in Deutschland unbehelligt bleiben.

Meist geschieht Kinderarbeit versteckt in Klein- und Mittelbetrieben. Immerhin arbeiten (wie z. B. in Hessen) über die Hälfte der Kinder in fremden Betrieben mit bis zu zehn Angestellten und ein weiteres Viertel in Unternehmen mit bis zu hundert Beschäftigten. Aus Mangel an Demokratie und Betriebsräten in diesen Betrieben, obwohl sie oft betriebsratsfähig sind, zeigt keiner den Chef an. Dabei sollte das Verhindern von Kinderarbeit den Erwachsenen auch deshalb am Herzen liegen, weil durch die von Kindern geleistete Arbeit 90.000 Vollarbeitsplätze zustande kommen könnten.

Neben Geld ist auch das kindliche Interesse an der Arbeit wichtig, um erste Erfahrungen im Berufsleben zu sammeln. Haushaltsnahe Tätigkeiten wie auf Kinder oder Tiere aufpassen, Rasen mähen oder für Bekannte einkaufen werden in der Bevölkerung meist nicht als Arbeit bezeichnet und zu Recht von der Kinderlohnarbeit unterschieden und von der Gesellschaft akzeptiert. Kinder wollen sich darüber hinaus auch bei Fremden durch Arbeit betätigen, wie insbesondere die Studie von Thüringen bei 90 % der Kinder belegt. Es ist für die Entwicklung der Kinder bedeutsam, auch außerhalb der Schule und Familie Neues zu erfahren, den Handlungsraum zu erweitern, mehr Verantwortung zu übernehmen und dafür anerkannt zu werden, was aber nicht monetär sein muss. Berufliche Erfahrungen haben erzieherischen Wert. Die Arbeit von Kindern kann ein wertvolles Bildungsmittel sein. Pädagogisch wirkt erlebte Wirklichkeit nachhaltiger als die vermittelte Arbeitswelt aus „trockenen" Schulbüchern. In der Arbeit können Kinder Verantwortung und Selbstdisziplin lernen und so ihre Persönlichkeit entwickeln (vgl. von der Haar 1988, S.75 ff.). Daher sollten Kinder schon recht früh die Arbeitswelt erfahren, die technische Entwicklung und die soziale betriebliche Ordnung, wie z. B. in den erfolgreichen Open Schools in den USA oder in Betriebspraktika hierzulande. Nötig sind mehr Kooperationen zwischen Schulen und Betrieben, Lernpartnerschaften, Arbeits- und Produktionsschulen, in denen statt Profit die Entwicklung der Kinder im Zentrum steht. Nützliche soziale, ökologische und produktive Aufgaben können Kinder motivieren und ihnen Bestätigung geben.

Aber Kinder schutzlos Unternehmern auszuliefern, die statt der geistigen und körperlichen Entwicklung der Kinder vorrangig den Gewinn im Blick haben, wie dies heute bei den überwiegend einfachen Hilfsarbeiten der Fall ist, ist abzulehnen. Kinderarbeit durch Tarifverträge oder die Einbeziehung in den Sozialversicherungsschutz „regeln" zu wollen, ist angesichts der gegenwärtigen Prekarisierung dieser Arbeitsbereiche aberwitzig. Faktisch würde es Kinderarbeit legalisieren – und das gesetzlich festschreiben, was verbreitet ist. Kinderarbeit wird nicht dadurch weniger schädlich, dass man sie „regelt". Nur ein wirksames Verbot hilft.

Durch die bisher übliche Kinderlohnarbeit „lernen" die Kinder nur, dass Schutzgesetze eh nicht gelten und man bereit sein muss, auf Sozialversicherung, Tariflohn, Kündigungsschutz, Mitbestimmung, Arbeitsschutz, Urlaubsanspruch usw. zu verzichten, wie dies im Rahmen der Prekarisierung bereits etwa zehn Millionen Erwachsene hierzulande erleiden. In der Logik dieses Untergrabens vorhandener Sozialstandards bzw., sie erst gar nicht entstehen zu lassen, liegt die Wiedereinführung der Kinderarbeit. Notwendig sind stattdessen ausgedehntere Betriebserkundigungen und Praktika auch in großen Industriebetrieben mit betrieblicher Einarbeitung an speziell gesicherten modernen Maschinen, und zwar unter Anleitung der Schule und Kontrolle der Gewerkschaften unter vorrangig pädagogischen Gesichtspunkten.

ANHANG: Thema Kinderarbeit im Unterricht

In der Hauptschule kann der Kinderarbeitsschutz im Fach *Arbeitslehre* zur Einführung in Probleme und Bedingungen des Arbeitslebens in rechts- und sozialstaatlicher Hinsicht behandelt werden, vielfach in der 8. Jahrgangsstufe im Themenbereich *Betrieb – Arbeit – Beruf.* Bei der Erkundung der Arbeitsbedingungen und Produktionsverfahren stößt man auf arbeitsschutzrechtliche Vorschriften. Der Kinderarbeitsschutz kann in der 9. und 10. Jahrgangsstufe vertieft erörtert werden.

Realschülern kann in der 9. und 10. Jahrgangsstufe in Wirtschafts- und Rechtslehre das Kinderarbeitsrecht im Themenkreis *Beruf* vermittelt werden. Auch im Wahlpflichtfach Sozialarbeit, das soziale Aspekte der Arbeitswelt (Humanisierung der Arbeitswelt, Soziale Sicherung, sozialrechtliche Regelungen) betont. Und im Fach Sozialkunde in der 10. Jahrgangsstufe im Themenbereich *Bundesrepublik Deutschland als Sozial- und Rechtsstaat.*

Für **Berufsschüler** ist Jugendarbeitsschutz Teil des Sozialkundeunterrichts mit den Themen *Arbeit und Beruf* und *Soziale Sicherung.* Auch das Fach *Betriebswirtschaftskunde* kann neben dem Überblick über die Herausbildung einer sozialen Sicherung die Notwendigkeit staatlicher Regelungen zur sozialen Sicherung vermittelt werden. Im Themenkreis *Rechts- und Sozialstaat* der 11. Jahrgangsstufe kann anhand der sich aus dem Kinderarbeitsschutz ergebenden historischen, politischen, wirtschaftlichen und sozialen Probleme einsichtig werden, dass und wie Bürger von politischen Entscheidungen betroffen sind. Politik als Gestaltung öffentlicher Aufgaben, Gründe politischen Handelns und überhaupt die Begründung staatlicher Machtausübung bei Problemen, die allgemeingültiger Regelungen bedürfen, können dabei im Vordergrund stehen.

In Wirtschafts- und Rechtslehre der Jahrgangsstufen 8 bis 10 des **Gymnasiums** sollte bei der Behandlung der Grundlagen des politischen Systems *Jugendarbeitsschutz* innerhalb der Bereiche *Berufswahl, Berufsvorbereitung* sowie *Berufsausführung* nicht zu kurz kommen. An Wirtschaftswissenschaftlichen Gymnasien (Themenkreis *Schutz der Arbeitskraft*) und in der Kollegstufe (Themenkreis *Arbeitsverhältnis*) kann der *Kinderarbeitsschutz* ausführlich behandelt werden.

Schülern ist das Kinderarbeitsverbot oft kaum bekannt. Viele erkennen Verstöße nicht. Manche engagieren sich auch deshalb kaum für die Einhaltung und

Verbesserung des JArbSchGes, weil sie aufgrund einer falschen Selbsteinschätzung ihrer Leistungsfähigkeit bereit sind, sich übermäßig zu belasten. Hinzu kommen teilweise große subjektive Bedürfnisse und die Erwartung, schnell viel Geld zu verdienen. Teilweise herrscht auch materielle Not. Sich das Kofferradio, das Fahrrad, die Kinokarte usw. kaufen zu können, gehört heute zum gewöhnlichen Bedürfnis der Kinder. Wichtig ist, nicht nur das Kinderarbeitsverbot wirkungsvoller zu vermitteln, damit sie sich für einen verbesserten Schutz einsetzen, sondern auch zu erörtern, wie Arbeitsbedingungen gestaltet sein müssten, wenn Kinder arbeiten. Manche der o. a. Dokumente eignen sich als Einstieg in eine Diskussion, die zu einer Recherche in der eigenen Umgebung führen kann.

Übersicht: Recherche-Möglichkeiten

Recherche vor Ort: Je nach Schwerpunkt im Geschichtsunterricht oder bei Umfragen im Fach Deutsch:

Erwachsene befragen: Wie und was mussten Kinder früher arbeiten? ...

Mitschüler interviewen – auf dem Schulhof, in der Fußgängerpassage (mit Fragebögen anonym): Wer arbeitet regelmäßig? Wie? Warum? Mit Bezahlung? Wofür wird das Geld ausgegeben? …

Besuch beim Kinderschutzbund, der Gewerbeaufsicht: Welche Probleme haben Kinder, die arbeiten? Wie viele arbeiten? …

Kreatives Schreiben: von ihren Arbeitserlebnissen berichten; die Erfahrungen der Großeltern oder Ergebnisse der Umfragen darstellen.

Die Klasse kann sich im Internet, bei Behörden (beim Amt für Soziales und Jugend, der Gewerbeaufsicht), beim Kinderschutzbund oder bei Theatern, wo auch Kinder arbeiten, informieren.

Übersicht: Lernziele

Die Schüler sollen:

- Kinderarbeit als Lohnarbeit bei Unternehmern erläutern
- Kinderarbeit unterscheiden von – einer Betätigung der Kinder in Betriebspraktika, – gelegentlichen geringfügigen Hilfeleistungen aus Gefälligkeit und – Mithilfe im elterlichen Haushalt
- den Geltungsbereich des Kinderarbeitsverbots im JArbSchG nennen
- Ausnahmen vom Kinderarbeitsverbot im JArbSchG wie – Handreichungen beim Sport, – Austragen von Zeitungen und Zeitschriften, – Erntearbeiten erläutern
- wiedergeben, dass auf Antrag eine Ausnahmegenehmigung erteilt werden kann bei – Musik- oder Theatervorstellungen, – Aufnahmen für Hörfunk und Fernsehen, – Film- und Fotoaufnahmen
- als Bedeutung der JArbSchG-Vorschriften für Kinder deren besondere: Schutzwürdigkeit angesichts gewinnorientierter Produktion erläutern
- den historischen Fortschritt im Kinderarbeitsverbot aufzeigen

- historische Gründe für die Beschränkung der Kinderarbeit wie – Ergebnisse militärischer Rekrutierung, – hohe Kindersterblichkeit, – kompliziertere Maschinen, – höhere Schulbildung, – Kampf der Arbeiterbewegung erläutern
- als Folgen der Kinderarbeit: – gesundheitliche Gefährdung, – verschlechterte Schulleistungen, – soziale und geistige Fehlentwicklung durch monotone Arbeit und mangelnde Spielmöglichkeiten darstellen
- Ursachen der Kinderarbeit heute – bei Unternehmern (Interesse an Extra-Gewinn und zeitweiligen Aushilfskräften), – bei Kindern und Eltern (geringes Familieneinkommen, wenig Taschengeld, „Lehre auf Probe", Langeweile) aufzeigen
- Vorschläge für ein völliges Kinderarbeitsverbot entwickeln: – Streichung gesetzlicher Ausnahmen – bessere Kontrolle – höhere Strafen
- als Sinn des Kinderarbeitsverbots den Schutz vor Überbeanspruchung und Arbeitsplatzgefahren (Unfall usw.) sowie das Sichern nötiger Freizeit zur Erholung und Persönlichkeitsentfaltung erläutern
- erläutern, dass Arbeitswelterfahrungen der Kinder unter nicht gewinnorientierten Bedingungen: Abstimmung mit der Schule, Kontrolle des Staates, keine monotone Hilfsarbeitertätigkeit usw. für die berufliche, soziale und geistige Entwicklung eine wertvolle Hilfe sein können.

Damit Schüler den Kinderarbeitsschutz in sozialer, politischer und wirtschaftlicher Hinsicht erkennen und beurteilen können, sollte an persönlichen Kinderarbeits-Erfahrungen angeknüpft werden. Ergänzend können sie mit Kinderarbeitsfällen konfrontiert werden, abhängig von der Jahrgangsstufe und der Schulart, um die Motivation für das Thema zu stärken. Die Motive und Interessen an der Kinderarbeit sollten ausgesprochen werden. („Ich geh lieber arbeiten als zur Schule, weil ich viel Geld verdiene" usw.). Ergänzend zu deren Schilderungen eignen sich viele der obigen Dokumente. Bezüglich der Ursachen und Folgen von Kinderarbeit hilft Arbeitsbogen 1.

Gesetzesbestimmungen und Verstöße können am Arbeitsbogen 2 (Erlaubte und unerlaubte Kinderarbeit) erarbeitet werden. Zur Lösung der Fälle hilft das JArbSchG oder Info 1. Vom Besonderen zum Allgemeinen vorzugehen motiviert stärker als umgekehrt, was eher Schüler mit höherem Abstraktionsvermögen anspricht. Der Gesetzestext ist verständlich; meist genügen Kürzungen.

An der Entwicklung des Kinderarbeitsverbots kann gezeigt werden, dass es aus wirtschaftlichen und politischen Umständen resultiert und direkt (durch Altersbestimmungen, erlaubte Arbeit und Arbeitszeiten und -stunden je Arbeitstag) die Lebenssituation der Kinder beeinflusst.

Das JArbSchG und seine Praxis als geschichtlich bedingt zu begreifen und sie in der Bedeutung für Kinder und alle Arbeitnehmer einerseits und für Unternehmer andererseits zu sehen, kann Schüler befähigen, politische Konflikte zwischen

Arbeitnehmer- und Arbeitgeberorganisationen als notwendig für die Durchsetzung des Kinderarbeitsverbots zu begreifen. Anhand der historisch unterschiedlichen Interessen und Konflikte zur Kinderarbeit kann die Ausübung von Macht gesellschaftlicher Gruppen deutlich und die Notwendigkeit der Interessenvertretung einzeln (z. B. mithilfe des Lehrers oder Gewerbeaufsichtsbeamten) und in Verbänden (z. B. mithilfe von Gewerkschaften, Jugendorganisationen usw.) einsichtig werden.

Tafelbild 1: Kinderarbeit heute – Ursachen und Folgen

<table>
<tr><td colspan="6">Kinderarbeit ist eine (meist) bezahlte Erwerbstätigkeit unter 15- bzw. 16jähriger schulpflichtiger Kinder bei Unternehmern (Kinderlohnarbeit)</td></tr>
<tr><td colspan="3">Ursachen bei Unternehmern:
- Interesse an Extra-Gewinn und
- zeitweiligen Aushilfskräften</td><td colspan="3">Ursachen bei Kindern und Eltern
- geringes Familieneinkommen
- zu wenig oder kein Taschengeld
- Probearbeit für Ausbildungsplätze</td></tr>
<tr><td colspan="6">Folgen für Kinder:</td></tr>
<tr><td colspan="2">gesundheitliche Gefährdung durch schwere o. einseitige Belastung</td><td colspan="2">schlechte schulische Leistungen. Folge: Gefahr, keinen Ausbildungsplatz zu bekommen</td><td colspan="2">soziale und geistige Fehlentwicklung durch monotone Arbeit und mangelnde Spielmöglichkeiten</td></tr>
</table>

Arbeitsbogen 1: 10 Fälle verbotener Kinderarbeit aus den 70ern

1. Eine Markthändlerin beschäftigte ein Jahr lang einen 13jährigen italienischen Jungen, der die Schule nicht besuchte, mit dem Verkauf von Blumen sowie mit Aufbau- und Aufräumungsarbeiten am Stand. (Jahresbericht der Gewerbeaufsicht (= JdG) Baden-Württemberg 1976, S. 56)
2. Ein Betrieb, der Hobbyartikel herstellt, beschäftigte regelmäßigen 13.00 bis 16.45 Uhr vier schulpflichtige Kinder mit dem Verpacken von Kippdübeln, Möbel rollen und kleinen Brettern für Wandregale bei einem Stundenlohn von 3 DM bis 3.50 DM (JdG Baden-Württemberg 1976, S. 56).
3. Eine Direktwerbefirma beschäftigte vier Wochen lang einen 14- und einen 15jährigen Schüler mit dem Austragen von Prospekten für einen wöchentlichen Lohn von 35 DM bei einer Arbeitszeit von 7 Stunden täglich und 35 Stunden wöchentlich. Durch Reparaturen an dem Bus, mit dem die Kinder transportiert wurden, verlängerte sich die Abwesenheitszeit entsprechend. Eine Nacht verbrachten die Kinder sogar in dem Kleinbus, um am anderen Tag gleich weiterarbeiten zu können (JdG Baden-Württemberg 1978, S. 68).

4. Während der Schulferien wurden in einem Holzverarbeitungsbetrieb zwei Kinder im Alter von 14 Jahren angetroffen. Sie waren aushilfsweise an der Aufgabeseite einer Lackgießmaschine tätig (JdG Bayern 1976, S. 52).
5. Ein Gastwirt beschäftigte einen Schüler der 7. Hauptschulklasse in seinem Lokal mehrere Wochen lang über 8 Stunden täglich, verschiedentlich sogar bis 2.00 Uhr nachts. Für die Arbeitsleistung war Lohn lediglich für den Fall eines guten Geschäftsganges in Aussicht gestellt worden (JdG Bayern 1976, S. 52).
6. Ein Lebensmittelgeschäft lässt zwei 13- bzw. 14 Jahre alte Kinder seit mindestens einem Monat nach dem Schulunterricht pro Woche etwa 10 Stunden lang Lebensmittel an Kunden mit Fahrrad und Anhänger (für 30 DM pro Woche und Kind) zustellen (JdG Bayern 1977, S. 53).
7. Ein 14jähriges Kind wurde zum Betanken der Fahrzeuge und zum Einseifen der Wagen vor Einfahrt in die Waschstraße sowie zum Kassieren eingesetzt. In Abwesenheit des Tankstellenleiters versuchte der Schüler einen Wagen, der schon von der Transportkette gezogen wurde, zurückzuschieben, weil sich eine Waschbürste nicht in die Normalstellung einstellte. Dabei geriet er in die transportierende Gleiskette, so dass ihm der linke Fuß oberhalb des Knöchels amputiert werden musste (JdG Hessen 1976, S. 34).
8. Zwei Kinder eines italienischen Arbeiters wurden in einem Betrieb der Metallindustrie an einer hydraulischen Kalibrierpresse beschäftigt, an der die vorgeschriebenen Sicherheitsvorrichtungen zudem nicht existierten. Der jüngere, ein 10jähriger, verlor dabei durch einen Unfall die Hälfte des Zeige- und Mittelfingers der rechten und den halben Zeigefinger der linken Hand (JdG Baden-Württemberg 1964, S. 84).
9. In einer Hauptschul-Abschlussklasse wollte sich ein Mädchen mit folgender Begründung von Hausaufgaben befreien lassen: Sie müsse täglich bis 21 Uhr bei einem Arzt Karteikarten sortieren. Sie arbeite mit zwei weiteren Schülerinnen um die Wette. Der Besten habe der Arzt eine Lehrstelle in Aussicht gestellt. Durch Umfragen an 11 Schulen erfuhr man von 21 Schülern und Schülerinnen, die auf diesem Wege an einen Ausbildungsplatz kommen wollten. Vierzehn davon bekamen keinen Pfennig für ihre „Probearbeit“ (Der Tagesspiegel, 3.7.1977, Düsseldorfer Nachrichten, 16.6.1977)
10. Ein Unternehmer ließ 25 Kinder im Akkord Rundeisen biegen, bohren, drehen, stanzen und zwei Kinder (9 und 10 Jahre alt) ohne Schutzbrillen schweißen. Dabei erlitten sie Bindehautentzündungen und mussten sich in ärztliche Behandlung begeben (JdG Bayern 1971, S. 105f.).

FRAGEN:

1. In welchen Betrieben (Groß-, Mittel- oder Kleinbetrieben) findet Kinderarbeit besonders häufig statt?
2. Wie hoch ist der Kinderarbeitslohn im Vergleich zum Erwachsenenlohn? (Fälle 2, 4, 8, 9, 18)
3. Welche Folgen hat die Kinderarbeit? (Fälle 1, 4, 8, 11, 14, 18, 20)
4. Wie beurteilen Sie die Höhe der Strafe? (Fälle 15, 16)
5. Warum werden viele Verstöße gegen das Kinderarbeitsverbot nicht öffentlich? (Fälle 17, 18)
6. Aus welchen Gründen arbeiten Kinder? (Fälle 13, 18)
7. Warum beschäftigen Unternehmer Kinder? (Fälle 4, 7, 8, 18)

Info 1: Kinderarbeit im JArbSchG, in der Fassung von 2010

1. Grundsätzliches Arbeitsverbot gilt für Kinder unter 15 Jahre bzw. wenn sie noch vollzeitschulpflichtig sind, z.B.:
- Austragen von Waren und Werbedrucksachen
- „Lehre auf Probe"
- Bewachung auf Parkplätzen
- Mithilfe auf Rummelplätzen

2. Ausnahmegenehmigung kann auf Antrag erteilt werden z. B. bei
- Musik- oder Theatervorstellungen
- Aufnahmen für Hörfunk und Fernsehen
- Film- und Fotoaufnahmen

3. Ausnahmen vom Kinderarbeitsverbot für über 13j. Kinder
- bis zwei Stunden werktäglich, z. B. Austragen von Zeitungen
- Erntearbeiten drei Stunden werktäglich

4. Zulässig ist eine Betätigung bei
- von der Schule organisierten Betriebspraktika
- gelegentlichen geringfügigen Hilfeleistungen aus Gefälligkeit
- Mithilfe im elterlichen Haushalt

Tafelbild 2: Gesetz und Praxis des Kinderarbeitsverbots

Regelung im JArbSchG, in der Fassung von 2010	**Durchführung des Gesetzes**	**Vorschläge zur Durchsetzung des Kinderarbeitsverbots**
1. Grundsätzl. Kinderarbeitsverbot (§5) 2. Ausnahmen (§5 Abs. 2) für über 13j.: a) bis 2 Std. täglich b) in der Landwirtschaft 3 Std. täglich 3. Ausnahmegenehmigungen (§6): a) für Theatervorstellungen b) Musik- und Werbeveranstaltungen c) Hörfunk-, Fernseh-, Film-, Fotoaufnahmen	1. zu wenig Aufsichts-beamte 2. Geringe Bestrafung der Unternehmer bei Verstößen	1. Streichung der Ausnahmen. 2. Mehr Kontrollen 3. Härtere Strafen 4. Aufklärung der Kinder und Eltern über Gefahren der Kinderarbeit

Arbeitsbogen 2: Erlaubte und unerlaubte Kinderarbeit

1. Ein Gastwirt beschäftigt im Lokal Schüler der 7. Hauptschulklasse mehrere Wochen lang über 8 Stunden täglich, verschiedentlich bis 2 Uhr nachts.
2. Einem Landwirt helfen bei der Kartoffelernte ein 9jähriges Kind und zwei noch nicht ganz 14 Jahre alte Kinder aus der Nachbarschaft jeweils von 15 bis 17 Uhr für 3 DM pro Stunde.
3. Ein Lebensmittelgeschäft lässt zwei 13 bzw. 14 Jahre alte Kinder seit mindestens einem Monat nach dem Schulunterricht pro Woche etwa 10 Stunden lang Lebensmittel an Kunden mit Fahrrad und Anhänger zustellen.
4. Ein über 14 Jahre altes noch vollzeitschulpflichtiges Kind wird zum Betanken der Fahrzeuge und zum Einseifen der Wagen vor Einfahrt in die Waschstraße sowie zum Kassieren eingesetzt.
5. Ein Buchhändler mit einem selbständigen Zeitschriftenvertrieb lässt fortgesetzt Kinder Zeitschriften austragen, u. z. teilweise 2 Stunden und manchmal auch 4 Stunden werktäglich.
6. Aus einer Hauptschul-Abschlussklasse arbeiten 14- bis 15jährige Schülerinnen bei einem Arzt. Ohne Entgelt sortieren sie Karteikarten usw. Für diese „Probearbeit" hat der Arzt der Besten eine Lehrstelle in Aussicht gestellt.
FRAGEN: Gegen welche JArbSchG-Vorschriften wurde ggf. verstoßen? Wie bewerten Sie die Rechtslage?

Tafelbild 3: Entwicklung des Kinderarbeitsverbots in Deutschland

Verbot der Arbeit für Kinder:		
1839	unter 9 Jahren	Gesetz wird kaum befolgt.
1853/1878	unter 12 Jahren	Gesetze werden nur teilweise befolgt. Gewerbeaufsicht kontrolliert.
1891/1903	unter 13 Jahren	Kinderarbeit nimmt ab.
1938/1960/1976	unter 14 Jahren	Generelles Verbot der Kinderarbeit. Mit Ausnahmen.
2006	unter 15 Jahren	

Arbeitsbogen 3: Gründe für die Beschränkung der Kinderarbeit

Aufgabe: *Welche Gründe lassen sich für das Kinderarbeitsverbot in Deutschland anführen? Beachten Sie folgende Aussagen!*

1. *Kabinettsorder des Königs von 1828: „Der Generalleutnant bemerkt in seinem Landwehrgeschäftsberichte, daß die Fabrikgegenden ihr Kontingent zum Ersatze der Armee nicht vollständig stellen können... und erwähnt dabei des Übelstandes, daß von den Fabrikunternehmern sogar Kinder in Masse des Nachts zu den Arbeiten benutzt werden... Ich kann ein solches Verfahren um so weniger billigen, als dadurch die physische Ausbildung der zarten Jugend unterdrückt wird und... daß in den Fabrikgegenden die künftige Generation noch schwächer und verkrüppelter werden wird, als es die jetzige schon sein soll. Daher trage ich auf, in höhere Erwägung zu nehmen, durch welche Maßregeln jenem Verfahren kräftig entgegengewirkt werden kann".*

2. *Die Kindersterblichkeit nahm seit Einführung der Kinderarbeit immer mehr zu. Die arme Bevölkerung stellte den Nachwuchs der Fabrikarbeiter. „Von tausend Neugeborenen erleben 911 aus fürstlichen Familien das 15. Lebensjahr. Bei der armen Bevölkerung aus der Stadt hingegen werden nur 584 im Durchschnitt 15 Jahre alt".*

3. *Aussage eines Unternehmers 1853 zum Rückgang der Kinderarbeit: „Allgemeine Ursache ist wohl, daß die verbesserte Maschinerie und höhere Ansprüche an die Fabrikation größere Intelligenz erfordern."*

4. *Die Schulbildung mußte auch für arme Kinder eingeführt werden. Die Kinder sollten in der Schule die Fähigkeiten lernen, die sie an den komplizierten Maschinen brauchten. In einem Rundbrief stellte der Unterrichtsminister (bereits 1824) fest, daß die Kinderarbeit Nachteile „für Unterricht, Erziehung, Moralität und Gesundheit dieser armen Geschöpfe" habe.*

5. *Seit 1869 forderten die Sozialdemokraten die Abschaffung der Kinderarbeit. Sie vertraten im 19. Jahrhundert die politisch bewussten Arbeiter. 1891 forderten sie im Erfurter Programm: Verbot der Arbeit von Kindern unter 14 Jahren. Höchstarbeit der Jugendlichen 6 Stunden täglich.*

(Kuczynski, J.: Studien zur Geschichte der Lage des arbeitenden Kindes in Deutschland von 1700 bis zur Gegenwart. Berlin 1968, S. 88 ff.)

Arbeitsbogen 4: Kinderarbeit – Bernd hilft im Kaufhaus

Zum Dok. 1973 beantworten Sie bitte diese FRAGEN:
1. Wie unterscheidet sich der Schulbesuch arbeitender Kinder früher und heute?
2. Was *bedeutet* Kinderarbeit in den Experimentierschulen der USA?
3. Welche Vorteile kann eine Verbindung von Schule und Arbeitswelt für die Entwicklung des Kindes haben?
4. Würden Sie *empfehlen*, Kinder in unsere Arbeitswelt, so wie sie heute ist, zu schicken, um berufliche Erfahrungen zu machen (Begründung!)?
6. Wie müsste die Arbeitswelt verändert werden, damit *Kinder* weniger Schaden erleiden?

Test: Kinderarbeitsverbot und Höchstarbeitszeit

Aufgabe: Kreuzen Sie bitte die richtigen Lösungen an!
1. Der preußische Kultusminister ließ die Lage der rheinischen Fabrikkinder untersuchen. Die Berichte bewiesen die Kinderausbeutung. Militärs berichteten 1828, daß in manchen Industriebetrieben der Erfolg der Rekrutenaushebungen stark gesunken sei. Dann wurde 1839 ein Regulativ in Preußen erlassen: Mit welchem Inhalt?
o a) Verbot der Arbeit von Kindern unter 12 Jahren
o b) Verbot der Arbeit von Kindern unter 9 Jahren
o c) Kinder unter 16 Jahren dürfen nur 12 Stunden täglich arbeiten
o d) Kinder unter 16 Jahren dürfen nur 10 Stunden täglich arbeiten
o e) schulpflichtige Kinder dürfen nicht in Fabriken arbeiten.
2. Weil sich die Unternehmer nicht an das Gesetz hielten, wurde 1853 in Preußen ein Gesetz erlassen, in dem Fabrikinspektoren als Organ der Staatsbehörden eingerichtet wurden. Dies ist die Geburtsstunde der staatlichen Gewerbeaufsicht. Außerdem wurde das Kinderarbeitsverbot erweitert:
o a) Verbot der Arbeit von Kindern unter 13 Jahren
o b) Verbot der Arbeit von Kindern unter 12 Jahren
o c) Die Höchstarbeitszeit für unter 14j. Kinder betrug 6 Stunden
o d) Die Höchstarbeitszeit für unter 14j. Kinder betrug 8 Stunden
o e) Die Schulpflicht für arbeitende Kinder betrug 3 Stunden
o f) Die Schulpflicht für arbeitende Kinder betrug 5 Stunden.
3. Die umfangreichere Schulbildung und der Kampf von Gewerkschaften und Arbeiterparteien führten zum Verbot der Kinderarbeit für unter 14jährige. In welchem Gesetz ist sie verboten?
o a) Kinderschutzgesetz 1903
o b) Jugendschutzgesetz 1938
o c) JArbSchG 1960
o d) JArbSchG 1976
o d) JArbSchG 2010

- (Lösung: 1b, 1d, 2b, 2c, 2e, 3b, 3c, 3d)

Abkürzungsverzeichnis

Ba	Baden	JArbSchG	Jugendarbeitsschutz-gesetz
Bay	Bayern	JdG	Jahresbericht der Gewerbeaufsicht
Bln	Berlin	Kind-ArbSchV	Kinderarbeitsschutz-verordnung
Bbg	Brandenburg	Meck-Pom	Mecklenburg-Vor-pommern
Br	Bremen	NB	Nordbaden
BW	Baden-Würt-temberg	Nds	Niedersachsen
DGB	Deutscher Gewerk-schaftsbund	NW; NRW	Nordrhein-Westfalen
Dok.	Dokument	RPf	Rheinland-Pfalz
Hbg	Hamburg	S	Saarland
Hess	Hessen	SH	Schleswig-Holstein
j.	jährig	Tab.	Tabelle
		WH	Württemberg-Hohen-zollern

Literaturverzeichnis

Abgeordnetenhaus von Berlin. Drucksache 7/1122 vom 31.1.78

Abgeordnetenhaus von Berlin. Drucksache 7/1388 vom 2.8.78

Abgeordnetenhaus von Berlin. Drucksache 8/331 vom 29.2.80

Adolphs, Lotte: Industrielle Kinderarbeit im 19. Jahrhundert unter Berücksichtigung des Duisburger Raumes: Ein Beitrag zur Geschichte der Wirtschafts- und Sozialpädagogik. Duisburg 1972

- Kinderarbeit, Lehrerverhalten, Schulrevision im 19. Jahrhundert. 1979

Agahd, Konrad: Kinderarbeit und Gesetz, betr. Regelung der Kinderarbeit in gewerblichen Betrieben – Kinderarbeit in der Landwirtschaft. In: Encyklopädisches Handbuch der Pädagogik, Band 4. Langensalza 1906, S. 821-866

- Kinderarbeit und Gesetz gegen die Ausnutzung kindlicher Arbeitskraft in Deutschland. Jena 1902

Arbeitnehmer. Heimarbeiter: Fäden zieht der Vogel. In: Der Spiegel. 25. Jg. 1971, H.13, S. 84-90

Ausschuß für Jugendarbeitsschutz (Hrsg.): Kinderarbeit. Eine Untersuchung in der Region Münsterland. Münster, 28.11.1988

Baroth, Hans Dieter: In unseren Betrieben. Köln 1977

Bebel, August: Die Frau und der Sozialismus. Zürich – Hottingen 1879

Bereuter, Elmar: Die Schwabenkinder, 2002

Berliner Sozialverwaltung (Hrsg.): Kinderarbeit in Berlin 1994. Eine Untersuchung in den Bezirken Friedrichshain, Wedding, Spandau, Schöneberg, Pankow, Hohenschönhausen. Zwischenbericht von Rosemarie Kiener. Berlin 1995.

Binder, Franz: Die Besonderheiten der Hofübergabe und die Nachwuchslage in den Landwirtschaftsbetrieben des Landkreises Memmingen. Dissertation. Landwirtschaftliche Hochschule Hohenheim. Hohenheim 1953

Brauser, Hanns/Schoden, Michael: Jugendarbeitsschutzgesetz – Kommentar für die Praxis. Köln 1979

Bues, Hermann: Kinderarbeit. In: Recht der Jugend. 3. Jg. 1955, H. 11, S. 176-179; H. 12, S. 197f.

Bundesgesetzblatt 1960. Teil I, S. 665-681 Bundesgesetzblatt 1976. Teil I, Nr. 42, S. 965-984

Deutscher Bundestag. 3. Wahlperiode. Stenographische Berichte der 115. (19.5.60) und 116. Sitzung (20.5.60), S. 6558-6613, S. 6623-6634

- 7. Wahlperiode. Stenographischer Bericht der 119. Sitzung, 26.9.74, S. 7919-7926

Bundestags-Drucksache 7/4544 vom 5.1.76

Bundestags-Drucksache 8/2794 vom 30.4.79

Deutscher Bundestag 2000: Bericht der Bundesregierung über Kinderarbeit in Deutschland. 14. Wahlperiode. DS 14/3500, 2.6.2000

CDU schlägt Alarm: „Der Zeitungsjunge ist in Gefahr". In: Berliner Extradienst. Jg. 1975, H. 51, S. 5f.

Deutsch, Julius: Die Kinderarbeit und ihre Bekämpfung. Zürich 1907 Diesterweg,

Friedrich Adolph Wilhelm: Sämtliche Werke. 1. Abteilung, I. Band: Aus den „Rheinischen Blättern für Erziehung und Unterricht“ von 1827 bis 1829. Berlin 1956

Dirx, Ruth: Kinderarbeit: Bernd hilft im Kaufhaus. In: Die Zeit, H. 50, 7.12.73

Der neueste Dreh. In: Metall. 6. Jg. 1954, H. 7, S. 4

Duncker, Käte: Die Kinderarbeit und ihre Bekämpfung. Stuttgart 1910

Endstation: Straßenstrich. In: 'ran. 5. Jg. 1975, H. 10, S. 27-29

Engels, Friedrich: Die Lage der arbeitenden Klasse in England. In: MEW, Band 2. Berlin 1970, S. 225-506

Die Ferienarbeit. In: Elternbriefe. 39. Jg. 1961, H. 5, S. 52

Ferienarbeit von Schülern. In: Pädagogische Welt. 14. Jg. 1960, H. 2, S. 111

Ferienarbeit von Schülern – eine Psychose? In: Berliner Lehrer-Zeitung. 13. Jg. 1959, H. 12/14, S. 266

Fernsehen: Sag's Mutti. In: Der Spiegel. 27. Jg. 1973, H. 16, S. 198-201

Jugendpolitische Forderungen der Gewerkschaftsjugend. Teil 1. In: DGB-Nachrichtendienst. Jg. 1971, H. 3, S. 1-6

Frenzel-Meyer zur Capellen, Renate: Kinder-Freizeit auf dem Lande. Göttingen 1957

Freundl, Anton: Über die Ferienarbeit von „Werkschülern“. In: Mensch und Arbeit. 11. Jg. 1959, H. 6, S. 167f.

Friderici, Robert: Kinderarbeit in kurhessischen Fabriken und Bergbaubetrieben (1841-1866). In: Hessisches Jahrbuch für Landesgeschichte. Marburg 1962

Fröhner, Rolf: Wie stark sind die Halbstarken? Bielefeld 1956

Fromme-Bechern, Annemarie: Kinderarbeit auf dem Land. In: Allgemeine Deutsche Lehrerzeitung. 12. Jg. 1960, H. 16, S. 273f.

Gerlinger, Heidi: Sehnsucht nach Liebe? Eine Analyse des Phänomens Kinderprostitution, Jugendwerkstatt e.V., 2001

Gesetz-Sammlung für die königlichen preußischen Staaten. Berlin 1839. Nr. 12, S. 156 ff.

Gesetz-Sammlung für die königlichen preußischen Staaten. Berlin 1853. Nr. 18, S. 225 ff.

Göhre, Paul: Lebensgeschichte eines modernen Fabrikarbeiters. Jena – Leipzig 1905

Graf, Karlheinz: Pflegekinder im Hohen Vogelsberg. In: Recht der Jugend. 1. Jg. 1953, H. 2, S. 20-23

Grandrath, Willi: Vorschläge zur Bekämpfung der Jugendarbeitslosigkeit. In: Druck und Papier. 117. Jg. 1979, H. 13, S. 8f.

Groß, Eberhard: Geld in Kinderhänden. Stuttgart 1966

Hartenstein, Willi: IG Metall: So sehen wir's. Stellungnahme der IG Metall, Abt. Jugend zum Artikel Jugendarbeitsschutzgesetz in 'einheit'. In: Solidarität. 27. Jg. 1976, H. 6, S. 9-11

Hartke, Wolfgang: Die Hütekinder im Hohen Vogelsberg. Regensburg 1956

Härtung, Leo: Gedanken und Forderungen der deutschen Arbeiterbewegung zur Arbeitserziehung (1871 bis 1900). In: Monumenta Paedagogica, Band X, Teil 1, Reihe A. Berlin 1970

Hasenclever, Christa/Frenzel-Meyer zur Capellen, Renate: Kinderarbeit auf dem Lande. Hannover 1957

Heide, Christine: Kinderarbeit: Für zehn Mark Wochenlohn zum Krüppel. In: Stern. 29. Jg. 1976, H. 9, S. 154 u. 156

Herschel, Wilhelm/Stephany, Hans: Kommentar zum Jugendarbeitsschutzgesetz. Heidelberg 1963

Hessisches Ministerium für Frauen, Arbeit und Sozialordnung (Hrsg.): Kinderarbeit in Hessen. R. Reiter-Mollenhauer. Wiesbaden 1.8.1994

Hetzer, Hildegard/Morgenstern, Georg: Kind und Jugendlicher auf dem Lande. Lindau 1952

Hofmann, Carl: Die Hausweberei in Oberfranken. Jena 1927

Hoppe, Ruth: Dokumente zur Geschichte der Lage des arbeitenden Kindes in Deutschland von 1700 bis zur Gegenwart. In: Die Geschichte der Lage der Arbeiter unter dem Kapitalismus. Teil 1, Band 20. Berlin 1969

IAO: Kinderarbeit – Schutz vor Ausbeutung dringend nötig. Vervielfältigtes Manuskript. O.O. 1978

IG Metall: Jugendarbeitsschutz in Frage und Antwort. Frankfurt/M. 1968

JdG (Jahresberichte der Gewerbeaufsicht). 1953 bis 1968: hg. Vom Bundesministerium für Arbeit und Sozial Ordnung. Bonn o.J.; 1969 ff.: hg. von den jeweiligen Bundesländern

Die Jugendarbeit in den Fabriken des badischen Oberlandes. Schopfheim 1870

Jugendarbeitsschutz: Niemals ein Geschenk. In: Blickpunkt. Jg. 1978, H. 270, S. 36-40; H. 271, S. 51-56

Bayerischer Jugendring: Für eine Jugendpolitik im Interesse der Kinder. München 1979

Karras, Heinz: Die Grundgedanken der sozialistischen Pädagogik in Marx' Hauptwerk „Das Kapital". Berlin 1958

Kinder beim Dachdecken beschäftigt. In: Metall. 5. Jg. 1953, H. 99, S. 4

Kinder in Heimarbeit: Ausbeutung hinter verschlossenen Türen. In: 'ran. 10. Jg. 1980, H. 2, S. 8

Kinder für Konserven. In: Metall. 24. Jg. 1972, H. 2, S. 4

Kinderarbeit: Achtzig Pfennig pro Stunde. In: Der Spiegel. 26. Jg. 1972, H. 39, S. 62f. u. 65 u. 67

Kinderarbeit – Ein wachsendes Problem. In: Solidarität. 30. Jg. 1979, H. 1, S. Xf.

Kinderarbeit in der Landwirtschaft. In: Der Säemann. 11. Jg. 1960, H. 4, S. 2

Kinderarbeit, Todesfälle, grobe Gesetzesverstöße. In: Metall. 22. Jg. 1970, H. 7, S. 15

Kinderprostitution. In: Sozialmagazin. 4. Jg. 1979, H. 12, S. 20-35

Knost, Eberhard: Dissertation Universität Dortmund, 29.08.2000

Körner, Irmela: Kinderarbeit. In: Sozialmagazin. 9. Jg. 1984, H. 6, S. 12-17

Kuczynski, Jürgen: Die Geschichte der Lage der Arbeiter in Deutschland von 1800 bis in die Gegenwart. Band 1: 1800 bis 1932. Berlin 1947

- Studien zur Geschichte der Lage des arbeitenden Kindes in Deutschland von 1700 bis zur Gegenwart. In: Die Geschichte der Lage der Arbeiter unter dem Kapitalismus. Teil 1, Band 19. Berlin 1968

Küchenhoff, Werner/Steinbrecher, Wilhelm: Pflegekinder. Eine Untersuchung zum Thema Hütekinder. München 1958

Land Brandenburg: Ministeriums für Arbeit, Soziales, Gesundheit und Frauen: Kinderarbeit im Land Brandenburg. Untersuchung zu Umfang und Struktur zulässiger und verbotener Kinderarbeit in den Aufsichtsbezirken Potsdam, Neuruppin und Eberswalde. Löser, Heike/ Schuldt, Karsten. Potsdam 1994

Statistisches Landesamt Nordrhein-Westfalen (Hrsg.): Beiträge zur Statistik des Landes Nordrhein-Westfalen. Das Gesundheitswesen in NRW 1961 bis 1970. Düsseldorf 1962 bis 1971

Lang, Othmar Franz: Der Hungerweg. Von Tirol zum Kindermarkt in Ravensburg. Berlin 1989

Landesausschuß für Jugendarbeitsschutz beim Senator für Arbeit und Soziales Berlin: Gesunde Kinder – unsere Verantwortung. Merkblatt zum Verbot der Kinderarbeit. Berlin 1980

Lanig, Thomas: Durch Kinderarbeit zum Haushaltsgeld. 31.08.2004. Online Internet. Abgerufen am 18.07.2008. Abrufbar unter: www.stern.de/politik/deutschland/gesellschaft-durch-kinderarbeit-zum-haushaltsgeld-529150.html?nv=cb

Liebel, Manfred, Overwein, Bernd, Recknagel, Albert (Hrsg.): Arbeitende Kinder stärken, Frankfurt 1998, S. 147f.

Löwe, Bruno: Zu rasch klein beigegeben. Kinderarbeit im Fernsehen – ein fortdauerndes Problem? In: Vorwärts, 4.3.76

Marx, Karl: Instruktionen für die Delegierten des Provisorischen Zentralrats zu den einzelnen Fragen. In: MEW, Band 16. Berlin 1971, S. 190-199

- Das Kapital. Erster Band. In: MEW, Band 23. Berlin 1970

Meis, Walter: Denkschrift zum Jugendschutz. Hg. vom Bundesvorstand des Deutschen Gewerkschaftsbundes. Hauptabteilung Jugend. Düsseldorf 1954

Mickel, Wolfgang: Über die Ferienarbeit der Schüler („Schülerjob"). In: Pädagogische Provinz. 16. Jg. 1962, H. 5, S. 228-239

Ministerium für Soziales, Gesundheit und Sport (Hrsg.): Detaillierte Berichterstattung zum Jugendarbeitsschutz in Rheinland-Pfalz für die Jahre 1975 und 1976. O.O., o.J.

Mottek, Hans: Wirtschaftsgeschichte Deutschlands. Band II. Berlin 1969

Müller, Alfred: „Kartoffelferien" – Eine kritische Betrachtung. In: Pädagogische Rundschau. 14. Jg. 1960, H. 11, S. 519-521

Müller, Rudolf: Kinderarbeit. In: Zeitschrift für Sozialreform. 11. Jg. 1965, H. 12, S. 710-714

Über die Neben- und Ferienarbeit schulpflichtiger Kinder. In: Die Schule. 38. Jg. 1962, H. 6, S. 16f.

Projektgruppe Jugendbüro und Hauptschülerarbeit: Die Lebenswelt von Hauptschülern. München 1975

Quandt, Siegfried (Hrsg.): Kinderarbeit und Kinderschutz in Deutschland 1783-1976. Quellen und Anmerkungen. Paderborn 1978

Rademacher, Lilo: Probearbeit während der Schulzeit: Trügerische Hoffnung. In: Solidarität. 29. Jg. 1978, Sonderausgabe 1978, S. 43

Reichs-Gesetzblatt 1878. Nr. 24, S. 199-212

Reichs-Gesetzblatt 1891. Nr. 18, S. 261-290

Reichs-Gesetzblatt 1903. Nr. 14, S. 113-120

Reichsgesetzblatt 1938. Teil l, Nr. 70, S. 437-446

Richter, Bernt: Kinderarbeit in der Bundesrepublik. Manuskript einer Sendung des NDR vom 21.6.73

Scheller, Wolf: Ein satter Säugling wirbt so schön. In: Frankfurter Rundschau, 9.11.74

Schlüter, Jürgen: Verbot der Kinderarbeit. In: Arbeitsschutz. Fachteil des Bundesarbeitsblattes für den technischen, medizinischen und sozialen Arbeitsschutz. Jg. 1976, H. 5, S. 148-151

Schnettler, Daniel: Kinderarbeit in Deutschland – Jetzt wird wieder in die Hände gespuckt. 30.07.2004, Spiegel Online. Abgerufen am 18.07.2008. Abrufbar unter: www.spiegel.de/unispiegel/jobundberuf/0,1518,310668,00.htm

Schröder-Jahn, Jürgen: Kinderarbeit. Informationen über ein altes Übel. Manuskript einer Fernsehsendung des NDR vom 28.2.76

Schülerausbeutung. In: 'ran. 7. Jg. 1977, H. 7, S. 34f.

Schulte Langforth, Marie: Kinderarbeit: Formen und rechtliche Bewertung nach dem Jugendarbeitsschutzgesetz. In: Nachrichtendienst des Deutschen Vereins für öffentliche und private Fürsorge. 45. Jg. 1965, H. 5, S. 158-162

- Über den Umfang der Kinderarbeit (nach den Jahresberichten der Gewerbeaufsicht 1962). In: Neues Beginnen. Jg. 1965, H. 3, S. 39f.

Schulze, Friedrich August: Verbot der Schüler-Ferienarbeit. In: Die Schule. 37. Jg. 1961, H. 9, S. 38

Selbmann, Henrike/Selbmann, Karl-Ernst: Arbeitsschutz für Jugendliche – Gesetz und Wirklichkeit. Frankfurt/M. 1971

Semmler, Nortrud: Der 12-Stunden-Tag des Oliver T. Kinderarbeit 74: Das große Geschäft mit den kleinen Helfern. In: Deutsche Zeitung, 22.3.1974

Simon, Helene: Landwirtschaftliche Kinderarbeit. Berlin 1925

Sozialministerium des Landes Mecklenburg-Vorpommern: Schülerarbeit in Mecklenburg-Vorpommern. Erfahrungen und Probleme mit dem Jugendarbeitsschutzgesetz. 1995

Spiegel-Redaktion (Hrsg.): Unterprivilegiert. Eine Studie über sozial benachteiligte Gruppen in der Bundesrepublik Deutschland. Neuwied – Berlin 1973

Bayerisches Staatsministerium für Arbeit und Sozialordnung (Hrsg.): Bericht über die vom Bayerischen Staatsministerium für Arbeit und Sozialordnung und von den bayerischen Gewerbeaufsichtsämtern... 1973 durchgeführte Sonderaktion auf dem Gebiet des Jugendarbeitsschutzes. Miesbach o.J.

- Bericht... 1974... Miesbach o.J.
- Bericht... 1977... München o.J.

Stark-von der Haar, Elke: Arbeiterjugend – heute. Neuwied – Darmstadt 1977

- Kinderarbeit. In: Sozialmagazin. 5. Jg. 1980, H. 4, S. 48-52
- Kinderarbeit – gibt's die noch? In: Neue Praxis Aktuell. 1. Jg. 1979, Aprilheft, S. 12-14
- Mehr als 300.000 arbeitende Kinder in der Bundesrepublik. In: Demokratische Erziehung. 5. Jg. 1979, H. 3, S. 254-264

Stundenlohn: 98 Pfennig. In: 'ran. 7.Jg. 1977, H. 6, S. 22f.

Suhrbier, Hartwig: Bildungsplan für Ausländer. In: Frankfurter Rundschau, 2.6.73

Sumpfblüten des Wirtschaftswunders: Kinderarbeit in der Großstadt – eine Schande für unsere Gesellschaft. In: Druck und Papier. 12. Jg. 1960, H. 9, S. 172f.

Theisen, Hermann: Das Recht des Jugendarbeitsschutzes in der Landwirtschaft. Dissertation. Rechtswissenschaftliche Fakultät der Universität Köln. Köln 1968

Thüringer Landesamt für Soziales und Gesundheit (Hrsg.): Kinderarbeit im Freistaat Thüringen. Erfurt 1997

Thüringer Landesamt für Soziales und Familie (Hrsg.): Kinderarbeit im Freistaat Thüringen. Suhl 2000

Todtenberg, Oswald: 10 Jahre Jugendarbeitsschutzgesetz. In: Solidarität. 21. Jg. 1970, H. 10, S. 155f.

Tschirschky, Otto von/Bögendorff: Kinderarbeit auf dem Lande. Hannover 1963

Uhlig, Otto: Die Schwabenkinder aus Tirol und Vorarlberg 1983

Für Unfall bei verbotener Kinderarbeit braucht Geschäftsführer kein Schmerzensgeld zu zahlen. – Bleibt er ganz ungeschoren? In: sicher ist sicher. 27. Jg. 1976, H. 2, S. 96

Unternehmer lassen rund 200.000 Kinder für sich arbeiten. In: 'ran. 9. Jg. 1979, H. 3, S. 11

Vieth, Adolf: Die Kindererwerbsarbeit in Halle (Saale) auf Grund einer Erhebung vom September 1921. In: Soziale Praxis und Archiv für Volkswohlfahrt. 32. Jg. 1923, H. 7, S. 136-139; H. 8, S. 163-165

Volkhardt, Hans: Kinder werden ausgebeutet. In: Hessische Lehrerzeitung. 13. Jg. 1960, H. 21, S. 308f.

von der Haar, Heinrich: Kinderarbeit in der Bundesrepublik – zu den Folgen und zu verstärkten Kontrollaktivitäten. In: Kinderarbeit. Eine Untersuchung in der Region Münsterland. Ausschuß für Jugendarbeitsschutz (Hrsg.), Münster, 28.11.1988, S. 75-82

von der Haar, Heinrich: Kinderarbeit in der Bundesrepublik. In: Kinderarbeit. Probleme, politische Ansätze und Projekte. Terre des hommes. Bruning, Reinhard/ Sommer, Birgit (Hrsg.), 1980, S. 191-202

von der Haar, Heinrich: Kinderarbeit. In: Brockhaus Enzyklopädie, 19. Aufl. Mannheim 1990, Bd. 11, S. 683f.

von der Haar, Heinrich: Kinderarbeit. Zu den Folgen und zu verstärkten Kontrollaktivitäten. In: Ausschuß für Jungendarbeitsschutz, 1988, S. 75 - 82

von der Haar, Heinrich/Stark-von der Haar, Elke: Kinderarbeit in der Bundesrepublik und im Deutschen Reich. Eine Bestandsaufnahme über Ausmaß und Folgen der Beschäftigung von Kindern und über den gesetzlichen Kinderarbeitsschutz. Berlin 1980

von der Haar, Heinrich/Stark-von der Haar, Elke: Armut – Zwang zur Kinderarbeit. In: Vorgänge, H. 1/Febr. 1985, S. 46-51

Wallraff, Günter: Unternehmerfreiheit oder die „uferlose Entgelterhöhungen in Heimarbeit". In: Konkret. Jg. 1969, H. 5, S. 40-43

Zietz, Louise: Kinderarbeit, Kinderschutz und die Kinderschutzkommissionen. Berlin 1912

Zimmermann, Horst: Die Problematik der Kinderarbeit. In: Der Tagesspiegel, 1.5.1974

Auf etwaige Hervorhebungen in den zitierten Textstellen und eckige Klammern bei Zitatkürzungen wurde verzichtet.

Der Autor ist für eine Neuauflage für Stellungnahmen und Berichte über Kinderarbeit dankbar (auch über persönliche Erfahrungen und Fotos).

Inhalt